Sprachkurs Deutsch

Neufassung 3

Unterrichtswerk für Erwachsene

von Ulrich Häussermann, Georg Dietrich,
Diethelm Kaminski, Timm Tralau, Hella Voit von Kirschten,
Hugo Zenkner

unter Mitarbeit
von Christiane C. Günther, Heidegert Hoesch, Dietrich Sturm,
Hans-Heinrich Wängler und Ulrike Woods

Allgemeinsprachlicher Kurs
Im fakultativen Teil vier Schwerpunkte Wirtschaftsdeutsch,
ein Lesekurs Fachsprache
und ein Grammatik-Wiederholungskurs

Dieses Buch führt zum Zertifikat Deutsch

Verlag Moritz Diesterweg
Verlag Sauerländer

Bild auf dem Bucheinband: „Brandenburger Tor, Berlin" (1929) von Ernst Ludwig Kirchner, Öl auf Leinwand, Gordon Nr. 936, Nationalgalerie SMPK, Berlin, © by Dr. Wolfgang & Ingeborg Henze, Campione d'Italia.

Kirchner (1880–1938) ist der feurigste unter den modernen deutschen Malern. Ab 1905 gehörte er der Dresdener Künstlergruppe „Die Brücke" an, ab 1917 lebte er in der Schweiz. Von den Nazis wurden er und sein Werk diskriminiert. Unser Bild ist eine lustige Erzählung, ein Spätwerk des Künstlers – kühl in der Farbe, klassisch im Bau.

Das Brandenburger Tor (erbaut 1790) diente unter wechselnden Regierungen jeweils als Symbol der deutschen Macht oder Ohnmacht. Bis 1989 stand es genau auf der Grenze zwischen Ost- und Westberlin. Heute ist es wieder ein Tor.

Die Bilder, die Sie vorn auf den Büchern Sprachkurs Deutsch 1, 2 und 3 sehen, möchten erfreuen, bewegen und auffordern: die Brücke, das Schiff, das Tor.

Die Illustrationen schuf Uli Olschewski, München (sofern nicht anders angegeben).

Dieses Werk folgt der reformierten Rechtschreibung und Zeichensetzung.
Ausnahmen bilden Texte, bei denen künstlerische, philologische oder lizenzrechtliche Gründe einer Änderung entgegenstehen.

ISBN 3-425-25903-2 (Diesterweg)
ISBN 3-7941-4203-9 (Sauerländer)

1. Auflage 1997

Gesamtherstellung: Universitätsdruckerei H. Stürtz AG, Würzburg
Printed in Germany

Dieses Lehrbuch ist zugleich Arbeitsbuch!

Zu allen Bildgeschichten gibt es Farbdiapositive. Aus vielen Gründen bitten wir die Lehrer dringend, diese Dias auch wirklich zu benutzen.

⊙⊙ bedeutet: Diesen Text finden Sie auch auf Kassette.

Für die Unterrichtszeit von 0 bis zur Zertifikatsprüfung sind rund 360 Unterrichtseinheiten (im Extensivkurs 300 Unterrichtseinheiten) anzusetzen. Für den hier vorliegenden *Band 3* benötigen Sie 150–180 Unterrichtseinheiten (im Extensivkurs 140–160 Unterrichtseinheiten). Eine Unterrichtseinheit zählt 45 Minuten.

Weitere Materialien zu *Sprachkurs Deutsch 3*:

Sprachkurs Deutsch 3 Neufassung

Lehrbuch	MD 25903	
Trainer	MD 5907	(auch zum Selbstlernen) mit Lösungsschlüssel
Diaserie	MD 6126*	
OHP-Folien	MD 8326	
3 Kassetten	MD 5943	
Lehrerheft	MD 5953	

Glossare:	Englisch	MD 5931	Türkisch	MD 5936	Tschechisch	MD 5976
	Französisch	MD 5932	Arabisch	MD 5937	Ungarisch	MD 5977
	Griechisch	MD 5933	Russisch	MD 5938	Rumänisch	MD 5978
	Italienisch	MD 5934	Japanisch	MD 5939		
	Spanisch	MD 5935	Polnisch	MD 5940		

* Wer die Diaserie der alten Fassung schon besitzt, kann die 3 neuen Dias zur Bildgeschichte *Berlin* extra bestellen (MD 9126).

Begleitmaterial für die Grundstufe und Mittelstufe:

Grundgrammatik Deutsch	MD 26100
German Elementary Grammar (English Version of *Grundgrammatik Deutsch*)	MD 6157
Grammatik à la carte (Das Übungsbuch zur *Grundgrammatik Deutsch*)	
Band 1: Grundstufe	MD 25991
Lösungsheft	MD 25993
Band 2: Mittelstufe	MD 25992
Lösungsheft	MD 25994

Lehrbücher und Materialien für die Mittelstufe:

Sprachkurs Deutsch 4 Neufassung

Lehrbuch	MD 5904
2 Kassetten	MD 5944
Lehrerheft	MD 5954

Sprachkurs Deutsch 5 Neufassung

Lehrbuch	MD 5905
Kassetten	MD 5945
Lehrerheft	MD 5955

Sprachkurs Deutsch 6 Neufassung

Lehrbuch	MD 5906
Kassetten	MD 5946
Lehrerheft	MD 5956

Inhalt

Rohsteine
Minerali
Schmu
H
HANS GÜNTER LANG
GOLD- u. SILBER
SCHMIEDE
A.KLAR
Edelstein-
Schmuck
1

2

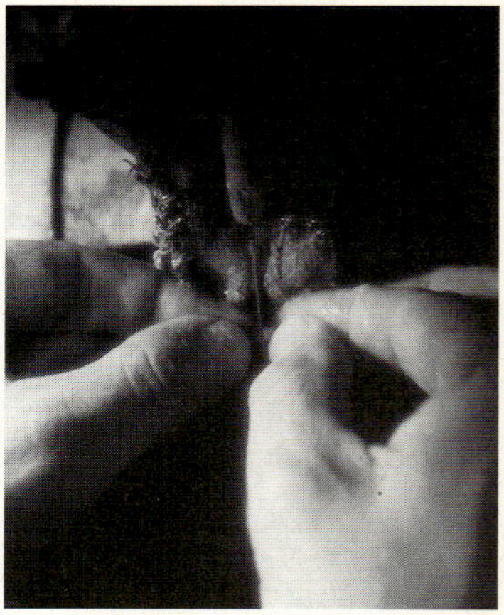
3

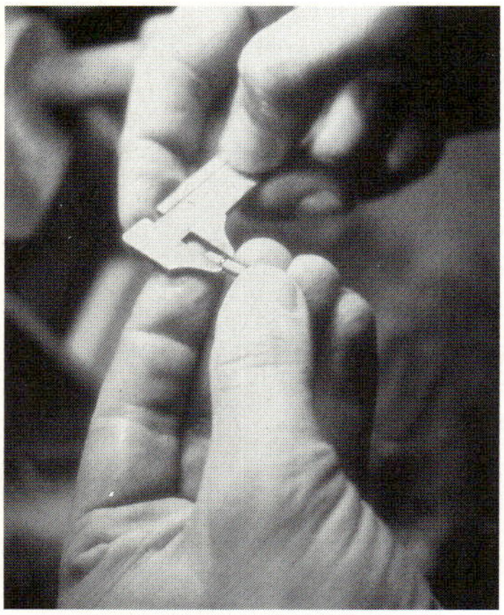
4

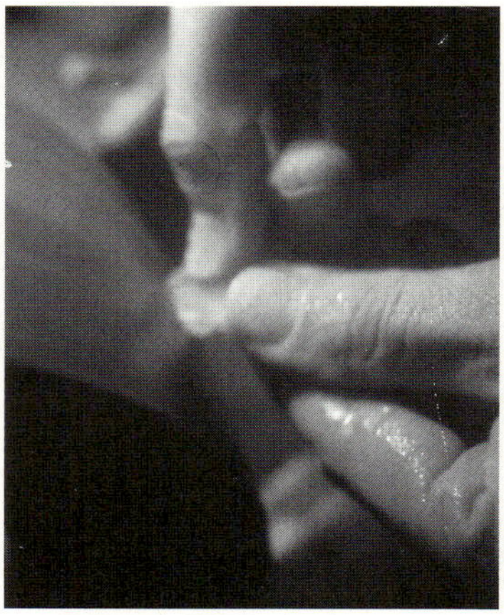
5

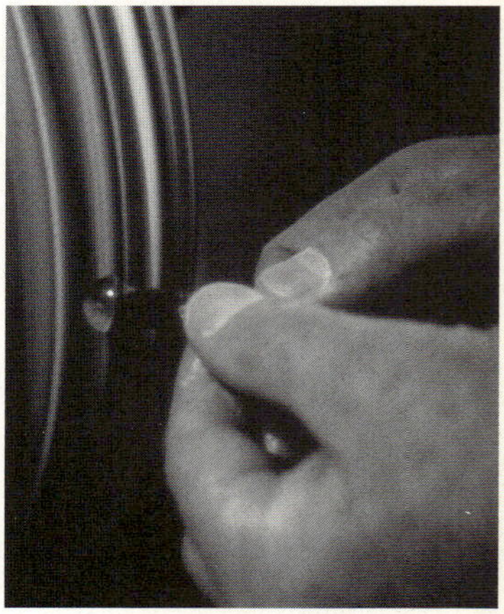
6

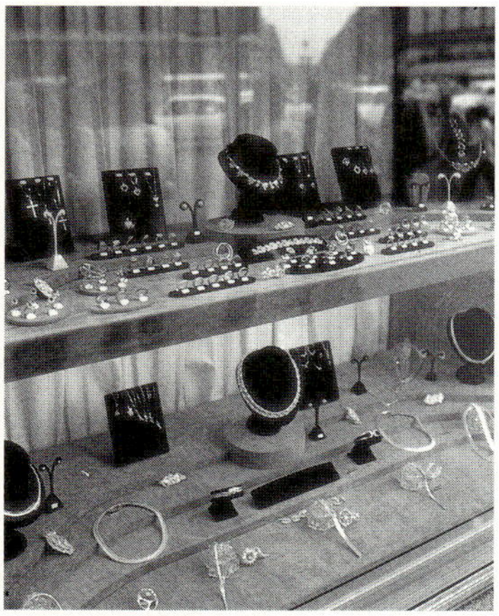
7

8

Kapitel 1

Kernprogramm
Weitere Materialien zur Auswahl
Lesekurs Fachsprache
Schwerpunkt Wirtschaftsdeutsch (A)

Kernprogramm

1
Bild-
geschichte A

*EDELSTEINE**

1 Idar-Oberstein, eine Stadt westlich von Frankfurt. Hier wird in jedem zweiten Haus Schmuck hergestellt.

2 Wir sind in einer Edelstein-Schleiferei. In dieser Werkstatt arbeiten hochqualifizierte Spezialisten. Was passiert hier mit einem Edelstein?

3 Der Edelstein wird zuerst geschnitten.

4 Er wird genau gemessen.

5 Und er wird geschliffen. Der Schleifstein muss sehr hart sein.

6 Dann wird der Edelstein fein poliert.

7 Die Steine werden in Gold und Silber gefasst, der Schmuck wird im Schaufenster ausgestellt.

8 Und wenn er nicht gestohlen wird, wird er teuer verkauft.

Die Bilder 3, 4, 5 und 6 zeigen Arbeitsgänge, die nur bei fließendem Wasser möglich sind, die Aufnahmen können daher nicht völlig scharf sein.

* Zu den Bildern aller Bildgeschichten gibt es Farbdias. Den Lehrern wird dringend empfohlen diese Dias wenn irgend möglich auch zu benutzen, viele Gründe sprechen dafür (siehe Lehrerheft).

2
Studie

Bitte ergänzen Sie werden *(Präsens):*

a Hier in Idar-Oberstein ______ in jedem zweiten Haus Schmuck produziert.

b Edelsteine aus der ganzen Welt ______ hierher nach Idar-Oberstein geliefert.

c Alle Arten von Steinen ______ hier gekauft und bearbeitet.

d Jeder Stein ______ von Fachleuten geprüft.

e Die Steine ______ geschnitten, geschliffen und poliert.

f Sie ______ von Goldschmieden und Künstlern in Gold, Silber, Kupfer gefasst.

g Die Betriebe sind klein. Hier ______ fast nur manuell gearbeitet.

h Neue junge Fachkräfte ______ genau getestet und ausgewählt.

i Die Qualität der handwerklichen Arbeit ______ durch die Handwerkskammer kontrolliert.

k Junge Handwerksmeister ______ durch erfahrene Vertreter der Handwerkskammer geprüft und beurteilt.

l Die Handwerkskammer ______ auch bei der Neugründung von Handwerksbetrieben gefragt.

3
Elemente

So wird das Passiv gebaut:

PASSIV		werden +	Partizip II
	Der Edelstein	**wird ...**	**geschliffen**
	ich	**werde ...**	**gefragt**

Passiv Präsens

ich werde gefragt	**wir werden gefragt**
Sie werden gefragt **du wirst gefragt**	**Sie werden gefragt** **ihr werdet gefragt**
er **sie** } **wird gefragt** **es**	} **sie werden gefragt**

Passiv Präteritum

ich wurde gefragt	**wir wurden gefragt**
Sie wurden gefragt	**Sie wurden gefragt**
du wurdest gefragt	**ihr wurdet gefragt**
er / sie / es } wurde gefragt	**} sie wurden gefragt**

Passiv Perfekt

ich bin gefragt worden	**wir sind gefragt worden**
Sie sind gefragt worden	**Sie sind gefragt worden**
du bist gefragt worden	**ihr seid gefragt worden**
er / sie / es } ist gefragt worden	**} sie sind gefragt worden**

Hier benützen wir **werden** als Hilfsverb.

Präsens: **Er wird gefragt.**
Perfekt: **Er ist gefragt worden.**

Wir können **werden** aber auch als normales Verb benützen:

Präsens: **Er wird Ingenieur.**
Perfekt: **Er ist Ingenieur geworden.**

Passiv + Modalverb:

Präsens: **Der Stein muss geschliffen werden.**
Die Häuser dürfen gebaut werden.

Präteritum: **Der Stein musste geschliffen werden.**
Die Häuser durften gebaut werden.

Wortposition im Nebensatz

Beispiele:
Hier ist die Werkstatt, wo die Diamanten geschliffen werden.
Es ist noch nicht sicher, ob die Häuser gebaut werden dürfen.

Mehr zum Passiv: Grundgrammatik Deutsch auf den Seiten 61–64

4 ⚇

Hören und verstehen

Anfänge der Edelsteinschleiferei in Idar-Oberstein: 1500; Mitte ______ .
(Zeitpunkt?)

Frühere Schleifräder: WASSERKRAFT ______ .
(Energiequelle?)

Edelstein- und Schmuckindustrie in Idar-Oberstein: 218 ______ Betriebe.
(Zahl?)

Idar-Oberstein heute: 35.000 ______ Einwohner, 17 ______ Schulen.

Sehenswürdigkeiten: Edelsteinmuseum, Heimatmuseum ______

Felsenkirche ______ .

Edelsteinschmuc
VAN DER
Kristallkeller
ERALIEN · SCHMUCKWAR
EINGANG
Eigene Schleiferei
Mineralien
minerals
Schmuck
jewelry
Edelstein
R RUPP
Uhrmachermeister

5
Studie

Bitte ergänzen Sie werden *(Präsens):*

Es gibt keine Steinsorte, die in Idar-Oberstein nicht bearbeitet und verkauft ______. Das ist ein Vorteil von Idar-Oberstein gegenüber anderen Fachzentren, wo nur bestimmte Arten von Edelsteinen bearbeitet ______.

Steine aus Sizilien, Brasilien, Venezuela, Kenia, China, Indien und 40 anderen Ländern der Erde ______ hierher importiert. Auch undurchsichtige Steine wie Achat, Onyx, Alabaster ______ verwendet, zum Beispiel für Armreifen, Schalen, kleine Figuren usw. Modeschmuck ______ aus vielen weiteren Materialien gemacht, wie etwa aus wertvollen Hölzern, Glas, Marmor, Fossilien, Korallen, Knochen. Es gibt auch Betriebe, wo Edelsteine zur Verwendung in der Industrie bearbeitet ______, zum Beispiel für technische Instrumente, für Waagen und Werkzeuge.

Der Import ______ durch eine Reihe erfahrener Firmen durchgeführt, und natürlich ______ Banken gebraucht, die Kredite geben und junge Handwerksbetriebe fördern. Die Produkte ______ schließlich im Großhandel und in vielen kleinen Geschäften angeboten, und die Kunden erwarten, dass sie freundlich und fachmännisch beraten ______.

10 Lösungen

6
Kombination

Beispiel: Hier werden Armreife hergestellt.

Eheringe	
Diamanten	
Modeschmuck	
Spezialisten	prüfen
Marmor	herstellen
Kunsthandwerker	ausbilden
Perlenketten	bearbeiten
Edelsteinschleifer	schneiden
Silber	anbieten
Saphire	
Glas	
Ohrringe	

Krone der Kaiserin Kunigunde, um 1010

7
Kombination

Beispiel: Chefin: Was kann ich für Sie tun?
Kundin: Dieses Armband muss repariert werden.

Uhr	
Ohrringe	
Kupferarmband	untersuchen
Kristall	schleifen
Stein	putzen
Silberarmband	reparieren
Glas	liefern
Perlen	reinigen
Kette	
Ring	

8
Suchen und finden

Die Uhr ist kaputt.
→ Sie wird morgen repariert.

Der Lehrling hat zwei Edelsteine gestohlen.
Das Schaufenster ist zerbrochen.
Die Lampen brennen nicht.
Die Treppenstufen sind schmutzig.
Der Computer funktioniert nicht.
Der Arbeitsmantel ist schmutzig.
Die Fenster sind schmutzig.

9
Suchen und finden

Die Tür schließt nicht.
→ Wann wird sie endlich repariert?

Das Licht brennt nicht.
Der Laden ist geschlossen.
Der Diamantring ist kaputt.
Die Meisterin ist krank.
Der Laptop ist defekt.
Das Armband ist kaputt.
Die Banken sind geschlossen.
Der Fußboden ist schmutzig.

10
Suchen und finden

Die Fenster schließen nicht.
→ Sie müssten gleich repariert werden.

Wir haben die Rechnungen noch nicht bezahlt.
Wir brauchen sofort den Meister.
Schmutzige Arbeitskleider!
Das Schaufenster wurde eingeschlagen.
Der Wecker geht nicht.
Kein Strom heute?
Ein Dieb!

11
Unterhaltung

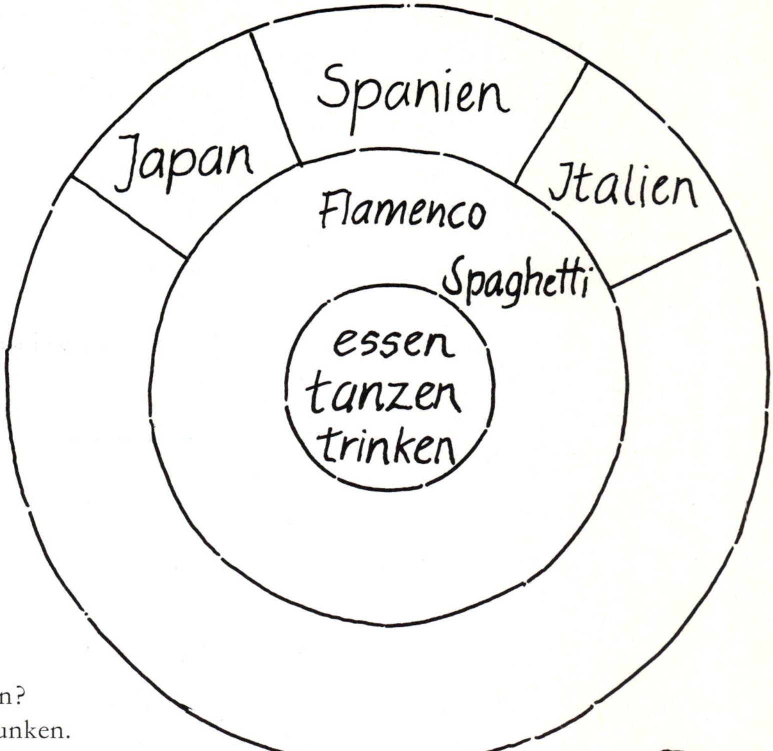

Fragen Sie einander:

Was wird in Japan getrunken?
→ In Japan wird Sake getrunken.
Was wird in Italien gegessen?
...

12
Suchen und finden

Haare waschen

Welche Reihenfolge ist richtig?
(1) Du trocknest das Haar mit dem Handtuch.
(2) Du spülst das Haar unter der Dusche aus.
(3) Du tauchst den Kopf unter Wasser.
(4) Du fönst das nasse Haar.
(5) Du kämmst das Haar.
(6) Du reibst Shampoo in das nasse Haar.

Wie wird das Haar gewaschen?
Das Haar wird gekämmt,
das Haar wird unter der Dusche ausgespült ...

13
Werkstatt

Machen Sie sich (am besten in kleinen Gruppen) die folgenden Arbeitsvorgänge klar (jede Gruppe kann 1–2 Themen bearbeiten). Die nötigen Wörter finden Sie in Klammern. Stellen Sie dann im Plenum dar:

a Wie macht man ein Regal? (messen, schneiden, schleifen, verschrauben, lackieren ...)

b Wie stellt man Marmelade/Saft/Wein her? (ernten, waschen, filtern, füllen, verschließen ...)

c Wie wird ein Film gemacht? (schreiben, wählen, proben, diskutieren, drehen, schneiden ...)

Beispiel: Die Bretter werden gemessen.

14
Suchen und finden

Party

Wir feiern. Wir wollen endlich einmal machen, was wir wollen. Auf unserer Party

Auf unserer Party dürfen

	Masken ge tragen werden.	
	Gläser zerbrechen	
	tanzen	
	Wein trinken	
darf/dürfen	mit Kissen werfen	
kann/können	Licht ausmachen	werden!
	flirten	
soll/sollen	in der Badewanne baden	
	laut singen	
	jeden duzen	
	die Stühle umwerfen	
	die Wände bemalen	

Aber leider hört der Hausbesitzer von unseren Plänen und protestiert:

Unmöglich! Hier wird nicht laut gesungen!

Hier wird nicht ...

Weitere Materialien zur Auswahl

15
Das richtige Wort

Bitte wählen Sie die richtigen Wörter:

Nur wenige (Kunden/Verkäufer) wissen, was sie wollen. Viele ahnen überhaupt nicht, dass sie etwas wollen. Sie müssen animiert werden, zum Beispiel durch ein attraktives (Schaubild/Schaufenster). Sie sollten liebenswürdig (empfangen/umarmt) werden, nicht nur durch einen netten Verkäufer, sondern auch durch einen hellen, freundlichen (Platz/Raum). Sie wollen beraten werden, und zwar durch Fachleute. Wie kann man ein gutes Fenster (gestalten/bilden)?

Farben sind wichtig, aber sie sollten (vorsichtig/ängstlich) gewählt werden. Sie müssen (zusammenklappen/zusammenstimmen). Der Verkaufsgegenstand, das heißt hier der Schmuck, sollte (im Kern/im Mittelpunkt) stehen. Aber er kann durch andere (Produkte/Dinge) ergänzt werden, zum Beispiel durch Blätter, Blumen, Holz. Die ergänzenden Materialien dürfen aber nur den (Abgrund/Hintergrund) bilden und sie müssen zum eigentlichen Verkaufsgegenstand passen.

10 Lösungen

16
Analyse

Wie heißt der Artikel? Von welchen Verben kommen diese Nomen?

Ahnung   Anfang   Bearbeitung   Berater   Beratung   Bitte
Dekoration   Durchführung   Essen   Förderung   Frage
Herstellung   Kamm   Öffnung   Rat   Rechnung   Schluss
Schmuck   Tanz   Taucher   Trinken   Tun   Unterricht
Verkauf   Verkäufer   Verwendung   Wäsche   Wissen

17
Das richtige Wort

Was kann man öffnen/nicht öffnen?
schließen/nicht schließen?
töten/nicht töten?
stehlen/nicht stehlen?

18
Kontrolle

Bitte ergänzen Sie arbeiten, beantworten, bezahlen, fragen, reparieren – *immer im Passiv.*

a Die Rechnungen müssen sofort ____________ ____________ .

b Wann ____________ der Brief endlich ____________ ?

c Am 31. Dezember ___wird___ nur bis zwölf Uhr mittags ___arbeitet___ .

d Das kann ich nicht allein entscheiden.
Dazu müssen die Kollegen ___gefragt___ ___werden___ .

e Die Schreibmaschine muss endlich ___repariert___ ___werden___ .

10 Lösungen

Lesekurs Fachsprache

19
Kleines Quiz

Mehrere Antworten können richtig sein

1 Kristalle entstehen,
- a wenn Flüssigkeit gefriert.
- b wenn ein fester Körper flüssig wird.
- c wenn Gas flüssig wird.

2 0° Celsius ist
- a der Gefrierpunkt des Meerwassers.
- b der Schmelzpunkt des Eises.
- c der Schmelzpunkt des Schnees.

3 Wenn man durch einige Meter Wasser schaut, wirkt das Wasser
- a grün.
- b farblos.
- c blau.

4 Schneekristalle sind
- a viereckig.
- b sechseckig.
- c achteckig.

5 Eis
- a schwimmt auf Wasser.
- b geht im Wasser unter.
- c schwimmt auf und unter Wasser.

6 Unser Körper besteht
- a zu 40–50% aus Wasser.
- b zu 60–70% aus Wasser.
- c zu 30–40% aus Wasser.

7 „Kristallkeim" heißt
- a bei mehreren Kristallen der unterste.
- b die Spitze des Kristalls.
- c der Punkt, um den sich ein Kristall bildet.

8 „Kristallgitter" heißt
- a die Ordnung der kleinsten Bausteine eines festen Stoffes.
- b die Begrenzung eines festen Stoffes.
- c das Röntgenbild, das beim Durchleuchten eines festen Stoffes entsteht.

20
Vorbereitung

Keine Angst vor schwierigen Texten! Der folgende Text ist eine Beschreibung. Diese Methode hilft Ihnen beim Verstehen:

1) Lesen Sie den ganzen Text ohne Pause und ohne Wörterbuch durch. Markieren Sie sofort alle wichtigen Informationen, die Sie verstehen.
2) Vielleicht können Sie jetzt schon das Thema nennen?
3) Fassen Sie die Hauptidee kurz zusammen – in einem Satz.
4) Nun erst gehen Sie ins Detail. Welche Wörter kennen Sie nicht? Nehmen Sie nicht sofort das Wörterbuch! Vielleicht können Sie das Wort aus dem Kontext verstehen, vielleicht finden Sie das Wort auf einem anderen Weg heraus?

21
Lesetext

Eis- oder Schneekristalle entstehen bei Temperaturen unter Null Grad Celsius durch Anlagerung von Wassermolekülen an einen Punkt. Meist bildet sich erst ein dünnes Eisplättchen in der Form eines sechsseitigen Prismas. Beim weiteren Wachstum setzen die Anlagerungen symmetrisch an den sechs Seiten an. Durch Abschmelzen und Wiederanwachsen entstehen die Individuen der Schneesterne. Kaum ein Schneekristall gleicht dem anderen.

Albert Baumgartner

22
Textarbeit

a Thema: Die Entstehung von Eis und Schneekristalle

b Hauptinhalt: MAIN CONTENT

Jede Kristall ist einzigartig.

c Details:

(1) Eis und Schneekristalle entstehen bei ~~unter~~ Temperaturen unter Null.

(2) Sie haben sechs Seiten.

(3) Schneekristalle kommt aus Wasser.

Temperaturen unter Null

23
Elemente

UNBEKANNTE WÖRTER

Das Suchen und Suchen im Wörterbuch ist viel Arbeit. Fragen Sie zuerst: Ist dieses Wort wichtig? Wenn es unwichtig ist, vergessen Sie es. Wenn es wichtig ist, gibt es vier Methoden:

a Verstehen aus dem Kontext
b Verstehen aus der internationalen Bedeutung
c Verstehen aus der Wortbildung (woher kommt das Wort?)
d Suchen im Wörterbuch.

Nur wenn Sie a, b und c probiert und keine Bedeutung gefunden haben, die hier passt, suchen Sie im Wörterbuch.

Prüfen Sie immer: Passt die Bedeutung, die ich gefunden habe, in den Text?

24
Lesetext

Kristallisiert heißen feste Stoffe, deren kleinste Bausteine (Atome, Ionen, Moleküle) gesetzmäßig in der Art eines Raumgitters angeordnet sind (Kristallgitter). Der innere Feinbau bedingt die Ausbildung einer äußeren Kristallgestalt.

Kristalle bilden sich von einem Kristallkeim aus durch Substanzanlagerung aus Dämpfen, Lösungen … dtv-Lexikon. 1990

25
Lesetext

Die Entstehung der Kristalle aus Schmelzen und Lösungen hat man sich so vorzustellen, dass die Teilchen sich an einem bestimmten Punkt, einem Kristallkeim, in regelmäßiger Anordnung „aufstellen“, wie das zum Beispiel beim Antreten einer Kompanie Soldaten oder einer Ballettgruppe geschieht. Man kann das selbst im Experiment beobachten, wenn man zum Beispiel einen Wollfaden in eine konzentrierte Lösung von Kochsalz hineinhängt und die Lösung einige Tage stehen lässt. Schüler-Duden. 1986

Goethit (Eisen-Hydroxid)

26
Textarbeit

zu den Texten 24 und 25

a Das Thema der Texte 24 und 25 ist dasselbe:

______________________________________ .

b Beide Texte beschreiben folgendes (in kurzen Worten):

______________________________________ .

27
Studie

Der folgende Text enthält drei Fehler. Welche?

Ein Kristall ist ein flüssiger Stoff, streng geometrisch mit ungesetzmäßigem Innenbau (Kristallgitter). Die verschiedene Struktur des Gitters ist Ursache für die unterschiedlichen physikalischen Eigenschaften der Kristalle und damit auch der Mineralien, Edelsteine und Perlen. Kristallographie ist die Wissenschaft von den Kristallen. nach Walter Schumann

Auflösung des Quiz Seite 19/20: 1a. 2b. 3c. 4b. 5a. 6b. 7c. 8a

Schwerpunkt Wirtschaftsdeutsch (A)

28
Lesetext

Wer Waren zu verkaufen hat, bietet sie den Kunden an. Ein Gemüsehändler schreibt die Preise für seine Waren auf eine Tafel. Ein Friseur hängt ein Schild ins Schaufenster, auf dem die Preise für seine Dienste stehen. Angebot und Nachfrage auf dem Markt bestimmen den Preis.

Ist das Angebot groß, dann kann der Preis der Waren sinken. Bei knappem Angebot wird die Ware meist teurer. Wenn es wenig Frischgemüse auf dem Markt gibt, ist es teuer. Zur Zeit der Gemüseernte ist das Angebot groß und der Preis sinkt.

Viele Geschäfte und Kaufhäuser haben häufig Sonderangebote. Sie verkaufen dann die Waren billiger, um sie schneller loszuwerden. Grundschüler-Lexikon.

29
Kombination

Die Preise	werden Waren gekauft und verkauft.
Die Nachfrage	sind die Waren, die man auf dem Markt kaufen kann.
Auf dem Markt	werden durch Angebot und Nachfrage reguliert.
Das Angebot	ist das Interesse der Kunden an der Ware.

30
Textarbeit

Bitte ergänzen Sie sinngemäß:

a Der Markt ist der Ort, wo ______________________________
______________________________ .

b Die Preise wechseln. Sie orientieren sich ______________________________
______________________________ .

c Wenn eine Ware im Überfluss da ist, kann der Preis ______________ .

d Wenn eine Ware knapp wird, kann der Preis ______________ .

e Wenn ein Kaufmann eine Ware schnell loswerden will,
______________________________ .

f Wenn für eine Ware auf dem Markt wenig Interesse besteht,
______________________________ .

31
Lesetext

Kennzeichen der Marktwirtschaft sind:

freier Wettbewerb – d.h. jeder kann produzieren, was und wieviel er will; freie Preisbildung – d.h. die Preise richten sich nach Angebot und Nachfrage (wenn ein Gut knapp ist, so ist der Preis hoch); keine staatlichen Eingriffe.

In der Bundesrepublik Deutschland besteht seit 1948 die „soziale Marktwirtschaft". Die Wirtschaft wird weder gelenkt, noch ist sie völlig frei. Der Staat greift bei sozial unerwünschten Ergebnissen der Wirtschaft ein. Schüler-Duden. 1986.

32
Das richtige Wort

Finden Sie die Nomen

anbieten – das Angebot
bedienen – der ________________
eingreifen – der ________________
sich ergeben – das ________________
sich interessieren – das ________________
ordnen – die ________________
produzieren – das ________________
regieren – die ________________

33
Studie

Ergänzen Sie eingreifen, entwickeln, haben, verantwortlich:

Das Prinzip der sozialen Marktwirtschaft kann man in den Satz fassen: „So wenig Staat wie möglich, so viel Staat wie nötig."

Der Staat ________________ eine Ordnungsaufgabe. Er soll möglichst wenig in wirtschaftliche Prozesse ________________ .

Die Wirtschaft muss sich frei ________________ können. Aber der Staat ist ________________ für die soziale Gerechtigkeit.

Wie sehr fühlt er sich für die Gerechtigkeit ________________ ?

Das hängt davon ab, welche politischen Parteien in der Regierung sitzen.

Kapitel 2

Wiederholungskurs
Kernprogramm
Weitere Materialien zur Auswahl

Wiederholungskurs

1 ◎◎
Hören und verstehen

A. *Welches Bild ist richtig?*

1

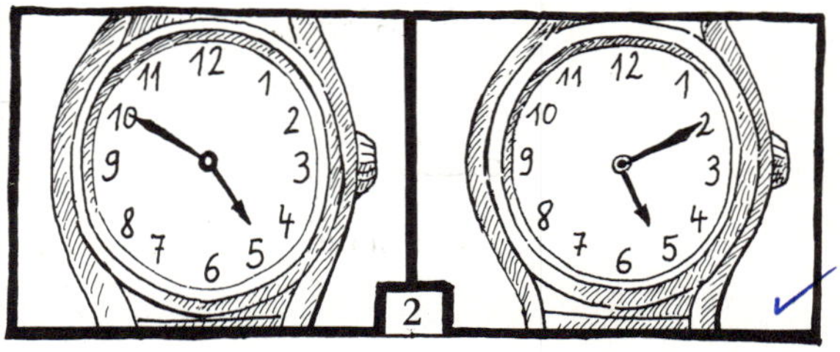
2

3

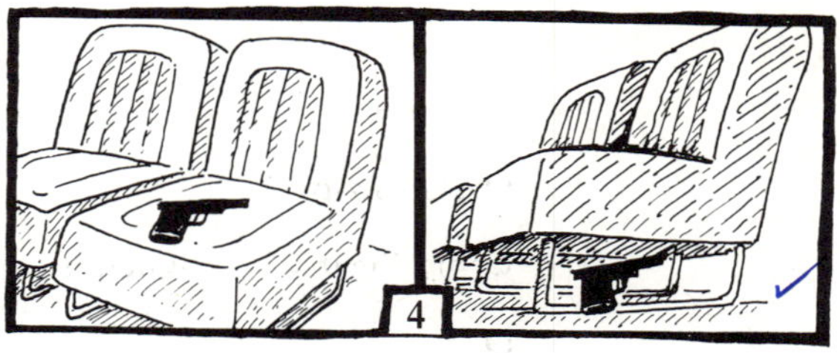
4

5

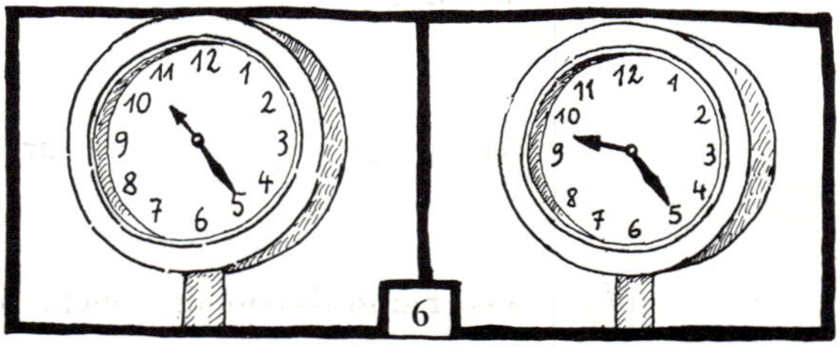
6

der Schoß

B. *Zeichnen Sie in diesen Plan die Häuser usw. ein.*

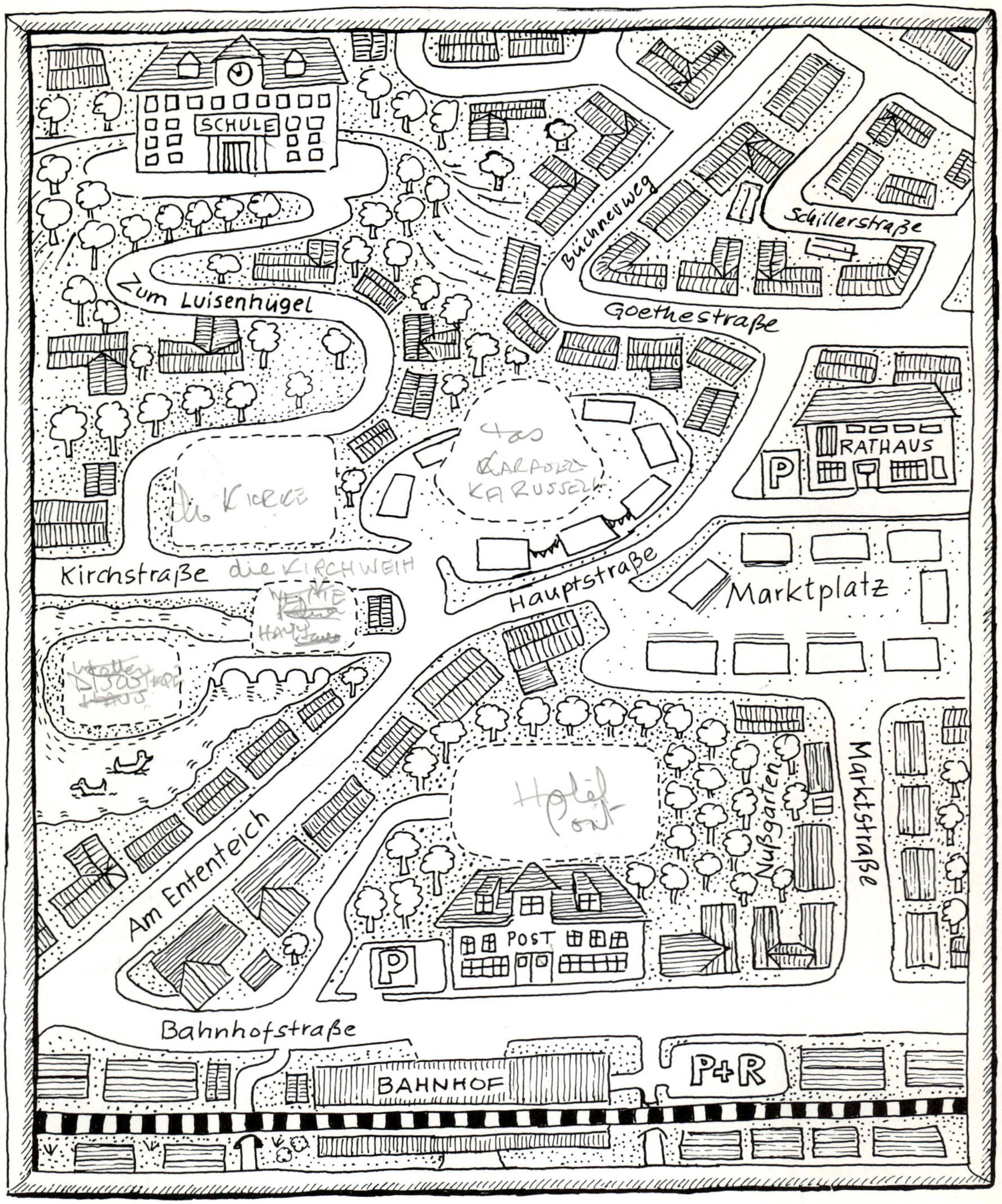

2
Schüttelkasten

Möchten Sie im Zelt schlafen?
– Nein, ich schlafe auf dem Ofen.

die Schaukel, der Fernseher, der Kühlschrank, das Himmelbett, der Ofen, das Zelt, der Keller, das Pferd, der Schweinestall, die Kirchturmspitze, das Karussell, das Fuchsloch, die Badewanne, das Motorrad, der Mount Everest, der Mantel, der Dschungel, das blaue Kissen, der Kirschbaum, die Wolldecke, die schwimmende Insel, der Mond

3
Suchen und finden

Wo versteckt man am sichersten

100 Goldstücke	eine Geliebte
einen Liebesbrief	ein schlechtes Zeugnis
eine Schokoladentorte	ein Tagebuch
ein Sparbuch	eine große Portion Eis
einen Diamanten	sich selbst
einen Goldfisch	ein gestohlenes Ölbild?

4
Suchen und finden

Bauen Sie Sätze nach dem Muster:
Gehen wir doch in dieses Hotel, da ist die Bedienung freundlich.

Ziel:	*Grund:*
das Hotel	die Bedienung die Betten das Frühstück
der Markt	das Gemüse die Auswahl
das Hallenbad	das Wasser die Duschen

Ziel:	*Grund:*
das Café	die Torten die Plätze das Eis die Bedienung
der Laden	das Angebot die Leute
die Diskothek	die Musik die Getränke

Begründen Sie auch, warum Sie n i c h t in ein Hotel, einen Laden gehen!

5
Studie

a ____auf____ ____dem____ Markt steht ein Karussell.

b Möchtest du ____mit____ ____dem____ Karussell fahren?

c Willst du dich ____auf____ ____mein____ Pferd setzen?

d Sitzt du lieber ____auf____ ____dem____ Sofa?

e Oder willst du ____auf____ ____dem____ Elefanten sitzen?

f ____mit____ ____dem____ Karussell fahren ist nicht schlimm. Das dreht sich so langsam.

g Hier ____am____ Kiosk gibt es heiße Würstchen.

h Kommst du mit ____in____ ____den____ Biergarten?

i Hier ____im____ Biergarten gibt es Bratwurst für zwei Mark. 16 Lösungen

(in dem)

6 ⊙⊙
Szene

Kioskfrau:	Heiße Bratwurst, zwei Mark zwanzig!
Herr Fels:	Wie gefällt Ihnen das Karussell, Frau Looping?
Frau Looping:	Möchten Sie eine heiße Bratwurst, Herr Fels?
Herr Fels:	Ein schönes Karussell! Fahren wir?
Frau Looping:	Ich kaufe mir eine Bratwurst.
Herr Fels:	Erst Karussell fahren, dann Bratwurst essen?
Frau Looping:	Oder – erst eine Bratwurst, und dann nochmal eine Bratwurst?
Herr Fels:	Sie fahren nicht gern Karussell? Haben Sie vielleicht Angst?
Frau Looping:	Vielleicht. Ein bisschen.
Herr Fels:	Aber Frau Looping, das geht so langsam! Schauen Sie, setzen Sie sich in den Sessel hier und ich setze mich auf das Pferd.
Frau Looping:	Oder – ich setze mich auf das Pferd und Sie setzen sich in den Sessel.
Karussellmann:	Einsteigen! Zwei Mark!
Frau Looping:	Es geht los!
Herr Fels:	Wie gefällt es Ihnen auf Ihrem Pferd? Haben Sie noch Angst?
Frau Looping:	Natürlich. Schön ist mein Pferd, hm?
Herr Fels:	Schön ist die Dame auf dem Pferd.
Frau Looping:	Jetzt habe ich keine Angst mehr. Und wie geht es Ihnen, Herr Fels?
Herr Fels:	Mir? – Mir geht es nicht so gut.

Frau Looping:	Warum? Was machen wir da? Hallo! Können Sie mal halten, bitte?
Karussellmann:	Nein. Ein Karussell ist ein Karussell.
Herr Fels:	Mir geht es gar nicht gut.
Frau Looping:	Oh.
Herr Fels:	Miserabel.
Frau Looping:	Haben Sie vielleicht Hunger?
Kioskfrau:	Heiße Bratwurst, zwei Mark zwanzig!
Herr Fels:	Danke. Morgen wieder.
Frau Looping:	Heute nicht? Gut, dann esse ich zwei.

7
Textarbeit

a Herr Fels isst keine Bratwurst, weil ...

b Frau Looping isst zwei Bratwürste, weil ...

c Frau Looping will anfangs nicht mitfahren, weil ...

d Charakterisieren Sie Frau Looping, Herrn Fels und den Karussellmann.

8
Kontrolle

Bitte ergänzen Sie Präpositionen und Artikel:

(1) „Woher hast du diese Nachricht?" – ________ ________ Zeitung.

(2) „Gute Nacht!" – Gehst du schon ________ Bett?

(3) „Wo ist denn der Scheck?" – ________ ________ Tasche.

(4) „Hilfe, der Kanarienvogel ist weg!" – Der ist ________ ________ Fenster geflogen.

(5) „Wo ist Simone?" – Sie ist ________ Stefan.

(6) „Wohin geht ihr?" – ________ ________ Wald.

(7) „Schönen Urlaub!" – Danke, wir erholen uns sicher gut ________ Süden.

(8) „Grüß Gott, Franz, so eine Überraschung!" – Ja, ich bin schon ________ drei Tagen hier.

12 Lösungen

Kernprogramm

9

Lesetext

Es gibt Trierer, die behaupten, Trier sei älter als Rom. Das ist stark übertrieben. Trier ist von den Römern gebaut worden. An den Nordrand ihrer Stadt stellten die Römer ein schwarzes Stadttor (Bild ____). Hundert Jahre lang ist das römische Reich von Trier aus regiert worden. Der bekannteste Trierer Kaiser war Konstantin der Große, der später Konstantinopel gründete. Herrliche Ruinen und Symbole formen das Gesicht der Stadt (Bild ____).

Das Auf und Ab dieser Stadt zwischen den Staaten zeigen die Zahlen. Als römische Hauptstadt zählte Trier 60000 Einwohner, im Jahr 1700 waren es noch 3000, heute gibt es über 95000 Trierer. Trier ist im Kampf der Christen gegen Christen fünfmal zerstört und wieder aufgebaut worden.

Arm war Trier nur selten. Der Hauptmarkt mit seinem goldenen Petrusbrunnen (Bilder ____ und ____), die Fassaden und Portale (Bild ____) dokumentieren den Reichtum der Stadt.

Zum Reichtum gehört auch der Wein (Bild ____), seit ihn die Römer an die Mosel brachten. Da Trier tausend Jahre lang von Priestern und Kirchenfürsten verwaltet wurde, ist das Weintrinken hier sorgfältiger als anderswo gepflegt worden.

Heute ist Trier eine Industrie- und Touristenstadt mit vielen schönen und hässlichen Hotels und Kaufhäusern, einer Universität, zwei Akademien und vielen Museen.

1

2

3

4

5

6

10
Textarbeit

zu Nummer 9

a Die Römer kamen von Süden nach Trier. Das schwarze Tor (lateinisch Porta Nigra) steht im Norden. Vielleicht zum Schutz gegen …

b „Stadt zwischen den Staaten". Was bedeutet das hier?

c Hat jemand aus Ihrer Gruppe schon Moselwein getrunken? Wie schmeckt der Wein?

d Bitte beschreiben Sie die Bilder auf den Seiten 30–33 im Detail.

11
Studie

Bitte studieren Sie noch einmal die Elemente *auf Seite 11. Nun ergänzen Sie bitte* geworden *oder* worden:

a Aus den vielen Menschen, die von Süden, Westen und Osten hierher kamen, sind die Trierer ________________ , eine intelligente Mischung.

b Die Stadt ist immer wieder zerstört und aufgebaut ________________ .

c Das Haus ist beim Wiederaufbau nicht schöner ________________ .

d Wie haben sie das gemacht? Sie blieben nie lange arm. Sie sind immer wieder schnell reich ________________ .

e Die Arena ist von den Römern gebaut ________________ .

f Der Wein ist vom Süden hierher importiert ________________ .

g Die Weinkultur ist hier jahrhundertelang weiterentwickelt und verfeinert ________________ .

h Der Wein ist mit den Jahren immer besser ________________ .

12

Bitte sprechen Sie

Wird die Tür bald repariert?
→ Sie ist gestern repariert worden.

Wird das Plakat bald gedruckt?
Wird der Brief bald geschrieben?
Wird das Dach bald repariert?
Wird die Brücke bald eröffnet?
Wird der Wein bald geliefert?
Wird das Museum bald eröffnet?
Wird der Club bald gegründet?

13

Bitte sprechen Sie

Hier in der Zeitung steht: Brücke eröffnet.
→ Welche Brücke ist denn eröffnet worden?

Hier steht: Treppe gebaut.
Hier steht: Bank geschlossen.
Hier steht: Schule gegründet.
Hier steht: Schaufenster zerstört.
Hier steht: Präsident gewählt.
Hier steht: Häuser wieder aufgebaut.
Hier steht: Rakete gezündet.

14

Spiel

Ein Teilnehmer geht in der Pause herum und sammelt Gegenstände ein. Die Gegenstände landen bei der Polizei. Die Polizei gibt sie nur zurück, wenn die Besitzer ihre Sachen genau beschreiben können.

Weitere Materialien zur Auswahl

15

Lesetext

I Die Erde, auf der wir leben, nötigt die Menschheit zur Arbeit. Das Gemeinschaftsgefühl prägt sich als Mitarbeit zum Nutzen anderer aus. Wenn jemand Schuhe verfertigt, so macht er sich einem anderen nützlich. So gelangt er zum Gefühl seines Wertes für die Allgemeinheit, der einzigen Möglichkeit, das allgemeine menschliche Minderwertigkeitsgefühl zu mildern. Wer nützliche Arbeit leistet, lebt in der sich entwickelnden Gemeinschaft und fördert sie.

ALFRED ADLER

II Die Menschen arbeiten um Geld zu verdienen; sie verdienen Geld um es für erfreuliche Dinge zu verwenden. Die Arbeit ist das Mittel, die Freude ist der Zweck.

Aber was geschieht in Wirklichkeit?

Die Menschen arbeiten um Geld zu verdienen; sie verwenden dieses Geld um noch mehr Geld zu verdienen, und der Zweck – die Freude am Leben – wird aus den Augen verloren.

Wir sind in einem Netz von Mitteln gefangen. Die Ziele existieren nur noch in der Einbildung.

ERICH FROMM

III Unfreie Arbeit entfremdet den Menschen von sich selbst. Unfreie Arbeit ist, wenn sich der Mensch „in seiner Arbeit nicht wohl, sondern unglücklich fühlt“.[1] Dem jungen Marx geht es nicht um die gerechte Verteilung des Geldes, sondern um die freie Arbeit. „Eine gewaltsame Erhöhung des Arbeitslohns wäre nur eine bessere Salairierung der Sklaven und hätte weder dem Arbeiter noch der Arbeit ihre menschliche Würde erobert.“[2] Die Philosophie des jungen Karl Marx „ist ein Protest gegen die Entfremdung des Menschen, gegen den Verlust seiner selbst und seine Verwandlung in ein Ding“, urteilt Erich Fromm[3].

Wenn man heute die Wurzeln des Marxismus mit den politischen Resultaten vergleicht, begreift man nichts mehr. Die realen Ergebnisse haben nichts mit den anfänglichen Ideen zu tun. Warum?

Liegt die Schuld bei Marx selbst? Hat er seine reine Lehre – die er einen Humanismus nennt[4] – später verkauft? Oder liegt die Schuld bei den Interpreten?

Woran ist der Marxismus gescheitert?

[1] Ökonomisch-Philosophische Fragmente [2] MEGA I, 3, 92

[3] Erich Fromm: Das Menschenbild bei Karl Marx. Frankfurt 1988. S. 6

[4] Kritik der Hegelschen Dialektik XXVI

16
Textarbeit

a Die drei Autoren sehen die Arbeit ganz verschieden:

Fromm sieht die Arbeit als Mittel zum Zweck.

__________ sagt, die Menschen sollten während der Arbeit ihre Würde nicht vergessen.

__________ sieht die Arbeit als eine Chance das Selbstwertgefühl zu stärken.

__________ sagt, die Menschen sollten während der Arbeit die Ziele nicht vergessen.

__________ sieht die Arbeit als eine Möglichkeit den anderen zu helfen.

b Wie muss Arbeit sein, damit man sich in ihr wohlfühlt?

c Wer ist „frei" in seiner Arbeit?

d Marx hält die Frage, ob ein Mensch seine Arbeit gern tut, für eine wichtige Frage. Stimmen Sie zu? Warum?

e Erich Fromm beschreibt in seinem Text nur den „Normalfall". Kennen Sie Menschen, die keine „Normalfälle" sind? Beschreiben Sie diese Leute.

f Machen Sie Vorschläge zur Lösung des Problems, das Erich Fromm beschreibt.

Alfred Adler, geb. 1870 in Wien, Augenarzt und Neurologe, später Psychologe. 1913 *Heilen und Bilden*. 1933 *Der Sinn des Lebens* (daraus unser Text). 1934 Emigration in die USA. 1937 Tod in Aberdeen. Adler „betont vor allem die soziale Seite des seelischen Problems" (Jung).

Erich Fromm, geb. 1900 in Frankfurt am Main, stammte aus einer Rabbinerfamilie und beschäftigte sich zeitlebens mit Religionsgeschichte, vor allem mit dem Talmud. Soziologe und Psychologe. 1933 Emigration in die USA. 1947 *Psychoanalyse und Ethik* (daraus unser Text). 1956 *Die Kunst des Liebens*. 1980 Tod in Locarno.

Karl Marx, geb. 1818 in Trier, stammte aus einer bekannten europäischen Rabbinerfamilie. Unter seinen Vorfahren gibt es bedeutende Talmud-Gelehrte. Der wichtigste Lehrer von Karl Marx ist der Philosoph G.W.F. Hegel. Marx lebte in Bonn, Berlin, Jena, Paris, Brüssel, London. Tod 1883 in London.

17

Ihre Rolle, bitte

a Arbeiter, Vorgesetzter. Der Arbeiter bittet um Vorschuss.

b Händler, Käufer. Der Käufer möchte einen Gebrauchtwagen kaufen: Gespräch vor der Probefahrt, Probefahrt, Gespräch nach der Probefahrt.

c Besucher, Chef (in zwei Zimmern), Sekretärin (geht zwischen den Zimmern hin und her). Der Chef möchte den Besucher nicht empfangen.

d Ober, Gast. Der Ober will dem Gast keinen Alkohol mehr bringen, weil er schon betrunken ist.

e Ein Kunststudent hasst antike Ruinen und alte Bilder, weil sie junge Kunst verhindern. Er möchte alles Alte verbrennen und wegschaffen, damit Platz ist für neue Kunst. Ein Kunsthistoriker vertritt die Gegenposition.

f Hans und Franz schlagen vor, das Geld abzuschaffen, damit die Menschen sich endlich frei fühlen. Zwei oder drei Gesprächspartner vertreten die Gegenposition.

18

Vorbereitung

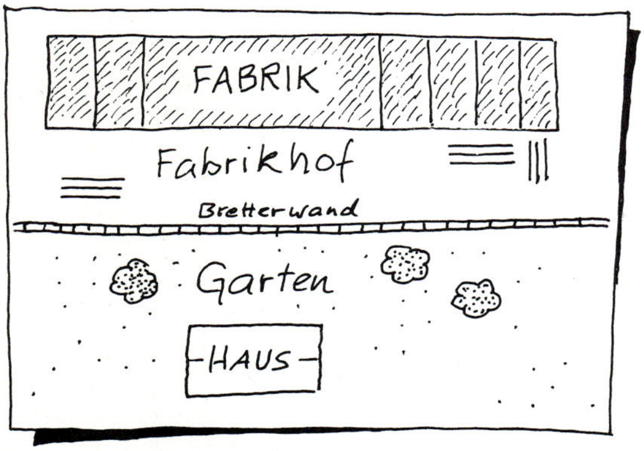

Fall A:

Jemand hat ein Haus mit Garten, gegenüber einer großen Fabrik. Er baut eine Bretterwand zwischen seinem Garten und dem Fabrikhof.

Warum?

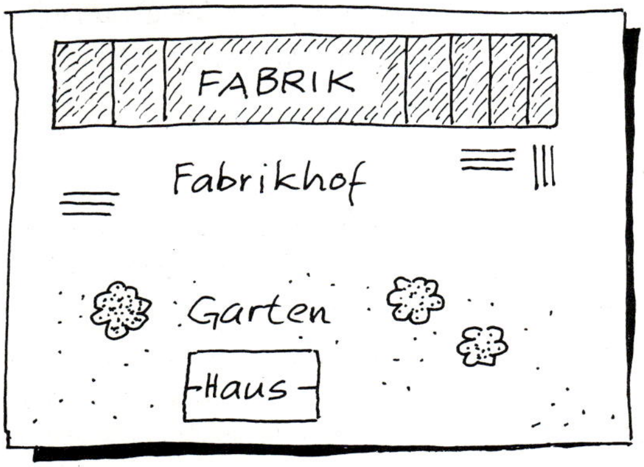

Fall B:

Jemand hat ein Haus mit Garten, gegenüber einer großen Fabrik. Zwischen seinem Garten und dem Fabrikhof steht eine Bretterwand. Er lässt die Bretterwand niederlegen.

Warum?

19

Vorbereitung

Ordnen Sie die Wortliste: Welche Wörter wecken angenehme Empfindungen? Welche Wörter wecken unangenehme Empfindungen? Welche Wörter wecken keine Empfindungen?

angenehm:

die Fabrik
die Maschine
die Arbeit
das Haus
der Garten
der Akkord
der Arzt
die Krankheit
der Frühling
der Zahltag
der Rauch
der Menschenstrom
das Büro
die Bretterwand
die Kantine

unangenehm:

neutral:

Ist es möglich, dass ein anderer als angenehm empfindet, was Sie als unangenehm empfinden – und umgekehrt? Begründen Sie Ihre Antwort.

20 ⊙⊙

Lesetext

Er hatte eine Bretterwand gebaut. Die Bretterwand entfernte die Fabrik aus seinem häuslichen Blickkreis. Er hasste die Fabrik. Er hasste seine Arbeit in der Fabrik. Er hasste die Maschine, an der er arbeitete. Er hasste seine Frau, so oft sie ihm sagte, heut Nacht hast du wieder gezuckt. Er hasste sie, bis sie es nicht mehr erwähnte. Aber die Hände zuckten weiter im Schlaf, zuckten im schnellen Stakkato der Arbeit. Er hasste den Arzt, der ihm sagte,

Sie müssen sich schonen. Er hasste den Meister, der ihm sagte, ich gebe dir eine andere Arbeit. Er hasste so viele verlogene Rücksicht. Dann wurde er krank, nach vierzig Jahren Arbeit und Hass zum ersten Mal krank. Er lag im Bett und blickte zum Fenster hinaus. Er sah sein Gärtchen. Er sah den Abschluss des Gärtchens, die Bretterwand. Weiter sah er nicht. Die Fabrik sah er nicht, nur den Frühling im Gärtchen und eine Wand aus Brettern. Bald kannst du wieder hinaus, sagte die Frau. Er glaubte ihr nicht. Geduld, nur Geduld, sagte der Arzt, das kommt schon wieder. Er glaubte ihm nicht. Es ist ein Elend, sagte er nach drei Wochen zu seiner Frau, ich sehe immer das Gärtchen, sonst nichts, nur das Gärtchen, das ist mir zu langweilig, immer dasselbe Gärtchen, nehmt doch einmal zwei Bretter aus der verdammten Wand, damit ich was anderes sehe. Die Frau erschrak. Sie lief zum Nachbarn. Der Nachbar kam und löste zwei Bretter aus der Wand. Der Kranke sah durch die Lücke hindurch, sah einen Teil der Fabrik. Nach einer Woche beklagte er sich, ich sehe immer das gleiche Stück der Fabrik, das lenkt mich zu wenig ab. Der Nachbar kam und legte die Bretterwand zur Hälfte nieder. Zärtlich ruhte der Blick des Kranken auf seiner Fabrik, verfolgte das Spiel des Rauches über dem Schlot, das Ein und Aus der Autos im Hof, das Ein des Menschenstromes am Morgen, das Aus am Abend. Nach vierzehn Tagen befahl er, die stehen gebliebene Hälfte der Wand zu entfernen. Ich sehe unsere Büros nie und auch die Kantine nicht, beklagte er sich. Der Nachbar kam und tat wie er wünschte. Als er die Büros sah, die Kantine und so das gesamte Fabrikareal, entspannte ein Lächeln die Züge des Kranken. Er starb nach einigen Tagen.

KURT MARTI

21
Textarbeit

Der Mann

hasst	liebt
die Fabrik	
die Arbeit	
	Das Spiel des Rauches

22
Textarbeit

a Warum steht die Geschichte hier in diesem Kapitel?
b Können Sie die Ursachen der Krankheit formulieren?
c Der zärtliche Blick (Zeilen 22/23) – können Sie ihn erklären?
d Der Tod hat hier keine traurige Gestalt. Sondern …
e Wie könnte die Überschrift heißen?

Der Schweizer Dichter Kurt Marti ist 1921 in Bern geboren. Er ist Pfarrer. Gedichte: Leichenreden (1969). Prosa: Bürgerliche Geschichten (1981). Lachen Weinen Lieben (1987).

23
Das richtige Wort

Finden Sie möglichst viele zusammengesetzte Nomen:

	stück
Film	besitzer
Gemüse	lärm
Karussell	produktion
Gold	arbeit
Haus	markt
Maschinen	schauspieler
Theater	musik
Kinder	schmied
	frau

24
Das richtige Wort

Wo arbeiten diese Leute?
Was tun sie?

Kinderärztin, Fotografin, Bäcker, Akkordarbeiter, Gemüsefrau, Clown, Schriftstellerin, Automechaniker, Goldschmiedin, Kindergärtnerin, Krankenschwester, Bratwurstverkäufer, Musiklehrer, Weingärtner, Philosoph, Taschendieb, Journalist, Kunststudentin

25
Spiel

Spielen Sie ohne Worte:

Ich trage einen Regenschirm
eine große zerbrechliche Keramikschale
einen Rucksack
ein kleines Kind
eine Rose
einen Mann, der am Ertrinken war, aus dem See
einen leichten, aber großen Koffer
zusammen mit einem anderen Arbeiter einen kleinen Baum
ein Paket, in dem eine Bombe sein könnte
einen Spazierstock
zwei schwere Koffer
einen Sack Zement.

Ich öffne ein Telegramm
eine Tür in ein unbekanntes fremdes Zimmer
einen Fensterladen im Sturm
eine Colaflasche
die Ofentür
ein großes Paket
die Autotür von innen
einen Geigenkasten
eine Schranktür von innen
eine Weinflasche
die Kamera
eine Schiebetür.

Die anderen Schüler raten, was Sie tun.

26
Spiel

Spielen Sie ohne Worte, jedes Detail genau:

Ich repariere ein Fahrrad.
Ich putze, wasche, schneide Salat und mache ihn an.
Ich streiche ein Fenster.
Ich untersuche einen Patienten.

Die anderen Schüler beschreiben genau, was Sie tun (schriftlich oder mündlich nach Stichworten oder mündlich frei).

27
Kontrolle

Bitte ergänzen Sie bauen, eröffnen, gründen, wählen, zeigen – *immer im Passiv:*

a Das Musikinstrumentenmuseum ist zu Weihnachten 1984 ______________________ .

b Der Film ______________ im nächsten Herbst zum ersten Mal im Fernsehen ______________________ .

c Die Universität Trier ist schon 1473 ______________________ .

d Die älteste Moselbrücke – aus Holz – ist im ersten Jahrhundert vor Chr. ______________________ .

e Das neue Stadion soll nächstes Jahr ______________________ .

f Gestern ist Claudia zur Miss Europa ______________________ .

Jede Lösung 2 Punkte
Zusammen 12 Punkte

> Keiner muss auf sein Glück warten,
> jeder kann an ihm arbeiten. Volksmund
>
> Glück ist nicht, dass man tut, was man mag,
> sondern dass man mag, was man tut. J.M. Barrie

Kapitel 3

Materialien zur Auswahl
Kernprogramm
Weitere Materialien zur Auswahl

Materialien zur Auswahl

1
Lesetext

„Komm her, Alupwa."

„Ich will nicht."

„Doch, komm, ich muss nach Hause gehen. Komm!"

„Ich will aber nicht!"

„Doch, komm, der Vater ist schon vom Markt zurück und ist hungrig, wenn er die ganze Nacht gefischt hat."

„Nein, ich will nicht!" Die dreijährige Alupwa verzieht trotzig den Mund. „Aber komm doch, mein Töchterchen, wir müssen jetzt gehen!"

„Ich will nicht!"

„Wenn du jetzt nicht kommst, muss ich dich nachher holen. Und was ist, wenn die Tante das Kanu nimmt? Du würdest weinen. Und wer soll dich heimbringen?"

„Der Vater!"

„Der Vater wird mich schimpfen, wenn du nicht zu Hause bist. Er mag es nicht, dass du so lang hier bleibst!"

„Macht nichts!" Das Kind entschlüpft den Händen der Mutter, die es festhalten will, dreht sich um und schlägt ihr mitten ins Gesicht. Alle lachen. Nun meint die Schwester der Mutter: „Alupwa, du musst jetzt mit deiner Mutter heimgehen", worauf das Kind auch nach ihr schlägt. Die Mutter gibt den Kampf auf, Alupwa stolziert zur Haustür hinaus.

Margaret Mead

2
Unterhaltung

a Charakterisieren Sie das Verhalten des Kindes. Was finden Sie positiv, was finden Sie negativ?

b Charakterisieren Sie das Verhalten der Mutter. Nennen Sie die positiven und die negativen Seiten.

c Die Autorin beschreibt hier Menschen in einem Dorf auf den Admiralitätsinseln nördlich von Neuguinea. Wie würde diese Szene in Ihrem Land ablaufen?

d Welche Faktoren sollten bei der Erziehung eine Rolle spielen? Streichen Sie die unwichtigen Begriffe im Kasten unten weg. Geben Sie den anderen Begriffen Punkte:

1 = wichtig, 2 = sehr wichtig, 3 = besonders wichtig.

das Kind ernst nehmen
zum Rebellen erziehen
Souveränität besitzen
zum Egoismus erziehen
Fehler des Kindes verstehen
Strenge zeigen
zum Einfügen erziehen
Geduld haben
Zeit für das Kind haben
mitspielen können
zum Gehorsam erziehen
Optimismus beibringen
den Eigensinn brechen
zur Rücksicht erziehen
eigene Fehler einsehen
tolerant sein
Liebe zeigen
zum Lernen erziehen
Selbstbeherrschung beibringen
zur Disziplin erziehen
Vertrauen bilden

3
Das richtige Wort

Wie erleben Kinder die Erwachsenen? Schreiben Sie Personen zu den Adjektiven.

eine	liebevoll	e Mutter		humorvoll	
	tolerant			unfreundlich	
	geduldig			autoritär	
	verständnisvoll		ein	hilfsbereit	er Lehrer
	streng			besserwisserisch	
	gerecht			nachsichtig	
	brutal			egoistisch	

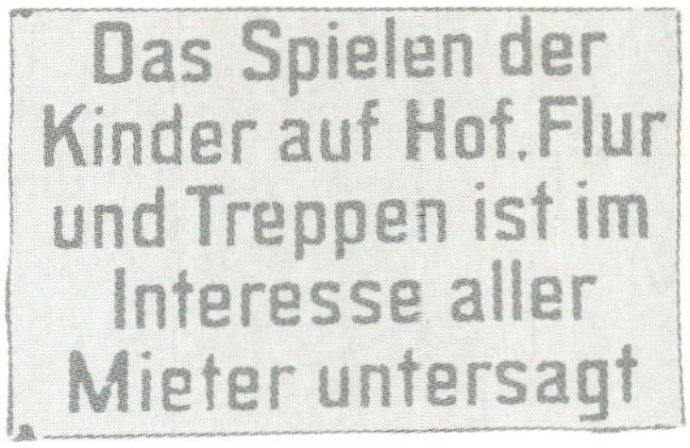

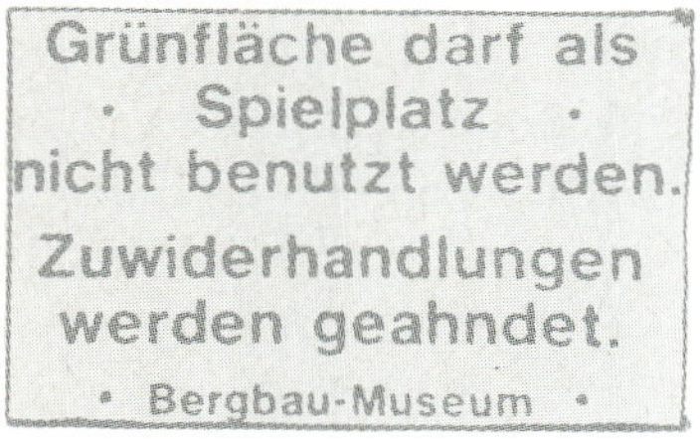

4
Werkstatt

Sie sehen hier 5 typisch deutsche Verbotsschilder.

a) *Entwerfen Sie Gegen-Schilder.*

Beispiel: Erwachsene Ruhe!
Das Stören beim Spielen ist verboten.

Wortmaterial: verboten ist / untersagt ist / nicht erlaubt ist / bestraft wird

- schreien, schimpfen
- verbieten, herumkommandieren, drohen
- sich ärgern, unfreundlich sein, schlecht behandeln
- Nervosität, Ungeduld
- Hausaufgaben, Prüfungen, Zeugnisse

b) *Entwerfen Sie auch freundliche Schilder.*

Beispiel: Geduld wird belohnt.
Wir bitten um ein fröhliches Gesicht.

Übrigens: Verbotsschilder sind leider charakteristisch für alle deutschsprachigen Länder, auch für Österreich und die Schweiz.
Welche Eigenschaften stecken dahinter? Sind es mehrere?

5

Lesetext

Ich bin ein Kind,
ein ganz normales Kind.
Aber ich lebe nicht wirklich.
Ich bin in einem Raum eingesperrt,
weil ich Schutz suche,
Schutz vor der Überschwemmung.
Alle Leute fürchten sich,
manche retten sich,
manche sterben grauenhaft.

Es war ein armer, kleiner Hund.
Er wurde von jedem verachtet.
Außer von seiner Mutter wurde er
von jedem weggestoßen.
Er war wirklich ein armer Hund.
Bis endlich ein Mensch zu ihm kam.
Es war ein Mädchen.
Es versorgte den Hund.
Es streichelte ihn,
so starb er nicht vor lauter Verachtung.

6

Textarbeit

a Diese beiden Texte stammen von Iris H., 9 Jahre. Was unterscheidet die beiden Texte, was verbindet sie?

b Was versteht Iris unter „wirklichem Leben"?

c Wenn Iris hier wäre, was würden Sie sie fragen?

7

Werkstatt

Machen Sie eine Umfrage in Ihrem Sprachinstitut/Ihrer Stadt:

a Aus welchen Gründen möchten Sie Kinder / keine Kinder?

b Was würden Sie bei Ihren Kindern anders machen als Ihre Eltern es gemacht haben?

Werten Sie die Ergebnisse aus und berichten Sie.

8

Das richtige Wort

Bilden Sie zusammengesetzte Nomen wie in den beiden Beispielen.

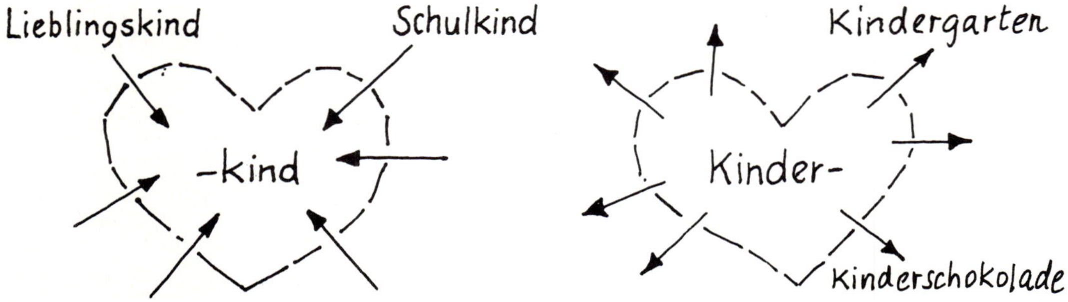

Kernprogramm

Bitte wählen Sie zwei oder drei Bilder, über die Sie sprechen möchten.

- Beschreiben Sie „Ihr" erstes Bild genau.
- Äußern Sie Gedanken, zum Beispiel über
  - das Bild und unsere Zeit,
  - das Bild und Ihr Land,
  - das Bild und Ihr Leben,
  - das Bild und ...

Sprechen Sie dann über „Ihr" zweites Bild.

9 ꙭ
Lesetext

I Von deinen Kindern lernst du mehr als sie von dir:
Sie lernen eine Welt von dir, die nicht mehr ist;
Du lernst von ihnen eine, die nun wird und gilt. FRIEDRICH RÜCKERT

II Eure Kinder sind nicht eure Kinder. Sie kommen durch euch, aber nicht von euch. Und obwohl sie mit euch leben, gehören sie euch nicht.
Ihr könnt ihnen eure Liebe geben, aber nicht eure Gedanken, denn sie haben ihre eigenen Gedanken.
Ihr habt sie in eurer Wohnung – ihren Körper, nicht ihre Seele.
Ihre Seelen leben in dem Haus von morgen, in das ihr nicht eintreten könnt, nicht einmal in euren Träumen.
Ihr könnt euch bemühen ihnen gleich zu werden. Aber versucht nicht sie euch gleich zu machen. KHALIL GIBRAN

10
Unterhaltung

a Sagen Sie die Grundgedanken der beiden Texte in Ihren Worten.
b Was bedeutet „Eure Kinder sind nicht eure Kinder"?
c Sind Sie einverstanden mit den beiden Texten? Haben Sie eine andere Meinung? In welchen Punkten?
d Wie wurden Sie selbst von Ihren Eltern behandelt? Wenn Sie Kinder haben: Vergleichen Sie die Texte mit Ihrer eigenen Erfahrung.
e Es gibt verschiedene Arten von Liebe: sehr gefühlvoll – wie Kameraden – eng verbunden, mit vielen Fäden – kühl, höflich – sorgenvoll – frei, vertrauensvoll – respektvoll. Wie sollte man – nach Ihrer Meinung – seine Kinder lieben?

links:
Friedrich Rückert (1788–1866), deutscher Lyriker und Übersetzer

rechts:
Khalil Gibran (1883–1931), der bekannteste Autor des Libanon

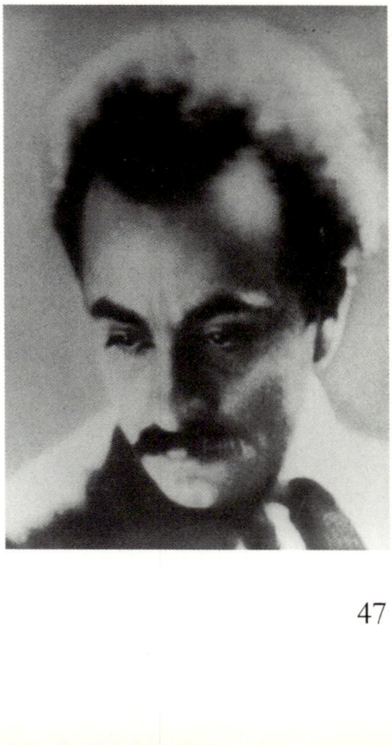

11
Elemente

REFLEXIVE VERBEN

Ich wasche sie.

Ich putze ihr die Nase.

Sie wäscht sich.

Sie putzt sich die Nase.

ich wasche	mich	und ich	putze	mir	die Nase.
Sie waschen	sich	und Sie	putzen	sich	die Nase.
du wäschst	dich	und du	putzt	dir	die Nase.
er / sie / es wäscht	sich	und er / sie / es	putzt	sich	die Nase.
wir waschen	uns	und wir	putzen	uns	die Nase.
Sie waschen	sich	und Sie	putzen	sich	die Nase.
ihr wascht	euch	und ihr	putzt	euch	die Nase.
sie waschen	sich	und sie	putzen	sich	die Nase.

↑ Akkusativ ↑ Dativ

12
Elemente

DAS VERB DIRIGIERT DEN SATZ

Mutti wäscht mich.

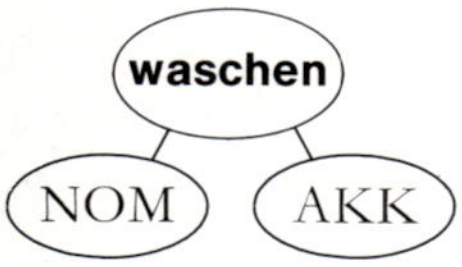

Mutti putzt mir die Nase.

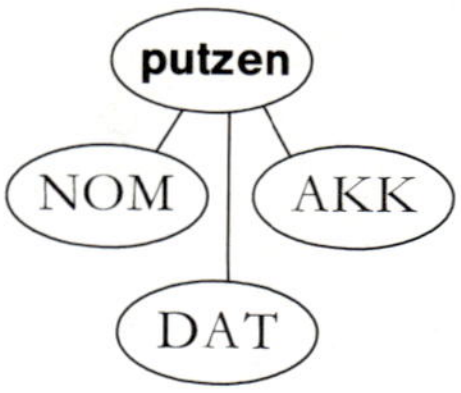

Ich wasche mich.

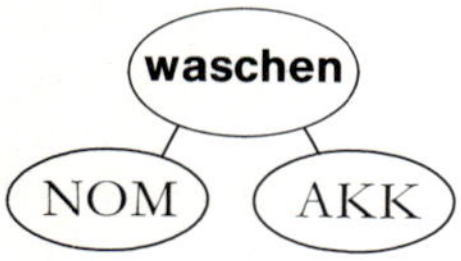

Ich putze mir die Nase.

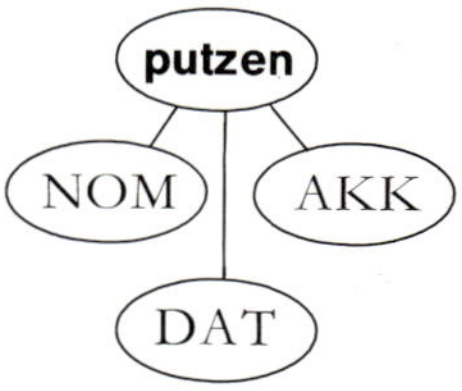

13
Bitte sprechen Sie

Bitte sag ihm, er soll sich die Haare kämmen.
→ Kämm dir die Haare.

Bitte sag ihm, er soll sich die Hände waschen.
Bitte sag ihm, er soll sich die Schuhe putzen.
Bitte sag ihm, er soll sich frisieren.
Bitte sag ihm, er soll sich die Jacke anziehen.
Bitte sag ihm, er soll sich endlich rasieren.
Bitte sag ihm, er soll sich an den Tisch setzen.
Bitte sag ihm, er soll sich die Speisekarte ansehen.

14
Suchen und finden

Hier ist ein Taschentuch.
→ Soll ich mir schon wieder die Nase putzen?

Hier ist Seife.
Hier ist ein Haarschampun.
Hier ist eine Zahnbürste.
Hier ist ein Kamm.
Hier ist Schuhkrem.
Hier ist eine Kleiderbürste.
Hier ist Zahnpasta.
Hier sind Winterhandschuhe.
Hier ist ein Spiegel.

15
Kombination

Peter wünscht sich einen Fußball.

Ich wünsche mir
Warum wünschst du dir
Volker und Gloria wünschen
Wünscht ihr
Wir
Dr. Bernstein
Nadia
Wünscht er
Die kleine Graziella
Tante Aurelia

einen intelligenten Mann
eine Nusstorte
tausend Franken
ein eigenes Haus
einen Laptop
einen Kuss von Daniel
Gesundheit
eine Kiste Sekt
einen neuen Fußball
eine Schule ohne Lehrer
einen Kosmetikkoffer
Erfolg
einen Farbfernseher
Schlittschuhe
einen Mann, der sie entführt
acht Wochen Ferien
ein gutes Zeugnis
eine Fahrkarte nach Paris

16
Suchen und finden

Nehmen Sie die Beispiele aus Nummer 15, aber in folgender Form:

Peter hat sich einen Fußball gewünscht, aber ein Religionsbuch bekommen.

...

17
Suchen und finden

Bis jetzt hat Mutti mich gewaschen.
→ Jetzt wasche ich mich selber.

Bis jetzt hat sie mir die Zähne geputzt.
→ Jetzt putze ich sie mir selber.

Bis jetzt hat sie mich gebadet.
Bis jetzt hat sie mich abgetrocknet.
Bis jetzt hat sie mich eingekremt.
Bis jetzt hat sie mich angezogen.
Bis jetzt hat sie mich frisiert.
Bis jetzt hat sie mir die Haare gewaschen.
Bis jetzt hat sie mir die Nase geputzt.
Bis jetzt hat sie mir die Schuhe geputzt.
Bis jetzt hat sie mir die Kleider gebürstet.
Bis jetzt hat sie mir die Bluse gebügelt.

18
Suchen und finden

Frieren Sie nicht?
→ Ich friere nie.

Warum entschuldigst du dich nicht?
→ Ich entschuldige mich nie.

Haben Sie keine Angst?
Fürchten Sie sich nicht?
Erkälten Sie sich nicht?
Ärgerst du dich nicht?
Sie sind gar nicht traurig?
Du bist ganz unrasiert!
Irren Sie sich nicht?
Warum beeilst du dich nicht?

19
Studie

a	Ich	putze	mir	die Schuhe selber.	Niemand putzt sie mir.
b	Wir	kochen	______	den Tee selber.	______
c	______	backen	______	den Kuchen selber.	______
d	______	stopft	______	die Strümpfe selber.	______
e	______	mache	______	die Marmelade selber.	______
f	______	kochst	______	den Kaffee selber.	______
g	______	wäscht	______	die Hemden selber.	______
h	______	holt	______	die Zeitung selber.	______

20
Elemente

TEILREFLEXIVE VERBEN

Viele Verben *können* reflexiv sein. Zum Beispiel:

ohne Reflexivpronomen	mit Reflexivpronomen im Akkusativ
Ich ziehe die Puppe an.	**Ich ziehe mich an.**
Die Katze kratzt mich.	**Die Katze kratzt sich.**

ohne Reflexivpronomen	mit Reflexivpronomen im Dativ
Hier ist es viel wärmer. Merkst du das?	**Diese Telefonnummer musst du dir merken!**
Er stellt den neuen Kollegen vor.	**Ich stelle mir das blaue Meer vor.**

Weitere teilreflexive Verben: **sich bewegen – sich verändern – sich fürchten – sich erinnern – sich freuen** usw.

REINREFLEXIVE VERBEN

Einige Verben *müssen* reflexiv sein. Zum Beispiel:

mit Reflexivpronomen im Akkusativ

Gute Reise! Und erholt euch gut!
Er hat sich sofort in Sophie verliebt.

mit Reflexivpronomen im Dativ

Ich habe mir vorgenommen nicht mehr zu rauchen.
Frank bildet sich ein klug zu sein.

REZIPROKE BEZIEHUNG

Mit dem Reflexivpronomen bezeichnen wir auch die reziproke Beziehung:

		Ebenso richtig:
Kathrin hilft Julia Julia hilft Kathrin	**Sie helfen sich.** →	**Sie helfen einander.**
Ich verstehe dich. Du verstehst mich.	**Wir verstehen uns.** →	**Wir verstehen einander.**

Beispiele: **Der Minister und seine Sekretärin duzen sich.**
Die beiden Nachbarinnen hassen sich.
Brigitte und ihre Kinder verstehen sich.
Wir kennen uns schon lange.

21

Unterhaltung

Haben Sie als Kind gern gespielt?
Was? Womit? Mit wem?
Spielen Sie heute noch?
Was? Mit wem?

Als ich entführt wurde,
begannen meine Eltern aktiv
zu werden: Sie vermieteten
mein Zimmer.
Woody Allen

Kinder, die man nicht liebt,
werden Erwachsene,
die nicht lieben.
Pearl S. Buck

Es gibt keine großen Entdeckungen
und keinen wahren Fortschritt,
solange noch ein unglückliches
Kind auf der Welt ist.
Albert Einstein

22

Studie

War wirklich alles anders, als ich klein war? Ich will versuchen ________ zu erinnern. Wir lebten damals in einem richtigen Dorf mit Kühen und Pferden – und mit vielen Kindern. Wir kannten ________ alle und spielten oft miteinander. Wir vertrugen ________ oder stritten ________, so wie das bei Kindern ist. Ich kann ________ nicht vorstellen, dass wir anders waren als heutige Kinder. Ich wundere ________ oft, dass man meint, alles müsse ________ verändert haben. Wir spielten „Verstecken" und „Räuber und Gendarm" und „Himmel und Hölle" genauso wie alle Kinder. Mein Lieblingsspiel war Höhlen bauen: aus Decken und Tischen im Haus oder aus Zweigen und Büschen im Wald.

Abends musste einer von uns Geschwistern Milch holen, unten im Dorf, beim Bauern. Wenn es mich traf, beeilte ich ________ ganz besonders, denn ich fürchtete ________ vor der Dunkelheit. Ich weiß nicht mehr, was ich ________ für Gespenster einbildete – als Kind fürchtet man ________ einfach. Ich stellte ________ vor, dass Tiere ________ zwischen den Bäumen bewegten, dass Geister ________ versteckten. Boris, mein Bruder, behauptet, dass er ________ nie gefürchtet hat. Aber ich glaube, er kann ________ nur nicht mehr dran erinnern.

16 Lösungen

23 ⊙⊙

Szene

Herr Pfeil:	Aufstehen! Sieben Uhr!
	...
Herr Pfeil:	Sieben Uhr! Aufstehen!
Matti:	Nein, nein.
Herr Pfeil:	Schnell, Matti, schnell!
Matti:	Heute –
Herr Pfeil:	Was ist heute?
Matti:	Heute wird es nichts.
Herr Pfeil:	Was wird nichts?
Matti:	Alles. Stör mich nicht, bitte.
Herr Pfeil:	Die frischen Semmeln stehen schon auf dem Tisch. Die Milch ist gleich heiß.
Matti:	Keine Kraft heute. Bitte lass mich in Ruhe, Papa.
Herr Pfeil:	Die Sonne scheint!
Matti:	Unmöglich, in die Sonne zu schauen.
Herr Pfeil:	Um acht fängt die Schule an!
Matti	(seufzt)
Herr Pfeil:	Was steht auf dem Stundenplan? Mathematik.
Matti:	Keine Kraft, zu rechnen.
Herr Pfeil:	Musik!
Matti:	Heute nicht. Keine Stimme. Bitte, Papa, ich bin höflich zu dir, sei du auch höflich zu mir.
Herr Pfeil:	Dritte Stunde Deutsch.
Matti:	O Gott! Goethe! Es hat keinen Sinn, nur einen einzigen Satz zu lesen. Papa! Was riecht denn da?
Herr Pfeil:	Die Milch kocht über!
Matti:	Siehst du, das ist die Strafe.

24

Suchen und finden

Schnell, aufstehen!

→ Ich habe keine Lust aufzustehen.

Das Bad ist frei.
Da sind saubere Hosen.
Der Kakao ist fertig.
Die Semmeln sind frisch.
In fünf Minuten fährt der Bus.
Mantel anziehen!
Schnell, beeil dich doch!
Heute ist Prüfung!

Bitte wählen Sie einen Cartoon, über den Sie sprechen möchten.

- Beschreiben Sie den Cartoon genau:
  - Wo sind wir?
  - Charakterisieren Sie die Personen!
  - Was tun sie?
- Was steckt hinter dem Bild?
- Und Ihre Meinung dazu?

25 Elemente

DER INFINITIV

Infinitiv ohne *zu*:

(1) bei Modalverben	Beispiele:
dürfen	**Wir dürfen hier Fußball spielen.**
können	**So kann das nicht weitergehen!**
„möchte“	**Ich möchte noch weiterschlafen!**
mögen	**Nadia mag keinen Kakao.**
müssen	**Ihr müsst fleißiger werden.**
sollen	**Frank soll Abitur machen.**
werden	**Du wirst dich nie ändern!**
wollen	**Ich will ihr alles erklären.**

(2) bei den Verben	Beispiele:
gehen	**Wir wollen jetzt schwimmen gehen.**
helfen	**Hilfst du mir Vokabeln lernen?**
hören	**Die Mutter hört ihr Baby weinen.**
lassen	**Ich lasse mir das nicht gefallen!**
lernen	**Deutsch lernen heißt sprechen lernen.**
sehen	**Willst du Alexa tanzen sehen?**

Bei allen anderen Verben steht Infinitiv mit *zu*.

Infinitiv mit *zu*:

(1) oft nach den Verben — Beispiele:

anbieten	**anfangen**	**brauchen**	**Er scheint Recht *zu* haben.**
bitten	**aufhören**	**empfehlen**	**Wir haben vor ins Kino *zu* gehen.**
einladen	**beginnen**	**erlauben**	**Versprich mir pünktlich *zu* sein!**
glauben	**vorhaben**	**raten**	
hoffen	**vorschlagen**	**verbieten**	
scheinen		**versprechen**	
		usw.	

(2) oft nach den Ausdrücken — Beispiele:

es ist falsch	**es ist gut**	**Es ist falsch autoritär *zu* sein.**
es ist richtig	**es ist schwer**	

es ist leicht
es ist notwendig
es ist erlaubt
es ist verboten
es ist zu spät
es ist wichtig
es ist unmöglich
usw.

Es ist nicht leicht Kinder richtig *zu* erziehen.

(3) oft nach den Ausdrücken

ich habe die Absicht
ich habe die Gelegenheit
ich habe die Hoffnung
ich habe Lust
ich habe den Wunsch
usw.

Beispiele:

Hier haben Sie die Gelegenheit etwas Neues *zu* lernen!
Wir haben keine Lust Hausaufgaben *zu* machen.

Mehr zum Infinitiv: Grundgrammatik Deutsch auf den Seiten 47–49

26 ⊙⊙
Bitte sprechen Sie

Warum warten Sie nicht?
→ Ich habe keine Zeit zu warten.

Warum fahren Sie nicht in Urlaub?
Warum schreiben Sie nicht?
Warum kommt ihr nicht?
Warum erholen Sie sich nicht?
Warum treibst du keinen Sport?
Warum machen Sie keine Musik?
Warum spielen Sie nicht mit Ihren Kindern?

27
Suchen und finden

Hast du noch eine Zigarette?
→ Ach bitte, hör jetzt auf zu rauchen!

Gibst du mir noch Käse?
Darf ich noch ein Lied singen?
Hast du noch einen Cognac?
Wo hast du die Zigarren versteckt?
Stört dich mein Klavierspiel?
Gibst du mir noch ein Bierchen?
Hilfst du mir bei der Arbeit?

28 ⊙⊙
Hören und verstehen

Sie hören eine kleine wahre Lebensgeschichte. Schreiben Sie auf, was Ihnen subjektiv in Erinnerung geblieben ist. Erzählen Sie (mündlich oder schriftlich), was Sie für wichtig genug halten, zu erzählen.

Weitere Materialien zur Auswahl

29
Bild-
geschichte C

KINDER MALEN

Bitte bauen Sie zu den Bildern der Bildgeschichte C einen kurzen Text (womöglich in kleinen Gruppen, zu Hause?).

Farbdiaserie (Begleitmaterial)

30
Werkstatt

SO ERZIEHEN SIE IHR KIND RICHTIG

Die Klasse wird geteilt in

Psychologen (P)
Kinder (K)
Eltern (E).

Je eine Dreiergruppe (P und K und E) setzt sich zu einer Spielgruppe zusammen. Alle drei erhalten denselben Text, z.B. „Wenn es sich nicht konzentrieren kann".

Der Vater oder die Mutter stellt dem Psychologen das Problem dar.
Der Psychologe möchte von dem Vater, der Mutter und dem Kind Details wissen.

Das Kind darf sich natürlich verteidigen. Zum Schluss gibt der Psychologe den Eltern und dem Kind Ratschläge, wie sie das Problem am besten lösen können.

Natürlich sollte sich die Gruppe vor dem Spiel vorbereiten.

Wenn es ein Träumer ist

Ein Kind, das immer träumt, bekommt bestimmt irgendwann Probleme. Zeigen Sie ihm die Realitäten. Belohnen Sie es, wenn es auf eine Anforderung sofort reagiert.

Wenn es sich nicht konzentrieren kann

Loben Sie es schon für das erste Zeichen von Konzentration. Üben Sie mit ihm sich eine Minute auf eine Sache zu konzentrieren, immer wieder.

Wenn es die falschen Freunde hat

Da hilft nur eins:
Öffnen Sie Ihr Haus allen Freunden Ihres Kindes. Ihr Kind kann dann in Ruhe die Freunde vergleichen.

Wenn es verschlossen ist

Vielleicht ist es nur verschlossen, weil man nicht ruhig zuhört, wenn es erzählt. Sie sollten immer aufmerksam zuhören, wenn Ihr Kind redet.

Wenn es grüne Haare tragen möchte

Lassen Sie es. Kinder müssen sich von den Eltern abgrenzen. Die Zeit der grünen Haare oder der Löcher in den Hosen geht schnell vorbei.

Wenn es dominieren will

Kinder lernen durch Vorbilder. Vielleicht gibt es in der Familie einen, der auch dominieren will?

Wenn es oft lügt

Häufiges Lügen ist oft ein Zeichen dafür, dass ein Kind sich unter Druck fühlt.
Seien Sie großzügiger!

Wenn es den Hund, die Katze misshandelt

Eigentlich sind Kinder tierlieb. Wenn Ihr Kind ein Tier misshandelt, kann das signalisieren, dass Sie zu streng mit ihm sind. Es misshandelt das Tier, so wie Sie es misshandeln. Engen Sie es nicht so ein.

nach Für Sie 6/1986

31
Schreibschule

Bitte wählen Sie eins der folgenden Themen und schreiben Sie etwa eine halbe Seite darüber:

a Wer war in Ihrer Kindheit die wichtigste Person für Sie? (Wer war zärtlich, wer war streng mit Ihnen?)

b Höchster Wert für ein Kind: die Zeit, die der Vater oder die Mutter ihm widmet.

c Kinder sind von Gefahren umgeben.

d Beschreiben Sie Ihren ersten Lehrer. (Haben Sie ihn gern gehabt oder sich vor ihm gefürchtet?)

32
Lesetext

Durch das Spiel lernt das Kind die äußere Welt meistern. Wenn es mit seinen Bausteinen spielt, lernt es Gegenstände manipulieren und kontrollieren. Wenn es hüpft und springt, lernt es seinen Körper beherrschen. Es beschäftigt sich mit seelischen Problemen, wenn es Schwierigkeiten, die es in der Realität hatte, im Spiel neu zu ertragen versucht, wenn es zum Beispiel einem Stofftier einen Schmerz zufügt, den es selbst erlitten hat. Und es lernt auch etwas über soziale Beziehungen, wenn es allmählich merkt, dass es sich anpassen muss, wenn das Spiel gut enden soll. [...]

Das Spiel ist ein Tun mit symbolischem Inhalt. Das spielende Kind löst hier unbewusst Probleme, die es in der Wirklichkeit nicht lösen kann. Das Spiel gibt ihm das Gefühl die Dinge unter Kontrolle zu haben – das ist in der Wirklichkeit keineswegs der Fall.

Das Kind weiß nicht, dass es also spielen *muss*. Es spielt, weil es ihm Spaß macht.

BRUNO BETTELHEIM

33
Analyse

Unterstreichen Sie in unserem Text (Nummer 32) die Infinitive. Erklären Sie die grammatischen Zusammenhänge.

34

Textarbeit

a Bitte sagen Sie das Thema des Textes in kürzester Form.
b Bitte sagen Sie das Thema des Textes in einem längeren Satz.
c Bettelheim nennt vier Gebiete, wo seine These gilt. Nennen Sie diese vier Gebiete in kürzester Form.
d Der letzte Satz des Textes ist wahrscheinlich besonders wichtig. Warum?
e Finden Sie Synonyme für die Wörter: der Gegenstand, die Realität, ertragen, enden, der Spaß.
f Hat Bettelheim hier alles über das Spiel gesagt? Vielleicht haben Sie zu diesem Thema noch weitere Gedanken? Bitte notieren Sie das (in Kleingruppen?) und sprechen Sie dann.

35

Kontrolle *Bitte ergänzen Sie die Pronomen:*

Annette: Kommst du bitte zum Essen?

Gerd: Moment, ich muss __________ nur noch schnell die Hände waschen.

Annette: Bitte beeil __________ , die Suppe wird kalt!

Gerd: Ich komme ja schon.

Annette: Übrigens, da ist ein Brief von einem Herrn Winter. War das nicht dein Lehrer?

Gerd: Natürlich. Ich kenne __________ seit 20 Jahren. Ich erinnere __________ gut an ihn. Ich glaube, er wird in diesem Jahr 60. Ich muss __________ gratulieren und auch etwas schenken. Was wünscht __________ so ein alter Lehrer wohl?

Bitte ergänzen Sie den Infinitiv mit oder ohne zu:

– gehen – beginnen – haben – verlassen – finden – bekommen –

Leider hat Fridolin keine Lust mehr, zur Schule ____________________ . Er will die Schule möglichst bald ____________________ und dann eine Lehre ____________________ . Er hofft, bei Siemens einen Ausbildungsplatz ____________________ , aber da muss er wirklich Glück __________ . Es ist wichtig, einen guten Meister ____________________ .

12 Lösungen

Kapitel 4

Wiederholungskurs
Kernprogramm
Weitere Materialien zur Auswahl

Wiederholungskurs

1
Lesetext

Es gibt in Deutschland wenige alte, es gibt fast nur zerstörte und wieder aufgebaute Großstädte. Viele sagen, München sei die schönste. Es ist die am schönsten wieder aufgebaute.

Tatsächlich vertragen sich hier Tradition und Gegenwart besonders gut: Die Münchner sind eigentlich tolerant, das Junge lässt dem Alten Raum. Zwar sieht die neue Architektur auch hier oft traurig aus, aber das fällt nicht so auf. Man hat genug Altes stehen lassen oder wieder hergestellt.

„Deutschlands heimliche Hauptstadt" wird München von vielen genannt. Nicht die deutsche Politik wird hier gemacht. Aber das Theater, der Film, die Mode, die Medientechnologie, auch das süße Leben der Snobs – für alles fängt der Erfolg oder Misserfolg in München an. München ist die am schnellsten wachsende deutsche Stadt. Irgendeine Messe, irgendein Fest findet hier immer statt – außer im Hochsommer, wo die Münchner vor den Touristenfluten in die Berge fliehen. Da ist München am Sonntag still wie ein Märchen.

◁ München: Altes Rathaus 1944 und heute

2
Analyse

a Unterstreichen Sie im Text Nummer 1 alle Verben.

b Schreiben Sie den Infinitiv dieser Verben nieder. Ordnen Sie die Verben dann in einfache (ohne Vorsilbe), trennbare und nicht-trennbare Verben. Stellen Sie eine Tabelle zusammen.

3
Studie

a	einladen	Darf ich Sie ins Theater einladen?
b	mitkommen	Ja, ich ________ gern ________ !
c	einkaufen	Hier in der Maximilianstraße können Sie wahnsinnig teuer ________ .
d	einkaufen	Fahren Sie lieber nach Schwabing und ________ Sie da ________ .
e	aufhören	Im Hirschgarten, einem der riesigen Münchner Biergärten, ist es nicht leicht zur rechten Zeit ________ .
f	anhaben	Gott sei Dank ist es ganz gleichgültig, was Sie ________ .
g	aussehen	________ Sie wie ein Snob ________ ? Oder wie ein Cowboy oder Yogi? Sie werden kaum beachtet.
h	auffallen	Ob Sie bayrisch, spanisch oder schottisch gehen: Sie ________ nicht ________ .
i	verstehen	Anfangs werden Sie sich über die Münchner wundern. Sie machen meistens ein Gesicht, als ob sie einen schlechten Tag hätten. Es ist nicht leicht die Münchner ________ .
k	zurückkehren	Aber wer München kennt, ________ immer wieder hierher ________ .

1, 2 Olympiagelände
3 Hofgarten und Theatinerkirche
4 Viktualienmarkt
5 Königsplatz: Blick durch die Propyläen auf die Glyptothek
6 Lenbachhaus-Garten

1

2

3

4

5

6

4 ⊙⊙

Bitte sprechen Sie

Willst du mitkommen?
→ Ja, ich komme gern mit.

Willst du mitarbeiten?
Willst du mich begleiten?
Willst du mithelfen?
Willst du anrufen?
Willst du beginnen?
Willst du einsteigen?
Willst du anfangen?
Willst du uns besuchen?
Willst du bezahlen?

5 ⊙⊙

Bitte sprechen Sie

Kommen Sie mit oder nicht?
→ Nein, ich komme nicht mit.

Verstehen Sie mich oder nicht?
→ Nein, ich verstehe Sie nicht.

Beginnen Sie oder nicht?
Steigen Sie ein oder nicht?
Begleiten Sie mich oder nicht?
Rufst du an oder nicht?
Bezahlen Sie oder nicht?
Verlässt du mich oder nicht?
Hören Sie auf oder nicht?
Machen Sie mit oder nicht?

6 ⊙⊙

Bitte sprechen Sie

Könnten Sie anhalten, bitte?
→ Na klar halte ich an!

Könnten Sie bezahlen, bitte?
Könnten Sie aufmachen, bitte?
Könnten Sie beginnen, bitte?
Könntest du reinkommen, bitte?
Könnten Sie das übersetzen, bitte?
Könnten Sie wiederkommen, bitte?
Könnten Sie das Licht ausmachen, bitte?
Könntest du mal zuhören, bitte?
Könntet ihr mithelfen, bitte?

7

Suchen und finden

Achtung! Fehlt hier nicht etwas?

a Ich sehe, du kommst vom Urlaub, du siehst prima.
b Darf ich Ihnen ein Glas anbieten?
c Ein guter Film, den müssen Sie.
d Sie müssen mal umsteigen.
e Ich wohne in einem Telefon und Bad.
f Bei Regen findet die Veranstaltung im Saal.
g Schlechte Luft hier, machen wir schnell alle auf!
h Möchten Sie nicht noch eine halbe dableiben?

8
Kontrolle

Bitte nehmen Sie ein Blatt Papier und bauen Sie Sätze.
Beispiel: Die Premiere findet im Bayr. Staatstheater statt.

a	ankommen	Aquarelle / neue Galerie
	ausstellen	rote Fahne / Straße
	stattfinden	Eurocity / Mailand
	verbinden	Premiere / Bayr. Staatstheater
	auffallen	Autobahn / München / Wien
b	anhaben	Kabarett / $20.^{30}$
	verstehen	Kollegen / Politik
	anfangen	Sekretärin / Spanisch
	unterhalten	Kind / rotes Kleid

Jeder Satz 2 Punkte = 16 Punkte

Kernprogramm

9
Suchen und finden

Schon wieder Bier!
→ Ja ja, ich soll kein Bier trinken, aber ich tu's doch.

Schon wieder eine Zigarre!
Machst du Gymnastik?
Isst du Joghurt?
Fährst du Ski?
Rauchst du?
Schon wieder ein Schnaps!
Trinkst du Zitronensaft?
Fährst du Rad?
Isst du grünen Salat?

10
Suchen und finden

Sie sind doch Pianist.
→ Soll ich spielen?
Sie haben doch Geld.
→ Soll ich zahlen?

Sie sind doch ein guter Fahrer.
Sie sind doch Tierarzt.
Sie haben doch einen P.C.
Sie sind doch Flieger.
Sie sind doch Sekretärin.
Sie sind doch ein guter Schauspieler.
Sie sind doch Kinderarzt.
Sie sind doch ein guter Redner.

11
Elemente
*MÜSSEN UND SOLLEN**

NOTWENDIGKEIT

(1) Sachzwang / eigene Überzeugung (ich verstehe, dass ich muss)

(2) Rat, Auftrag (von außen)

- **ich muss zahlen** (hier ist die Rechnung)
- **ich muss rennen** (der Bus fährt sofort)

- **ich soll / muss Joghurt essen**
- **ich soll / muss zum Arzt**

* Grundbedeutung von *sollen*:
ich soll = der andere will es von mir / denkt es über mich / sagt es zu mir

12
Ihre Rolle, bitte

Ein Student hat eine Erkältung. Was raten Sie ihm?
→ Ich sage, er soll heißen Zitronensaft trinken.

warm
Tee
Schal
Bett
Hustensaft
Bad
...
...

13
Studie

Bitte ergänzen Sie müssen *oder* sollen;

a Wann kommst du? Und wo ________________ ich dich abholen?

b ________________ ich Bodo oder Udo heiraten?

c Der Zug fährt in acht Minuten! Wir ________________ uns beeilen!

d Er wohnt ganz weit draußen, er ________________ täglich 20 km fahren.

e Sie sind bei Rot über die Kreuzung gefahren. Sie ________________ 100 Mark Strafe bezahlen, mein Herr.

f Der Patient ________________ sofort ins Krankenhaus gebracht werden.

g Sagen Sie dem Mann einen Gruß, er ________________ sich nie wieder blicken lassen.

h Das ist mein Platz. Tut mir leid, Sie ________________ sich einen anderen Platz suchen.

14
Suchen und finden

Paul arbeitet zu viel.
→ Sag ihm, er soll sich erholen!

Paul sitzt immer zu Hause.
Paul kann nicht schlafen.
Paul spart zu viel.
Sofie lebt immer in der Stadt.
Sofie isst nur Kartoffeln.
Sofie hat Angst vor den Männern.
Sofie schweigt und schweigt.
Paul ist Melancholiker.
Paul redet immer mit sich selbst.

15
Suchen und finden

Kommen Sie bald!
→ Wohin soll ich kommen?

Helfen Sie bald!
→ Wem soll ich helfen?

Fahren Sie bald!
Schreiben Sie bald!
Rufen Sie bald an!
Entscheiden Sie sich bald!
Unterschreiben Sie bald!
Gehen Sie bald!
Zahlen Sie bald!
Berichten Sie bald!

16
Machen Sie Vorschläge

Wie kann man die folgenden Probleme lösen?

Bitte bilden Sie kleine Gruppen. Überlegen Sie alle möglichen Wege, diese Probleme zu lösen. Notieren Sie Ihre Vorschläge und tragen Sie die Vorschläge im Plenum vor. (Alle Gruppen bearbeiten dieselben Probleme.)

a Mein Tanzpartner tritt mir dauernd auf die Füße. Was raten Sie mir, ihm zu sagen?
b Mein Freund Arnold fällt jede Nacht überall die Treppen hinunter, weil er zu viel getrunken hat. Was raten Sie mir, ihm zu sagen?
c Meine Schwester Katja ist unglücklich, weil sie zwei Männer liebt. Keiner weiß etwas vom anderen. Was raten Sie mir, ihr zu sagen?
d Mein Freund Hans schreibt seit zwei Jahren an einem Roman; ich weiß sicher, dass der Roman schlecht ist und Hans gar kein Talent zum Schreiben hat. Was raten Sie mir, ihm zu sagen?

17 ⊙⊙
Szene

Gast: Noch zwei Gläser Schnaps, bitte.
Ober: Ich bringe Ihnen noch eins. Dann ist Schluss.
Gast: Schluss! Der spinnt!
Ober: Hier bitte, das letzte Glas.
Gast: Danke. Was kosten die zwei Gläser?
Ober: Das Glas hier? Kostet 3 Mark.
Gast: 3 Mark.
Ober: Danke.
Gast: – – – Hahaha! Der Ober ist ganz schön betrunken heute! Bringt mir zwei Gläser Schnaps und kassiert nur eins.

18 ⊙⊙
Bitte sprechen Sie

Espresso, bitte?
→ Ja, ich nehme gern einen.

Eine Orange, bitte?
→ Ja, ich nehme gern eine.

Brot, bitte?
Ein Ei, bitte?
Einen Apfel, bitte?
Bonbons, bitte?
Cognac, bitte?
Zigaretten, bitte?
Eine Banane, bitte?
Kaffee, bitte?

19
Elemente

UNBESTIMMTES PRONOMEN
NEGATIVES PRONOMEN
POSSESSIVPRONOMEN

unbestimmter Artikel (mit Nomen)	unbestimmtes Pronomen (ohne Nomen)
ein Apfel	**einer**
eine Orange	**eine**
ein Ei	**eins**

maskulin

Singular:	NOM	**einer**	**welcher**	**keiner**	**meiner**	**Ihrer ...**
	AKK	**einen**	**welchen**	**keinen**	**meinen**	**Ihren ...**
	DAT	**einem**	**welchem**	**keinem**	**meinem**	**Ihrem ...**
Plural:	NOM AKK	**welche**		**keine**	**meine**	**Ihre ...**
	DAT	**welchen**		**keinen**	**meinen**	**Ihren ...**

feminin

Singular:	NOM AKK	**eine**	**welche**	**keine**	**meine**	**Ihre ...**
	DAT	**einer**	**welcher**	**keiner**	**meiner**	**Ihrer ...**
Plural:	NOM AKK	**welche**		**keine**	**meine**	**Ihre ...**
	DAT	**welchen**		**keinen**	**meinen**	**Ihren ...**

neutrum

Singular:	NOM AKK	**eins**	**welches**	**keins**	**meins**	**Ihres ...**
	DAT	**einem**	**welchem**	**keinem**	**meinem**	**Ihrem ...**
Plural:	NOM AKK	**welche**		**keine**	**meine**	**Ihre ...**
	DAT	**welchen**		**keinen**	**meinen**	**Ihren ...**

Der Genitiv ist nicht gebräuchlich.
Statt *keins meins deins* sagen wir oft auch *keines meines deines*.

20 ⊙⊙

Bitte sprechen Sie

Gefällt dir meine neue Mütze?
→ O ja, so eine kaufe ich mir auch!

Gefällt dir mein neuer Pullover?
Gefällt dir mein neues Hemd?
Gefällt dir mein neuer Koffer?
Gefällt dir meine Lederhose?
Gefällt dir mein Tirolerhut?
Gefällt dir meine neue Tasche?
Gefällt dir mein neuer Gürtel?
Gefällt dir meine neue Uhr?
Gefällt dir mein neues Fahrrad?

21 ⊙⊙

Bitte sprechen Sie

Wem gehört denn der Bademantel?
→ Das ist meiner.

Wem gehört denn die Sonnenbrille?
Wem gehört denn das Parfüm?
Wem gehören denn die Sandalen?
Wem gehört denn der Schmuck?
Wem gehört denn der Bikini?
Wem gehören denn die Schuhe?
Wem gehört denn das Buch?
Wem gehört denn der Kamm?
Wem gehören denn die Ringe?

22 ⊙⊙

Bitte sprechen Sie

Haben Sie vielleicht einen Mercedes?
→ Ich habe keinen und ich brauche auch keinen.

Haben Sie vielleicht eine Pistole?
Haben Sie vielleicht einen Hund?
Haben Sie vielleicht einen Fernseher?
Haben Sie vielleicht eine Perücke?
Haben Sie vielleicht einen Computer?
Haben Sie vielleicht eine Katze?
Haben Sie vielleicht eine Jacht?
Haben Sie vielleicht ein Reitpferd?
Haben Sie vielleicht einen Chef?

23

Suchen und finden

Brigitte braucht doch keinen Schirm!
→ Doch, natürlich braucht sie einen, wenn es regnet!

Brigitte braucht doch keine Handschuhe!
→ Doch, natürlich braucht sie welche, wenn es kalt ist!

Brigitte braucht doch keinen Bikini!
Brigitte braucht doch keine Sandalen!
Brigitte braucht doch kein Abendkleid!
Brigitte braucht doch keine Skier!
Brigitte braucht doch keinen Führerschein!
Brigitte braucht doch keinen Computer!

24
Kombination

Finden Sie die Gegenteilpaare.

ängstlich	naiv
richtig	traurig
winzig	satt
körperlich	langweilig
hungrig	falsch
kritisch	schön
hässlich	betrunken
interessant	riesig
nüchtern	mutig
lustig	geistig

25 ⊙⊙
Hören und verstehen

TEIL I

a Wohin geht die Sendung?
b Was ist in der Sendung?
c Warum soll sie mit Luftpost geschickt werden?
d Was kostet die Sendung mit Luftpost?

TEIL II

Gesprächspartner: ______________________

Problem: ______________________

Resultat: ______________________

TEIL III

Jahreszeit: ______________________

Wetter: ______________________

Temperatur: ______________________

Wind: ______________________

Weitere Materialien zur Auswahl

26
Lesetext

München, 23. Oktober

Liebe Michaela,

das finde ich aber toll, dass du nach mir fragst – besonders jetzt, wo ich so im Prüfungsstress stehe! Ich bin nämlich mitten in der Diplomhauptprüfung. Den ganzen Sommer lang habe ich mit meinen Kommilitonen zusammen gelernt, und das bei dem Badewetter! Oft wären wir wirklich viel lieber schwimmen oder bergsteigen gegangen – aber nein: Wir mussten uns hinsetzen und den Stoff aller Semester wiederholen. Pause gab's nur mittags, wenn wir in die Mensa gingen.

Ich muss diese Prüfung jetzt machen, denn ich habe schon 9 Semester studiert und das Stipendium kriege ich nur 10 Semester lang. Physik studieren ist spannend, aber auch harte Arbeit. Wie hart, das wusste ich nicht, als ich mich vor viereinhalb Jahren immatrikuliert habe. Die Prüfungen liegen immer in den Sommerferien. Oft habe ich nicht mal Zeit für einen Ferienjob gehabt. Und das Studium in München ist teuer – bei den Mieten!

Drück mir die Daumen, dass mit der Prüfung alles glatt geht. Danach muss ich gleich mit der Diplomarbeit anfangen, und in einem Jahr kannst du hoffentlich deine Briefe an „Herrn Dipl. Ing. Albrecht Kern" richten. Aber dann! Dann lade ich dich zu einer riesengroßen Abschlussexamensfete ein!

Mach's gut, Michaela, und herzliche Grüße

dein Albrecht

Alle Fotos auf den Seiten 74–77 zeigen die Münchner Universität

Die Universität ist ein Haus, in das man mit einem wertlosen Gehirn hineingeht und das man mit einem wertvollen Gehirn verlässt.

*

Ein guter Student lernt auch von schlechten Professoren, ein schlechter nichts bei den besten Professoren ... Den Hauptteil des Werts des Gehirns bildet die Arbeit des Gehirns an sich selbst.

Peter Hacks (1988)

27

Textarbeit

Albrecht benutzt in seinem Brief einige typische Ausdrücke aus der Studentensprache. Wie sagt man im Alltagsleben?

Kommilitonen	wünsch mir Glück
Mensa	alles geht gut
sich immatrikulieren	Mitstudenten
drück mir die Daumen!	Fest
alles geht glatt	sich einschreiben
Fete	Studentenrestaurant

28

Textarbeit

a Wann hat Albrecht mit seinem Studium angefangen?
b Wie hat er es finanziert?
c Studiert er gern in München?
d Studiert er gerne sein Fach?
e Warum schreibt er diesen Brief?
f Was ist ein Ferienjob?
g Warum findet die Fete erst in einem Jahr statt?

29
Unterhaltung

Wie sieht das Studium in Ihrem Land aus:
- Wie lange dauert es durchschnittlich?
- Wer darf auf der Universität studieren?
- Wann kann man die Abschlussprüfung machen?
- Was sind die Vorteile, was die Nachteile, wenn man in Ihrem Land studiert?
- Würden Sie gerne in der Bundesrepublik studieren? Vorteile, Nachteile?

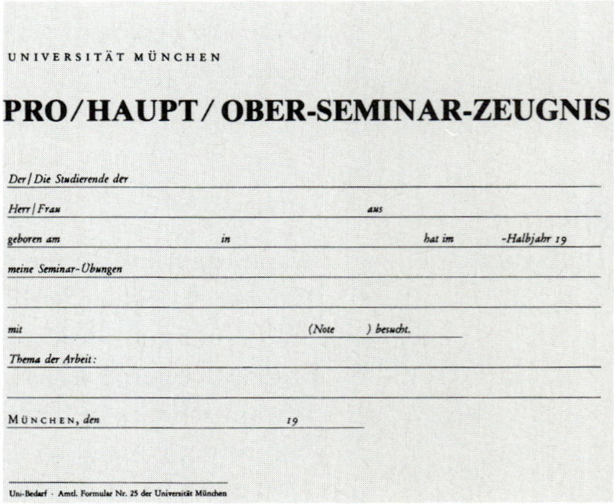

UNIVERSITÄT MÜNCHEN

PRO/HAUPT/OBER-SEMINAR-ZEUGNIS

Der/Die Studierende der ________________

Herr/Frau ________________ *aus* ________________

geboren am ________ *in* ________ *hat im* ________ *-Halbjahr 19* ____

meine Seminar-Übungen ________________

____

mit ________________ *(Note* ____ *) besucht.*

Thema der Arbeit: ________________

____

MÜNCHEN, *den* ________ *19* ____

____

Uni-Bedarf · Amtl. Formular Nr. 25 der Universität München

Anmeldung zur Diplomhauptprüfung für Physik

des/der stud. rer. nat. ______________________, ________ Semester

geboren am ______________ in ______________

Staatsangehörigkeit: ______________

Anschrift: ______________

Heimatanschrift: ______________

Vorprüfungsergebnisse (am ________ in ________):

	(Note)	*(Prüfer)*
Experimentalphysik	______	__________
Mechanik	______	__________
Mathematik	______	__________
Chemie	______	__________
__________	______	__________
Gesamtnote	______	

Nachweise

in Experimentalphysik:

	(Ergebnis)	*(Dozent)*
Fortgeschrittenen-Praktikum (erstes Semester)	______	______
Fortgeschrittenen-Praktikum (zweites Semester)	______	______
Andere Praktika	______	______
	______	______

in theoretischer Physik:

Übungen zur Elektrodynamik	______	______
Übungen zur Quantenmechanik	______	______
Übungen zur __________	______	______
Übungen zur __________	______	______
Seminar __________	______	______
Oberseminar __________	______	______

im Wahlfach __________:

__________	______	______
__________	______	______

Diplomarbeit: (soweit Angaben schon möglich):

Gewünschtes Arbeitsgebiet: ______________

Erbetener Leiter der Arbeit: ______________

Voraussichtlicher Gegenstand der Arbeit: ______________

____

oder Interessengebiet: ______________

____

30

Studie *Bitte ergänzen Sie die Fragewörter:*

a Können Sie mir bitte sagen, ______________ ich zur Universität komme?

b Wissen Sie vielleicht, ______________ die Aula ist?[1]

c Kannst du mir sagen, ______________ ich zur Mensa komme?

d Ich weiß leider nicht, ______________ die Vorlesung anfängt.[2]

e Weißt du, ______________ das Buch gehört?

f Darf ich mal wissen, ______________ alt du eigentlich bist?

g Verzeihung, können Sie mir sagen, ______________ das Institut für Wirtschaftsgeographie ist?

h Weißt du vielleicht, ______________ das Wirtschaftsgeographische Hauptseminar anfängt?[3]

i Keine Ahnung, ______________ der Hörsaal ist.[4]

k Du weißt sicher, ______________ die Vorlesung hält?

[1] die Aula – der Festsaal der Universität. Hier finden Konzerte, Feiern, große Kongresse statt.
[2] die Vorlesung – Der Professor (die Professorin) spricht, die Studenten hören und notieren die wichtigsten Punkte.
[3] das Seminar – Hier kann man fragen und diskutieren. Hier sitzen nicht 100, sondern oft nur 30 bis 50 Studenten und Studentinnen.
[4] der Hörsaal – Vorlesungen und Seminare finden im Hörsaal statt. Anderes Wort: Auditorium.

31

Studie *Bitte ergänzen Sie die Verben (zum Teil mehrere Möglichkeiten):*

a Wissen Sie, wo Professor Böhm seine Vorlesungen ______________ ?

b Und können Sie mir vielleicht sagen, wann heute die Vorlesung ______________ ?

c Ich möchte wissen, wie man am schnellsten zum Hörsaal 312 ______________ .

d Weißt du, wann die Mensa ______________ ?

e Ich möchte mich immatrikulieren. Wissen Sie, wo ich mich melden ______________ ?

f Entschuldigung, ich suche das Institut für Biochemie. Wissen Sie vielleicht, wo das ______________ ?

g Können Sie mir vielleicht helfen? Ich weiß nicht, wie ich von hier zur großen Aula

____________________ .

h Weiß jemand, wann das Seminar zu Ende ____________________ ?

i Darf ich mal fragen, welches Fach Sie ____________________ ?

k Das biochemische Praktikum – wissen Sie, wo das ____________________ ?

32
Kontrolle

I *Bitte ergänzen Sie* müssen *oder* sollen:

a Der Sprachkurs fängt um halb neun an. Ich _______________ um sieben aufstehen.

b Was raten Sie mir? _______________ ich Deutsch oder Russisch lernen?

c Der Deutschkurs beginnt in zwei Minuten. Wir _______________ uns beeilen!

d Habt ihr schon meine Dias gesehen? _______________ ich sie euch zeigen?

II *Ergänzen Sie das Pronomen:*

e Haben Sie einen Pass? – Natürlich habe ich _______________ , aber leider zu Haus.

f Hoffentlich haben Sie einen Führerschein? – Nein, ich habe leider _______________ .

g Brauche ich für die Schweiz ein Visum? – Nein, Sie brauchen _______________ .

h Ach Gott, ich habe meine Handschuhe vergessen. – Hier sind _______________ , die kannst du nehmen.

i Ist das dein Ring? – Oh danke! Ja, das ist _______________ .

k Haben Sie meine Uhr gesehen? – Hier – ist das _______________ ?

10 Lösungen

Kapitel 5

Wiederholungskurs
Kernprogramm
Weitere Materialien zur Auswahl
Schwerpunkt Wirtschaftsdeutsch (B)

Wiederholungskurs

1

Schüttelkasten

Warum sind Sie in der Hölle?
– Weil ich Gold geschmuggelt habe.

Warum sind Sie im Himmel?
– Weil ich …

gute Noten geben · Mädchenhändler · Schüler bestrafen · Kirche gehen · rauchen · Seitensprünge machen · fasten · Bäume abschneiden · Pferde schlagen · Bäume pflanzen · Zahnarzt · Millionär · Cognac · mit Kokain handeln · lügen · Finanzminister · Banktresor aufbrechen · meditieren · Papst · Kinder lieben

Finden Sie viele andere Gründe!

2
Suchen und finden

Ich bin so nervös.
→ Hast du zu viel Kaffee getrunken?

Das Benzin ist alle.
→ Hast du vergessen zu tanken?

Ich bin wahnsinnig müde.
Wir haben 2000 Mark Schulden.
Mir ist so schlecht!
Heute bin ich vollkommen nüchtern.
Jetzt ist er ohnmächtig geworden.
Wir haben kein Brot mehr.
Ich bin glücklich.
Ich habe einen riesigen Durst.

3
Suchen und finden

Sie sind aber schlank geworden!
→ Ja, weil ich drei Wochen gefastet habe.

Sie sind aber braun!
Sie haben aber tolle Muskeln!
Sie können aber phantastisch schwimmen!
Du bist ganz schön rund geworden.
Du siehst richtig gesund aus!
Sie sind aber elegant heute!
Sie sehen ein bisschen bleich aus heute.
Wo ist denn Ihr Bart? Der ist ja weg!
Sie können aber toll Ski fahren!

4
Suchen und finden

Warum essen Sie kein Fleisch?
→ Ich habe noch nie Fleisch gegessen.

Warum fliegen Sie nicht mit?
Warum spenden Sie kein Geld?
Warum gehen Sie nicht mit in die Kirche?
Warum probieren Sie den Schnaps nicht?
Warum kommen Sie nicht mit auf den Baum?
Warum nehmen Sie keinen Fisch?
Warum fahren Sie nicht mit dem Karussell?
Warum legen Sie sich nicht an den Strand?
Warum steigen Sie nicht aufs Motorrad?

5
Ihre Rolle, bitte

a 40-jähriges Arbeitsjubiläum, Sekt, die Kollegen loben den Jubilar.
b Drei junge Abenteurer kommen von der Sahara zurück und erzählen phantastische Geschichten. Keiner glaubt ihnen.
c Zwei Politiker treffen sich im Gefängnis. Was war davor?
d Der Hausbesitzer kündigt seinen Mietern. Was war davor?
e Der Kassenwart hat die Kasse beraubt und wird entlassen.
f Diamantene Hochzeit (60 Jahre). Kinder und Enkel loben die Großeltern.

6
Kontrolle

a „Kennst du die Geschichte schon?"
– Nein, die hast du mir noch nie ______________________ .

b „Nächste Woche komme ich zu euch."
– Höchste Zeit. Du hast uns ein halbes Jahr nicht ______________________ .

c „Warum hörst du zu sprechen auf?"
– Das interessiert dich doch gar nicht. Du hast mir ja zehn Minuten lang nicht ______________________ .

d „Sie bekommen Kaffee?"
– Nein, ich habe Tee ______________________ .

e „Kennen Sie Oxford?"
– Ja, da habe ich sechs Semester ______________________ .

f „Aber die Liebesbriefe haben Sie sicher noch?"
– Nein, nein, die habe ich alle ______________________ .

g „Oh, Madame Toulouse, Sie sind schon wieder von Amerika zurück?"
– Ja, ich bin schon vorgestern ______________________ .

h „Zum Kuckuck, jetzt habe ich so gut geschlafen, und da donnerst du herein."
– Ach, habe ich dich ______________________ ?

i „Wie schmeckt denn der Pudding?"
– Ach, den habe ich noch gar nicht ______________________ .

k „Können Sie sich an die Adresse erinnern?"
– Nein, die habe ich total ______________________ .

10 Lösungen

Kernprogramm

7 ⊙⊙
Szene

Frau Schneck:	Neun Uhr.
Herr Morgenstern:	Herein! – Bitte, nur herein!
Frau Schneck:	Guten Morgen, Herr Morgenstern! Aber – aber Sie liegen ja noch im Bett! Bitte, Ihr Frühstück.
Herr Morgenstern:	Können Sie den Kaffee bitte hierher stellen, hierher ans Bett?
Frau Schneck:	Sind Sie krank, Herr Morgenstern?
Herr Morgenstern:	Nein, nein. Entschuldigung, Frau Schneck, dort steht meine Medizin.
Frau Schneck:	Wo?
Herr Morgenstern:	Am Fenster, schauen Sie hin –
Frau Schneck:	Da steht nichts.
Herr Morgenstern:	Nichts? Ich hab die Flasche doch dorthin gestellt!
Frau Schneck:	Die Flasche dort? Aber Herr Morgenstern, das ist ja Whisky!
Herr Morgenstern:	Klar. Meine Medizin. Geben Sie her.
Frau Schneck:	Gott, die jungen Leute! Morgens um neun trinkt der Mensch Whisky!
Herr Morgenstern:	Das tu ich immer, seit zwanzig Jahren.
Frau Schneck:	Verzeihung, wie alt sind Sie?
Herr Morgenstern:	Zwanzig.

8
Studie

a Ich habe die Flasche dorthin gestellt. = Dort habe ich die Flasche hingestellt.

b Woher kommen Sie? = Wo kommen Sie her?

c Sie hat die Blumen hierher gebracht. = ____________

d Woher ist die CD? = ____________

e Wohin gehen Sie so eilig? = ____________

9

Elemente *DIE ADVERBIEN* **HER** *UND* **HIN**

Kurzform, wenn das Ziel bekannt ist:

Bitte komm zu uns! → **Bitte komm her!**

Gehen Sie zur Post? → **Gehen Sie hin?**

Du musst dich ins Bett legen. → **Du musst dich hinlegen.**

Meine Freunde gehen heute Abend in die Dreigroschenoper. Ich gehe auch hin.

Hans geht ins Hexenhaus hinein. (Gretel bleibt außen.)

Hans kommt ins Hexenhaus herein. (Die Hexe ist innen.)

Hans und Gretel gehen zusammen aus dem Hexenhaus hinaus.

Hans: **„Ich komme zu dir hinunter."**
Gretel: **„Danke, dass du herunterkommst."**

Gretel: **„Bitte komm herauf."**
Hans: **„Keine Lust, hinaufzukommen."**

herunter	**hinunter**	
herauf	**hinauf**	
herein	**hinein**	Geschriebene Sprache
heraus	**hinaus**	
herüber	**hinüber**	

runter	
rauf	
rein	Gesprochene Sprache
raus	
rüber	

Beispiele:
Tolle Diskothek! Gehen wir hinein? = **Gehen wir rein?**
Die Tür geht auf, Susi kommt herein. = **Susi kommt rein.**

10
Suchen und finden

In Mainz ist Karneval.
→ Du, fahren wir hin?

In London ist ein Fußballspiel.
Meine Schwester heiratet.
Interessierst du dich für Picasso? Heute ist der letzte Tag!
Das Restaurant ist wahnsinnig teuer.
Morgen Abend ist eine Feministinnen-Veranstaltung.
Wochenendflug Palermo 350 Mark!
Gutes Eis im Café Roma!
In Freiburg ist eine Parteiveranstaltung.
Der Unterricht beginnt.

11
Suchen und finden

Der Koffer ist schwer.
→ Stellen Sie ihn doch hin!

Ich stehe schon seit zwei Stunden.
→ Setzen Sie sich doch hin!

Ich bin todmüde.
Franz hat mich eingeladen.
Interessantes Theaterstück!
Ich glaube, ich habe Fieber.
Ich kann nicht mehr länger stehen.
Der Obstkorb ist schwer!
Interessanter Film!
Heute ist bei meinem Nachbarn ein Sommerfest.

12 ⊙⊙
Bitte sprechen Sie

Herr Müller ist draußen.
→ Kann er bitte reinkommen?

Herr Meier ist oben.
Frau Schmalz ist unten.
Ihre Nichte ist drüben.
Ihr Bruder ist unten.
Herr und Frau Berg sind drinnen.
Deine Sekretärin ist draußen.
Hans und Maria sind unten.
Ihre Schwester ist draußen.
Herr Vogt ist oben.

13 ⊙⊙
Bitte sprechen Sie

Der Sekt ist im Kühlschrank.
→ Ich hol ihn raus.

Der Koffer ist auf dem Schrank.
→ Ich hol ihn runter.

Der Ball ist im Nachbargarten.
Die Äpfel sind im Keller.
Die Gäste stehen vor der Tür.
Die Blumenvase steht auf dem Schrank.
Der Wein ist im Keller.
Die Schallplatten sind im Schrank.
Maria liegt im Bett.
Die Kirschen sind reif.

14
Studie

Bitte ergänzen Sie herein / hinaus / hinunter:

a Ich habe keine Lust länger in diesem Käfig zu bleiben. Ich will ______________________ .

b Diese Menschen sind komische Tiere. Da stehen sie und schauen blöd zu uns ________________ .

c Endlich! Das Frühstück. Man gibt uns Bananen und Nüsse ______________________ .

d Diese Nüsse schmecken mir überhaupt nicht, die werfe ich immer sofort wieder ______________ .

e Die Schulkinder werfen uns wieder Steine in den Käfig ______________________ .

f Ich klettere auf den Baum, hole tief Atem und spucke von oben auf sie ________________ .

15
Vorbereitung

auf Nummer 17

Sie finden rechts das Gegenteil zu den Wörtern links:

weit	nackt
böse	unzivilisiert
behaart	freundlich
gebildet	nah
seinerzeit	kalt
geheizt	heute

16
Vorbereitung

auf Nummer 17

Podiumsdiskussion. Stammt der Mensch vom Affen ab? Finden Sie Argumente für und gegen Herrn Darwin. Bei der Diskussion sollten folgende Gesprächspartner mitspielen:

Professor Darwin
ein Theologe
ein Kind
ein Psychologe
ein Affe

Finden Sie weitere Gesprächspartner!

17 ◎◎

Lesetext

Einst haben die Kerls auf den Bäumen gehockt,
behaart und mit böser Visage.
Dann hat man sie aus dem Urwald gelockt
und die Welt asphaltiert und aufgestockt,
bis zur 30. Etage.

Da saßen sie nun den Flöhen entflohn
in zentralgeheizten Räumen.
Da sitzen sie nun am Telefon.
Und es herrscht noch genau derselbe Ton
wie seinerzeit auf den Bäumen.

Sie hören weit. Sie sehen fern.
Sie sind mit dem Weltall in Fühlung.
Sie putzen die Zähne. Sie atmen modern.
Die Erde ist ein gebildeter Stern
mit sehr viel Wasserspülung. [...]

So haben sie mit dem Kopf und dem Mund
den Fortschritt der Menschheit geschaffen.
Doch davon mal abgesehen und
bei Lichte betrachtet, sind sie im Grund
noch immer die alten Affen.

Erich Kästner

Erich Kästner (1899–1974), einer der ehrlichsten Moralisten und Kritiker des Bürgertums und Militärs. Gedichte *(Herz auf Taille, Gesang zwischen den Stühlen, Die kleine Freiheit)*, Jugendromane *(Emil und die Detektive, Das fliegende Klassenzimmer)*. 1933 Verbrennung seiner Bücher.

Nur tote Fische
schwimmen mit dem Strom.
Sprichwort

Zu viel Freizeit kann dazu führen, dass die Menschen das tun, was sie schon immer gern getan haben: einander umzubringen.
Jean Cocteau

Wenn einer keine Angst hat, hat er keine Phantasie.
Erich Kästner

Man darf die Wahrheit nicht mit der Mehrheit verwechseln.
Jean Cocteau

18
Textarbeit

Kästner deutet den Fortschritt der Menschheit in wenigen „Symbolen" an. Beschreiben Sie den Fortschritt der Menschheit ausführlich, in Prosa. Sie finden rechts die Interpretation der „Symbole" links:

30. Etage	vollkommen sauber
Medien	alles geht glatt
Wasserspülung	gegen die Natur geschützt
Zentralheizung	hoch über der Natur
Autobahnen	allwissend

19
Textarbeit

a Wie beurteilen Sie Merkmale des Fortschritts, die Sie in Nummer 18 herausgefunden haben?

b Wie beurteilt Kästner den Fortschritt?

c Interpretieren Sie Zeile 16: „mit dem Kopf und dem Mund". Ist diese Bemerkung ironisch oder ernst gemeint?

d Was halten Sie vom Fortschritt der Menschheit? (Hat Herr Kästner recht? Hat er etwas vergessen? Ist er ein Pessimist? Oder gar ein Optimist?)

20 ⊙⊙
Szene

Herr Lützow: Bitte kommen Sie rein. Herzlich willkommen!
Herr Hein: Um Gottes willen! Hilfe!
Herr Lützow: Oh, Sie brauchen keine Angst zu haben. Das ist Napoleon, unser kleiner Tiger.
Herr Hein: Wie alt?
Herr Lützow: Acht Monate.
Herr Hein: Süß. – Beißt er nicht?
Herr Lützow: Doch, doch, aber nur, wenn man ihn ärgert.
Herr Hein: Spielen Sie auch mit ihm?
Herr Lützow: Natürlich. Gigigigi! Aber Sie brauchen nicht mit ihm zu spielen. Ein liebes Tier. Nachts schläft er bei mir im Bett.
Herr Hein: Im Bett?
Herr Lützow: Ja. Aber Sie brauchen nicht bei ihm zu schlafen.
Herr Hein: Vielen Dank.

21 ⊙⊙
Bitte sprechen Sie

Ich habe Angst.
→ Sie brauchen keine Angst zu haben.

Ich springe ins Wasser.
→ Sie brauchen nicht ins Wasser zu springen.

Ich laufe weg.
Ich steige auf den Baum.
Ich habe Angst.
Ich gehe heim.
Ich springe in die Donau.
Ich zahle.
Ich schieße.
Ich reise ab.
Ich habe Angst.
Ich verabschiede mich.

22
Elemente

BRAUCHEN *ALS MODALVERB*

positiv:	*negativ:*	
Du musst zahlen!	**Du musst nicht zahlen.** **Du brauchst nicht zu zahlen.**	Bedeutung ungefähr gleich

Hier benutzen wir brauchen als Modalverb:
Du brauchst nicht zu zahlen.

Natürlich können wir brauchen auch als normales Verb (Vollverb) benutzen:
Ich brauche einen Arzt.

23 ꝏ
Bitte sprechen Sie

Wer zahlt?
→ Sie brauchen nicht zu zahlen.

Wer hilft?
Wer ruft an?
Wer arbeitet mit?
Wer fährt?
Wer kauft ein?
Wer holt das Bier?
Wer repariert das Fenster?
Wer kocht?
Wer schreibt?

24 ꝏ
Bitte sprechen Sie

Ich arbeite langsam.
→ Du brauchst nicht schnell zu arbeiten.

Ich lerne langsam.
Ich gehe langsam.
Ich rechne langsam.
Ich übersetze langsam.
Ich schreibe langsam.
Ich fahre langsam.
Ich lese langsam.
Ich schwimme langsam.
Ich laufe langsam.

25
Elemente

Du musst nur anrufen. **Du brauchst nur anzurufen.**	Bedeutung ungefähr gleich.

Die Formulierung brauchen zu ist eleganter.

RICHTIG:
- **Sie brauchen nicht zu zahlen.**
- **Sie brauchen nur zu fragen.**
- **Sie müssen zahlen.**

FALSCH: ~~Sie brauchen zu zahlen.~~

26
Suchen und finden

Die Lampe ist kaputt.
→ Kein Problem! Du brauchst nur zum Elektriker zu gehen.

Die Uhr ist kaputt.
Der Motor ist kaputt.
Mein Mantel ist schmutzig.
Ich habe Zahnschmerzen.
Das Radio ist defekt.
Der Wein ist alle.
Mein rechter Schuh ist kaputt.
Ich habe keine Briefmarken mehr.
Ich bin soooo müde!

27
Suchen und finden

Das ganze Buch kann ich heute nicht lesen.
→ Sie brauchen nur ein Kapitel zu lesen.

Den ganzen Preis kann ich heute nicht bezahlen.
Die ganze Wohnung kann ich nicht allein putzen.
Alle acht Personen kann ich nicht mitnehmen.
Ich kann nicht den ganzen Text allein übersetzen.
Alle Zimmer können wir nicht heizen.
Den ganzen Tag kann ich dir leider nicht helfen.
Alle Koffer kann ich nicht tragen.
Ich kann die Torte nicht ganz allein essen.
200 Mark kann ich dir leider nicht leihen.
Ich kann nicht alle vier Babys tragen.

28
Kombination

Beispiele:

Unsere Kaninchen beißen nicht. Du brauchst sie nur zu streicheln.
Meine Schildkröte beißt nicht. Du brauchst sie nur zu füttern.

Mein Hund	
Mein Papagei	füttern
Unsere Goldfische	baden
Unser Direktor	streicheln
Mein Krokodil	desinfizieren
Meine Schildkröte	ihm einen Kuss geben
Meine weißen Mäuse	nett zu ihm sein
Mein Psychologe	warm duschen
Unsere Kätzchen	es ins Bett nehmen
Unsere Pferde	mit ihm spazieren gehen
Mein Äffchen	ihm in die Augen schauen
Unsere Sau	

29
Das richtige Wort

Bitte unterstreichen Sie die Endungen. Woher kommen diese Adjektive? Von einem Verb? Von einem Nomen? Stellen Sie vier Listen auf.

ängstlich ärgerlich blutig durstig eilig endlich essbar fleißig freiwillig freundlich geduldig glücklich heizbar individuell industriell natürlich ohnmächtig riesig ruhig schmutzig sportlich tragbar unbezahlbar westlich zufällig

30 ◎◎
Hören und verstehen

TEIL I

a Wo spielt die Szene? ______________________

b Wieviel Geld möchte der Herr haben? ______________________

c Warum bekommt er es nicht? ______________________

TEIL II

Die Dame ist ______________________

Auf der Insel gibt es ______________________

Die Katzen müssen geschützt werden vor ______________________

____

TEIL III

	Siegenthaler	Hasler
Alter		
Sportart		
Medaille		

Weitere Materialien zur Auswahl

31
Spiel

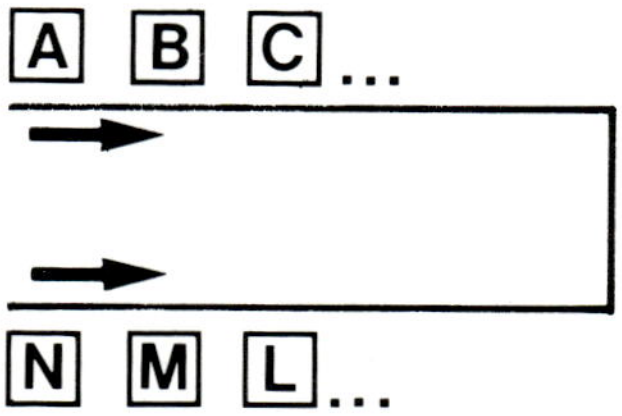

Klatsch. Der Lehrer sagt zu Teilnehmer A einen Satz, zum Beispiel „Der Nachbar hat vorgestern seine neue Honda kaputtgefahren“. A verändert in dem Satz ein Wort und sagt ihn zu B. B verändert ein Wort usw.

Der Lehrer sagt auch zu N einen Satz. N verändert den Satz und sagt ihn zu M usw.

Welche Sätze kommen am Ende bei A und N heraus?

32
Spiel

Finden Sie immer zu einem Satzanfang links ein Satzende rechts. Bringen Sie die Sätze dann in die richtige Reihenfolge, dann entsteht ein sinnvoller Text.

Mein Großvater ist	bellt der Hund
Er hat keinen Mund,	sondern ein Maul
Er hat auch	Haustiere
Er hat viele	in der Hundehütte
Er heißt	Bello
Nachts schläft er	Bauer
Wenn er sich freut,	einen Hund
Wenn jemand kommt,	wedelt er mit dem Schwanz

33
Rätsel

EIN TRAUM, SIE ZU FAHREN!

Die Anfangsbuchstaben ergeben die Lösung.

Anfangsbuchstaben

1 ______ Lkw bedeutet ______________________ .

2 ______ Wir hören mit den ____________________ .

3 ______ Nehmen Sie Tee oder ____________________ ?

4 ______ Polen liegt in _______________-europa.

5 ______ Eisen, Kupfer, Silber sind ____________________ .

6 ______ entweder – ________________ .

7 ______ Die _______________________ beträgt heute 27 Grad Celsius.

8 ______ Korsika zum Beispiel ist eine ____________________ .

9 ______ Könnten Sie das bitte wiederholen, ich habe Sie nicht ____________________ .

10 ______ Leute über 18 sind _______________________ .

34
Spiel

Einem Teilnehmer werden die Augen verbunden. Er bekommt zwei Gegenstände in die Hand und soll raten, was er in der Hand hat. Wenn er richtig rät, darf er den nächsten Teilnehmer bestimmen. Wenn er falsch rät, bestimmt der Frager den nächsten.

35
Kontrolle

a Ja oder nein genügt. Sie brauchen nur ja oder nein zu sagen.

b Unterschrift genügt. Du brauchst nur ______.

c Anruf genügt. ______.

d Eine Frage genügt. ______.

e Bikini genügt. ______.

f Postkarte genügt. ______.

g Zertifikat Deutsch genügt. ______.

Bitte ergänzen Sie her / hin / heraus *usw.:*

h Der Lift ist kaputt. Gehen wir zu Fuß ______ !

i Wo seid ihr? Im Garten? Ich komme gleich ______ .

k Ich mache eine Viertelstunde Pause. Wenn Sie erlauben, lege ich mich mal kurz hier ______ .

l Ich bin zu klein. Könnten Sie mir bitte das Buch hier vom Regal ______ holen?

10 Lösungen

Schwerpunkt Wirtschaftsdeutsch (B)

36
Das richtige Wort

Ich kann ein Bankkonto
Ich kann DM

einzahlen
wechseln
eröffnen
abheben

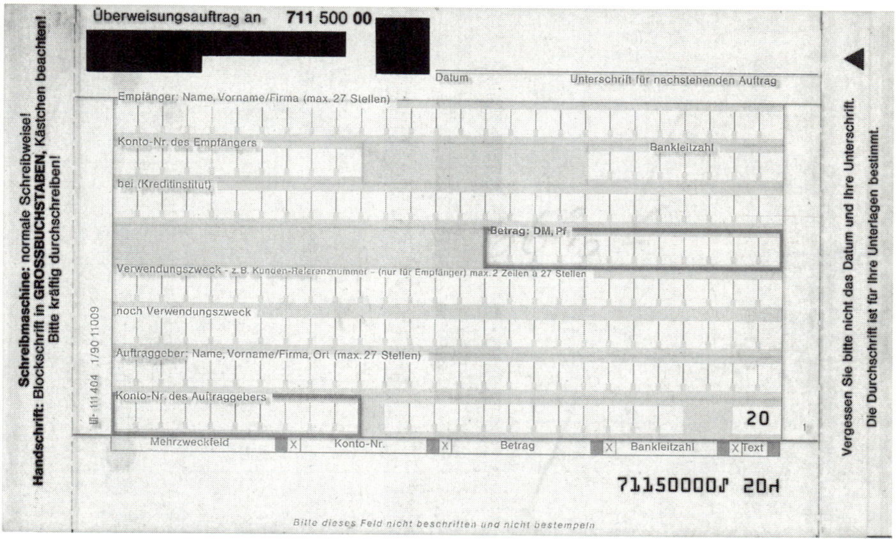
Überweisungsauftrag an 711 500 00
[redacted]
Datum
Unterschrift für nachstehenden Auftrag
Empfänger: Name, Vorname/Firma (max. 27 Stellen)
Konto-Nr. des Empfängers
Bankleitzahl
bei (Kreditinstitut)
Betrag: DM, Pf
Verwendungszweck - z. B. Kunden-Referenznummer - (nur für Empfänger) max. 2 Zeilen à 27 Stellen
noch Verwendungszweck
Auftraggeber: Name, Vorname/Firma, Ort (max. 27 Stellen)
Konto-Nr. des Auftraggebers
20
Mehrzweckfeld X Konto-Nr. X Betrag X Bankleitzahl X Text
71150000 20
Bitte dieses Feld nicht beschriften und nicht bestempeln
Schreibmaschine: normale Schreibweise!
Handschrift: Blockschrift in GROSSBUCHSTABEN, Kästchen beachten!
Bitte kräftig durchschreiben!
111 404 1/90 11009
Vergessen Sie bitte nicht das Datum und Ihre Unterschrift.
Die Durchschrift ist für Ihre Unterlagen bestimmt.

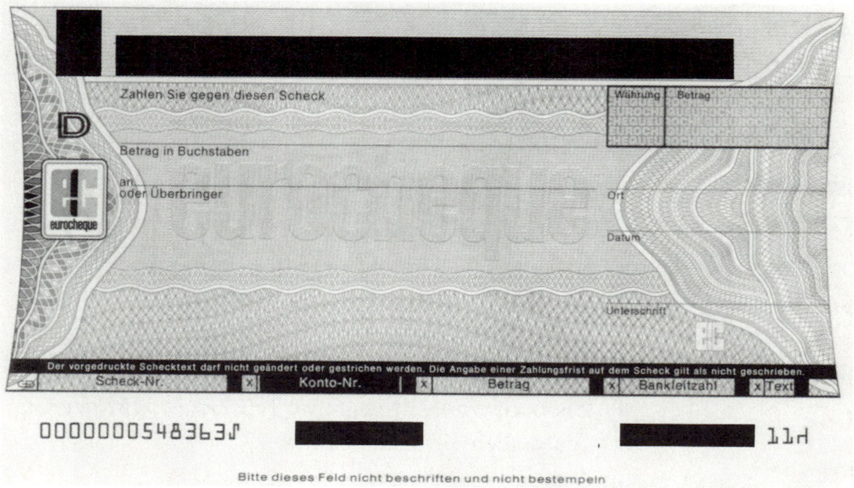
[redacted]
Zahlen Sie gegen diesen Scheck
Währung
Betrag
D
Betrag in Buchstaben
an
oder Überbringer
Ort
Datum
Unterschrift
eurocheque
Der vorgedruckte Schecktext darf nicht geändert oder gestrichen werden. Die Angabe einer Zahlungsfrist auf dem Scheck gilt als nicht geschrieben.
Scheck-Nr. X Konto-Nr. X Betrag X Bankleitzahl X Text
0000000548363 [redacted] [redacted] 11
Bitte dieses Feld nicht beschriften und nicht bestempeln

37
Das richtige Wort

Ich kann Geld

auf mein Konto	abheben
auf ein fremdes Konto	überweisen
auf der Bank	einzahlen
von meinem Konto	wechseln

38
Studie

a Hier sind 200,— DM. Ich möchte sie auf mein Konto ______________________ .

b Ich möchte meinem Hausbesitzer die Monatsmiete ______________________ .

c Ich muss mal in der Bank fragen, wie viel noch auf meinem Konto ist. Ich hoffe, dass mir mein Vater die versprochenen 3000 Schilling schon ______________________ hat.

d Ich heiße Münzmeier und möchte bei Ihnen ein Konto ______________________ .

e Ich brauche Kleingeld. Können Sie bitte diesen Fünfhundertmarkschein ______________________ ?

f Die Reparatur kostet DM 108,50. ______________________ Sie das bitte auf mein Konto bei der Hypothekenbank.

g Ich möchte von meinem Konto 300,— SF ______________________ , bitte.

h Könnten Sie mir bitte diese Dollars ______________________ ? Ich brauche Mark.

8 Lösungen

39
Ihre Rolle, bitte

Führen Sie Gespräche in einer Bank oder Sparkasse.
Beispiele:

- Sie gewinnen 1000,— DM in einer Lotterie, Sie wollen das Geld nicht gleich ausgeben und gehen zur Bank.
- Sie wollen auswandern.
- Sie wollen einen Porsche kaufen, haben aber nur 500,— DM.
- Sie haben von Ihrer Tante 150000,— DM geerbt.
- Sie wollen ein Haus bauen.

...

40

Kleines Quiz

1 [b] Eine Familie gilt finanziell als

a ein Unternehmen
b ein Haushalt
c eine Wirtschaft
d eine Werkstatt

2 [ ] Private Organisationen, die keinen Gewinn machen wollen, zum Beispiel die Kirche, ein Verein, eine Partei gelten finanziell als

a ein Haushalt
b eine Firma
c ein Unternehmen
d eine Versicherung

3 [ ] Welche Erklärung passt nicht?
Ein Unternehmen ist

a ein selbstständiger Betrieb
b eine selbstständige Politik
c eine selbstständige Produktionsstätte
d eine selbstständige Firma

4 [ ] Eine Geldeinlage ist

a ein Gewinn, den ich von der Bank bekomme
b ein Guthaben, das ich bei der Bank habe
c eine Schuld, die ich bei der Bank habe
d der Zins, den ich von der Bank bekomme

5 [ ] Ein Synonym für Bank ist

a Stuhl
b Kreditinstitut
c Sparherd
d Kasse

6 [ ] Profit ist

a Technik
b Alkohol
c Verlust
d Gewinn

41
Lesetext

Die Banken haben vor allem zwei Funktionen zu erfüllen:

- Beschleunigung der Geldströme = Botenfunktion
- Verstärkung der Geldströme = Mittlerfunktion

Mit der Botenfunktion übernehmen die Banken eine große Zahl von Dienstleistungen, wie z.B. die Abwicklung des Zahlungsverkehrs (Einzahlungen, Auszahlungen, Überweisungen, Scheckverkehr ...). Für Dienstleistungen erheben die Banken Gebühren.

Von besonderer Bedeutung für die Volkswirtschaft ist die Mittlerfunktion der Banken. Die Banken sammeln Gelder, die von Unternehmen und Haushalten vorübergehend nicht benötigt werden, als Einlagen. Diese Gelder werden anderen Unternehmen und Haushalten als Kredite zur Verfügung gestellt. Da die Banken viele Einlagen sammeln, sind sie in der Lage auch größere Kredite zu geben.

Die Einleger erhalten auf ihre Einlagen von den Banken Habenzinsen (ca. 1–7%). Die Kreditnehmer zahlen für ihre Kredite Sollzinsen (ca. 6–13%). Die Differenz zwischen Sollzinsen und Habenzinsen dient der Deckung der Kosten und der Erreichung von Gewinn.

Adolf Geipel et al.: Wirtschafts- und Rechtslehre

42
Unterhaltung

a Bitte zeichnen Sie das Fließen der Geldströme in einer Graphik auf.
b Warum sind die Sollzinsen höher als die Habenzinsen?
c Womit werden die Banken finanziert? Der Text gibt zwei Hinweise.
d Warum sind die Banken zu Dienstleistungen bereit? Sie tun es sicher nicht aus Nächstenliebe.
e Warum benutzen die Bankkunden die Banken als „Boten“?
f Warum sind die Bankkunden bereit diese hohen Sollzinsen zu bezahlen?

43
Lesetext

Die volkswirtschaftliche Bedeutung der Banken liegt darin, dass sie durch Kredite an Unternehmer die privaten Investitionen zu einem großen Teil finanzieren. Aufgabe der Banken ist es, unter den Kreditsuchenden die auszuwählen, die am kreditwürdigsten sind und deren Investitionsprojekte als profitabel angesehen werden können.

Hanno Drechsler et al.: Gesellschaft und Staat

44
Unterhaltung

a Warum ist es gut, wenn private Investitionen finanziert werden?

b Wie wählt man kreditwürdige Kunden aus?

c Noch zu Frage b: Spielt bei der Auswahl kreditwürdiger Leute auch die Moral eine Rolle?

d Wen würden Sie, wenn Sie Bankdirektor wären, als kreditwürdig bezeichnen?

e Welche Eigenschaften muss ein leitender Bankangestellter haben?

45
Studie

Der folgende Text enthält vier Fehler. Bitte korrigieren Sie die Fehler und begründen Sie Ihre Korrektur.

Banken sind für die Volkswirtschaft wichtig, denn sie helfen mit den Kreislauf des Geldes zu verstärken und zu beschleunigen. Jeder kann hier Geld wechseln, waschen, einzahlen und überweisen, das ist der kostenlose Dienst der Bank.

Banken finanzieren den Kauf von Autos, Häusern, Möbeln, Musikinstrumenten und Professoren. Sie geben nur anständigen Leuten Kredit. Besonders eilig werden Gelder an Bankräuber ausgezahlt.

Lösung des Quiz Seite 99
1b. 2a. 3b. 4b. 5b. 6d.

Kapitel 6

Kernprogramm
Weitere Materialien zur Auswahl
Roman
Phonetisches Zwischenspiel

Kernprogramm

1
Lesetext

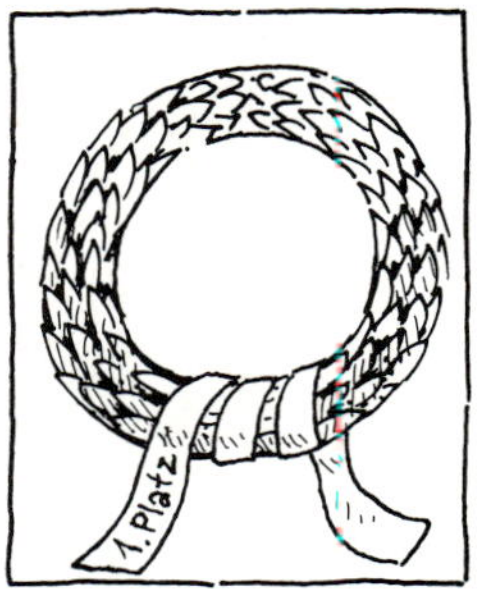

Worauf sind die Deutschen besonders stolz?

- 71% Goethe und andere Dichter
- 71% Das deutsche Land
- 63% Die deutsche Musik
- 59% Die Technik
- 59% Wissenschaftlicher Fortschritt
- 57% Dome
- 55% Sozialer Wandel
- 47% Deutsche Philosophen
- 47% Das Wirtschaftswunder
- 42% Autos
- 30% Der deutsche Widerstand im Dritten Reich
- 20% Der deutsche Fußball

Was wünschen sich die Deutschen am meisten?

- 64% einen Lottogewinn
- 53% eine Weltreise
- 31% für den Frieden etwas tun können
- 22% die Hektik des Alltags vergessen, in ein Dorf ziehen
- 14% für den Umweltschutz arbeiten
- 12% ein berühmter Sportler sein
- 11% ein großer Künstler sein

Wovor haben die Deutschen am meisten Angst?

- 44% dass wir immer mehr giftige Lebensmittel essen
- 28% dass das Leben immer komplizierter wird
- 23% Arbeitslosigkeit
- 23% Kriminelle
- 21% Vergiftetes Trinkwasser
- 19% Unfall im Kernkraftwerk
- 16% Einsamkeit
- 12% Freunde verlieren
- 9% Schwierigkeiten mit den Kindern
- 9% zu viel Alkohol trinken

2
Textarbeit

Bitte nehmen Sie ein Blatt Papier und bauen Sie Sätze nach dem Muster:

Die Leute sind stolz auf ihre Dichter.

Sie sind stolz auf ihr Land.

3
Unterhaltung

Wenn Sie eine ähnliche Umfrage in Ihrem Land durchführen würden – was würden Ihre Landsleute antworten? Führen Sie die Umfrage in Ihrem Sprachinstitut durch. Berichten Sie über die Ergebnisse.

4
Elemente

VERBEN MIT FESTEN PRÄPOSITIONEN

ich denke **ich erinnere mich** **ich schreibe**	**an dich**	(Ziel)
ich bin gespannt **ich bin stolz** **ich freue mich** **ich hoffe** **ich warte**	**auf dich**	
die Tür besteht **die Tür ist**	**aus Holz**	
ich bedanke mich **ich danke** **ich interessiere mich** **ich sorge**	**für die Blumen**	
ich bin **ich entscheide mich** **ich kämpfe** **ich protestiere**	**für die Republik** **gegen die Republik**	

ich diskutiere **ich bin einverstanden** **ich rede** **ich spreche** **ich unterhalte mich** **ich bin verheiratet**	**mit ihm**
ich beginne **ich fange an** **ich höre auf** **ich mache Schluss**	**mit dem Studium**
es riecht **es schmeckt**	**nach Lavendel**
wir diskutieren **wir lachen** **wir reden** **wir sprechen** **wir unterhalten uns** **ich ärgere mich** **ich freue mich**	**über den Film** (Ziel)
ich bewerbe mich **ich bitte** **ich kümmere mich** **es handelt sich**	**um das Stipendium** (Ziel)
es hängt ab **ich erzähle** **ich träume**	**von dir**
ich habe Angst **ich fliehe** **ich fürchte mich**	**vor dem Tiger**

Bitte beachten Sie: **Ich freue mich auf die Gäste** – die Gäste kommen, sie sind noch nicht da
Ich freue mich über die Gäste – die Gäste sind da

5

Kombination

Haben Sie Angst	auf die Weltreise?
Wünschen Sie sich	mit Geld?
Seid ihr stolz	auf euren sozialen Fortschritt?
Freust du dich	einen Lottogewinn?
Spielen Sie gern	vor dem Taschendieb?

6

Kombination

Ich freue mich	nach Kölnisch Wasser
Sie ist verheiratet	einen Platz in der ersten Reihe
Ich hätte gern	für die Einladung
Wir sprechen	mit einem Pianisten
Charlotte duftet	auf das Konzert
Vielen Dank	über die Matthäuspassion

7

Kombination

Er träumt	über das Theaterstück
Ich bin gespannt	um eine Komödie
Wir diskutieren	den Missionar
Der Tiger frisst	auf die Premiere
Es handelt sich	aus neun Szenen
Das Stück besteht	von der Schauspielerin Mattes

8

Kombination

Bist du nicht stolz	für Beethoven?
Warum duftest du	nach Evas Parfüm?
Spielen Sie gern	vor dem Stoffhund?
Interessieren Sie sich	Karten?
Warum bewerben Sie sich nicht	auf unsere Fußballelf?
Hast du wirklich Angst	um eine Arbeit beim Rundfunk?

9

Kombination

Auf dich	hast du noch gar nichts erzählt.
Von deiner Weltreise	interessiert ihr euch wohl überhaupt nicht?
Für die Umweltverschmutzung	warte ich seit einer Woche.
Auf diesen Scheck	haben sie große Probleme.
Den neuen Chef	kenne ich noch nicht.
Mit ihren Töchtern	bin ich wirklich stolz!

10 ⊙⊙

Bitte sprechen Sie

Paul ist anderer Meinung.
→ Dann müssen wir mit ihm reden.

Meine Schwester ist anderer Meinung.
Peter ist anderer Meinung.
Der Chef ist anderer Meinung.
Meine Kollegen sind anderer Meinung.
Herr Glöckner ist anderer Meinung.
Maria ist anderer Meinung.
Die Nachbarn sind anderer Meinung.
Fräulein Kreuz ist anderer Meinung.
Die Kinder sind anderer Meinung.

11

Suchen und finden

Was halten Sie vom Fernsehen?
→ Ich bin gegen das Fernsehen.

Was halten Sie von der Demokratie?
→ Ich bin für die Demokratie.

Was halten Sie vom Jazz?
Was halten Sie vom Rauchen?
Was halten Sie vom Fußball?
Was halten Sie von der Regierung?
Was halten Sie vom Alkohol?
Was halten Sie vom Sport?
Was halten Sie vom Heroin?
Was halten Sie vom Kapitalismus?

12 ⊙⊙

Bitte sprechen Sie

Das ist er, der Schauspieler!
→ Ist das der Schauspieler, von dem du erzählt hast?

Das ist sie, die Dame!
→ Ist das die Dame, von der du erzählt hast?

Das ist er, der Reporter!
Das sind sie, die Leute!
Das ist sie, die Politikerin!
Das ist er, der Kunde!
Das sind sie, die Kinder!
Das ist er, der Kollege!
Das ist sie, die Dozentin!
Das ist es, das Mädchen!

13
Elemente *DAS VERB DIRIGIERT DEN SATZ*

(1) **Ich höre am liebsten Mozart.**

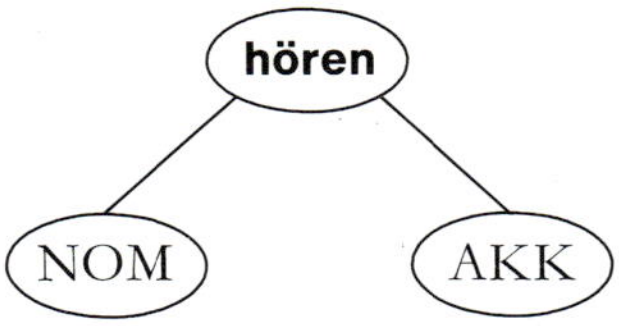

Das Verb **hören** hat 2 Valenzen: NOM und AKK

(2) **Bitte folgen Sie meinem Rat.**

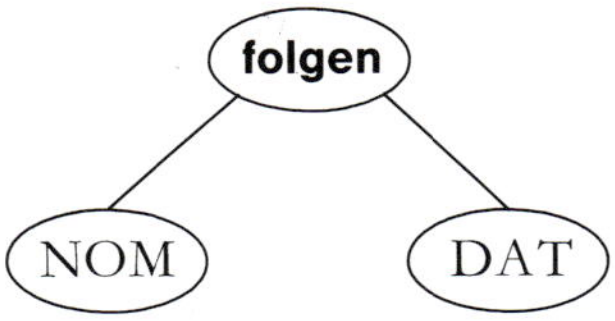

Das Verb **folgen** hat 2 Valenzen: NOM und DAT

(3) **Der kleine Hansi schenkt seiner Freundin einen Luftballon.**

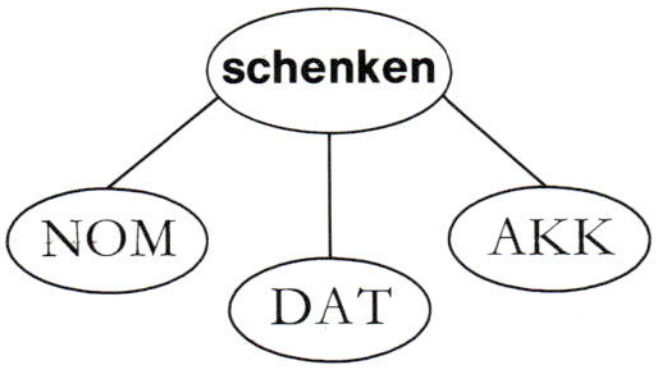

Das Verb **schenken** hat 3 Valenzen: NOM, DAT und AKK

(4) **Ich bitte Sie um Ihre Unterschrift.**

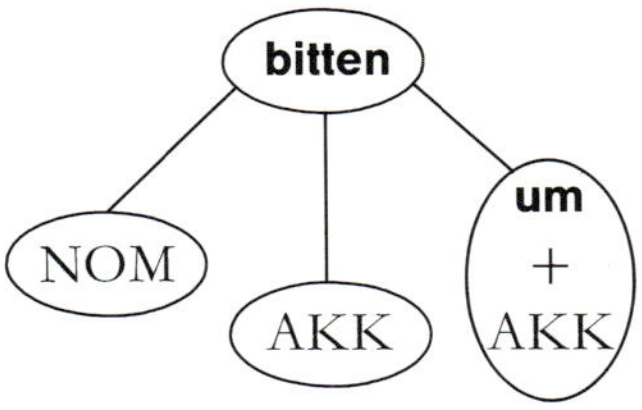

Das Verb **bitten** hat 3 Valenzen: NOM, AKK und **um** + AKK

(5) **Ich danke Ihnen für die Rosen.**

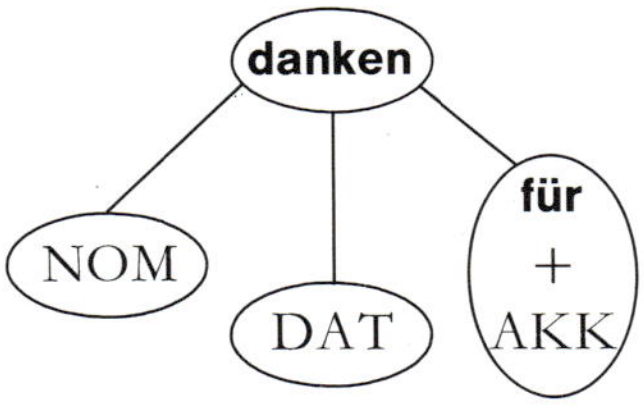

Das Verb **danken** hat 3 Valenzen: NOM, DAT und **für** + AKK

14
Schütteltopf

Verbinden Sie immer einen Satzteil vom Topf mit einem Satzteil vom Löffel. Ergänzen Sie, wenn nötig, die Präpositionen.

15
Schütteltopf

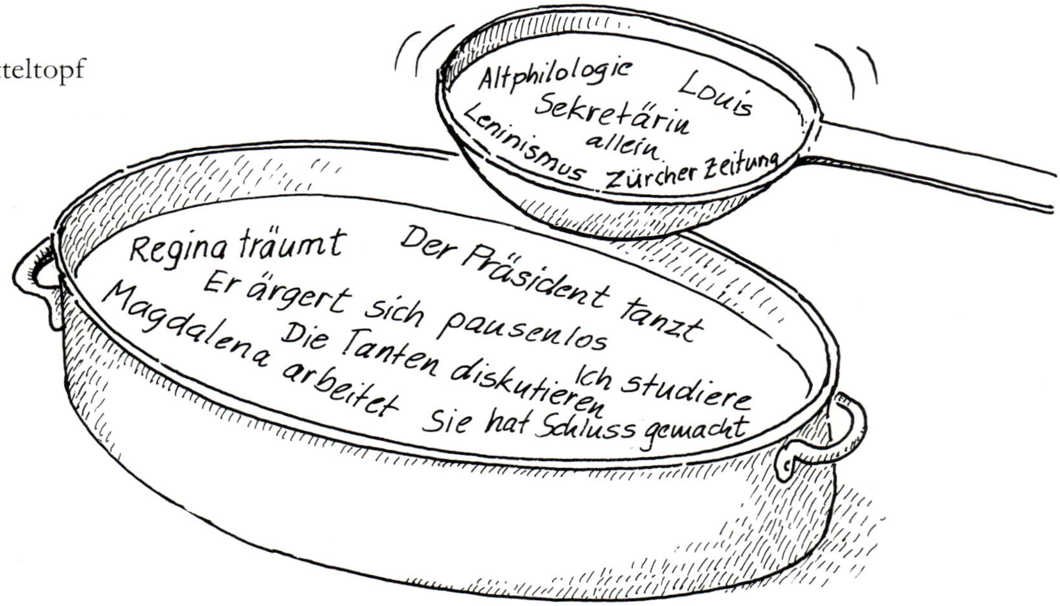

Verbinden Sie immer einen Satzteil vom Topf mit einem Satzteil vom Löffel. Ergänzen Sie, wenn nötig, die Präpositionen.

16
Studie

a Ich bitte _um_ Entschuldigung! Wie lang haben Sie ________ mich gewartet?

b Ich habe mich ________ die Stelle beworben, obwohl ich etwas Angst ________ der Verantwortung habe.

c Es hängt nur ________ dir ab, Barbara, ob du dich ________ Dietrich oder ________ Heinrich entscheidest.

d Danke ________ Ihre freundliche Aufmerksamkeit. Wir beginnen nun ________ der Diskussion.

e Denk doch nicht immer nur ________ deine Arbeit! Bleib doch heute Nacht ________ mir!

17
Studie

Überlegen Sie sich (am besten in kleinen Gruppen), woraus die folgenden Dinge bestehen. Suchen Sie die nötigen Wörter heraus und sagen Sie dann – mündlich oder schriftlich –, woraus diese Dinge bestehen:

a Salz _besteht aus Natrium und Chlor._
b Wasser
c Tee
d Brot
e ein Fenster
f ein Zimmer
g ein Haus
h ein Baum
i eine Stadt
k ein Hotel

18
Suchen und finden

Über wen sprechen Sie?
→ Wir sprechen über den Lehrer.

Auf wen warten Sie?
→ Wir warten auf den Arzt.

Wen suchen Sie?
Über wen lachen Sie?
Über wen reden Sie?
Worauf warten Sie?
Wen wollen Sie treffen?
Über wen unterhalten Sie sich?
Zu wem gehen Sie?
Worüber unterhalten Sie sich?

19
Suchen und finden

Hast du angerufen?
→ Den Arzt? Nein.

Sind Sie einverstanden?
Möchten Sie warten?
Haben Sie gefragt?
Kommst du?

Fürchten Sie sich?
Haben Sie protestiert?
Freust du dich?

20
Kombination

Täglich ärgere ich mich	von der Gesprächsbereitschaft
Wir müssen demonstrieren	für die schnelle Erledigung der Post
Die Kollegin sorgt	an den Urlaub
Er denkt Tag und Nacht	über den Chef
Alles hängt ab	mit der Ungerechtigkeit
Wir müssen Schluss machen	gegen die lange Arbeitszeit

21
Kombination

Sie reden	auf das Ergebnis der Gespräche
Wir kämpfen	über die Löhne
Wir fordern	nach Zwetschgenschnaps
Es handelt sich	vor deinem Chef?
Wir warten	um eine Lohnerhöhung von 6%
Du riechst	höhere Löhne
Hast du Angst	für mehr Urlaub

22
Studie

a Es handelt sich nicht nur ____________ eine Lohnerhöhung, sondern auch ____________ einen Ausgleich für Schichtarbeit.

b Die Gewerkschaft ist nicht einverstanden ____________ dem Angebot der Arbeitgeber.

c Sie protestiert ____________ die Ungerechtigkeit gegenüber den Schichtarbeitern.

d ____________ die Lohnerhöhung wird noch diskutiert.

e Man hofft ____________ eine 7%ige Erhöhung.

f Ob der Streik fortgesetzt wird, hängt ____________ den morgigen Gesprächen ab.

23
Studie

a ______________ dem Vorschlag der Arbeitgeber ist die Gewerkschaft nicht einverstanden.

b ______________ ein verbessertes Angebot wird noch diskutiert.

c Es handelt sich ______________ die Forderung „Mehr Freizeit für Schichtarbeit".

d Die Gewerkschaft denkt ______________ eine Stillegung des ganzen Postbetriebs.

e Eine Beendigung des Streiks hängt ______________ dem Ergebnis der Verhandlungen ab.

f Rund 2,5 Millionen Briefsendungen liegen auf den Postämtern und warten ______________ Bearbeitung.

g ______________ pünktliche Erledigung der Arbeit wollen nun Beamte sorgen, die anstelle der Streikenden arbeiten.

h ______________ diese Aktion hat die Postgewerkschaft scharf protestiert.

i Die Gewerkschaft will ______________ die Streikbrecher mit allen Mitteln kämpfen.

k Die Arbeiter im Offenbacher Postamt ärgerten sich ______________ die Streikbrecher so, dass sie das Postamt abschlossen und so die Beamten an der Arbeit hinderten.

24
Studie

Die Gewerkschaftsspitze stimmte ab; 92% der Postler entschieden sich ____________ den Streik. Sie sind nicht länger einverstanden ____________ den Erklärungen und Entschuldigungen aus dem Bundespostministerium. Sie kämpfen ____________ mehr Freizeit: ____________ einen Ausgleich für den „Dienst zu ungünstigen Zeiten" (wie es auf Amtsdeutsch heißt). Wir unterhielten uns ____________ einer Mannschaft von zwölf Postlern, die im Nachtzug D 473 Hamburg-Basel von 22 bis 5 Uhr arbeiten: Postsäcke öffnen und leeren, den Inhalt sortieren, die sortierte Post in neue Säcke füllen, die Säcke zubinden und an Ort und Stelle schleppen – dies alles in einem viel zu engen Raum (26 m lang und 3,5 m breit ist der Postwagen). „Hier geht man k.o.", sagt Wolfgang, „und dann dieser Staub. Hier kriegt man keine Luft und hat immer Durst", und er holt sich eine Flasche Sprudel aus dem Gepäcknetz. Wolfgang ist 31, verheiratet, hat einen fünfjährigen Sohn. Er hat also ____________ drei Personen zu sorgen und hat, bei einem Nettoeinkommen von 2200,– DM, die Nachtzulage bitter nötig. Wolfgang erinnert sich ____________ sein erstes Dienstjahr: „Meine Frau weinte, wenn ich sie abends verließ." Heute weint sie nicht mehr, sie hat sich an das Alleinsein gewöhnt.

Seit Jahren macht die Post Gewinne in Milliardenhöhe. Während die Finanzen der Post gesund sind, werden die Postler krank, 50% der Beschäftigten gehen vorzeitig in Rente, weil sie fertig, krank, kaputt sind. Wolfgang will in zehn Jahren ____________ der Nachtarbeit aufhören. Er träumt ____________ einem kleinen Postamt auf dem Dorf.

25
Textarbeit

a Woher stammt der Text?

- ☐ aus einem Roman
- ☐ aus einer Illustrierten
- ☐ aus einem wissenschaftlichen Buch
- ☐ aus einem Geschichtsbuch

Können Sie Ihre Antwort begründen?

b Beschreiben Sie anhand der Fotos und des Texes die Arbeiten der Postler im Nachtzug genau. Benützen Sie dazu bitte das Passiv Präsens.

c Welche Faktoren machen die Nachtarbeit der Postler besonders problematisch?

d Beschreiben Sie den Weg eines Briefes vom Absender bis zum Empfänger (bitte im Passiv).

26
Lesetext

Streiks sind in Deutschland weniger häufig als in den westeuropäischen Nachbarländern. Ursachen:

(1) bessere Zusammenarbeit der Gewerkschaften untereinander,
(2) schlechtere Zusammenarbeit der Unternehmer,
(3) hoher Lebensstandard, menschenwürdige Arbeitsbedingungen, angemessene Löhne,
(4) Erledigung der schmutzigen, schweren und niedrig bezahlten Arbeit durch Gastarbeiter.

Zu Punkt (3) ist zu beachten, dass diese Bedingungen nur durch Streiks oder Streikdrohungen erkämpft worden sind.

27
Unterhaltung

a Wenn wir annehmen, dass die Analyse, die unser Lesetext bietet, stimmt, dann wirft sie ein Licht auf spezifisch deutsche Eigenschaften.
Welche Eigenschaften können Sie da entdecken? Versuchen Sie das (vielleicht in kleinen Gruppen) herauszufinden.

b Vergleichen Sie mit den Verhältnissen in Ihrem Land. Machen Sie sich Stichworte und berichten Sie.

c Unser Lesetext (Nummer 26) ist nur in Stichworten geschrieben. Bitte formulieren Sie ihn sorgfältig in vollständigen Sätzen.

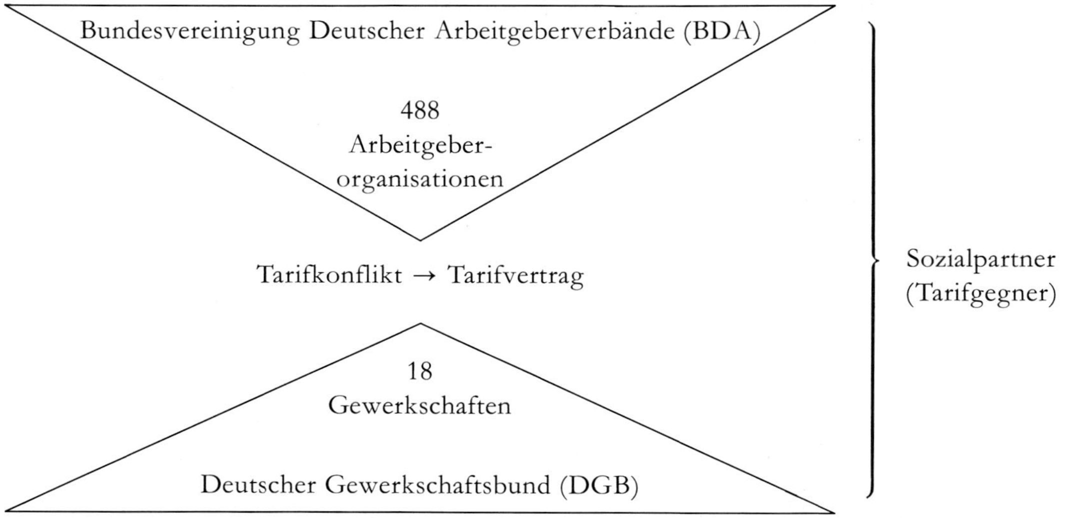

Neben dem DGB gibt es noch die Deutsche Angestellten-Gewerkschaft, den Deutschen Beamtenbund, den Christlichen Gewerkschaftsbund und den Deutschen Handels- und Industrieangestellten-Verband.

In Deutschland haben Arbeitnehmer und Arbeitgeber das Recht Vereinigungen zu bilden. Sie sind unabhängig und stehen einander als gleichberechtigte Partner gegenüber. Sie regeln die Bedingungen des Arbeitslebens autonom: in freier Verantwortung. Der Staat darf die Tarifautonomie nicht verletzen.

Die Ziele der Gewerkschaften sind: gerechte Entlohnung der Arbeitnehmer, angemessene Freizeit, Mitbestimmung im Betrieb, Humanisierung der Arbeit, Schutz vor Berufskrankheiten und Arbeitsunfällen, Sicherung gegen Arbeitslosigkeit. Die größte Arbeitnehmerorganisation ist der Deutsche Gewerkschaftsbund (DGB).

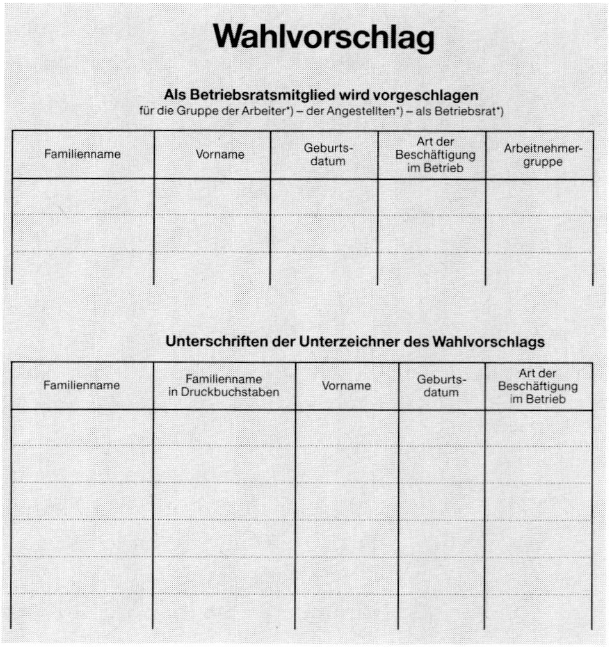

Wahlvorschlag

Als Betriebsratsmitglied wird vorgeschlagen
für die Gruppe der Arbeiter*) – der Angestellten*) – als Betriebsrat*)

Familienname	Vorname	Geburtsdatum	Art der Beschäftigung im Betrieb	Arbeitnehmergruppe

Unterschriften der Unterzeichner des Wahlvorschlags

Familienname	Familienname in Druckbuchstaben	Vorname	Geburtsdatum	Art der Beschäftigung im Betrieb

28 ⊙⊙

Hören und verstehen

Sie hören ein Interview mit einem Postbeamten.
Sie hören das Interview zweimal. Beim ersten Hören beantworten Sie bitte die folgenden drei Fragen:

1 Ist der Beamte G. heute mit seinem Lohn zufrieden?

2 Möchte er lieber in einen anderen Beruf überwechseln?

3 Hat er Hobbys?

Sie hören jetzt das Interview noch einmal.
Beantworten Sie nun die folgenden Fragen:

4 Ein Briefträger arbeitet etwa von ... bis ... Uhr.

5 An wie vielen Tagen der Woche bringt der Briefträger die Post?

6 Wie hat die Frau von Herrn G. reagiert?

7 Herr G. ist mit seiner Wohnung zufrieden. Was sagen Sie dazu?

8 Wie stellt sich Herr G. seinen Lebensabend vor?

Weitere Materialien zur Auswahl

29 ⊙⊙
Bildgeschichte *D*

Bitte ergänzen Sie die Präpositionen:

BRECHT

1 In diesem Haus in Augsburg ist Bertolt Brecht geboren.

2 Wer den Spuren seines Lebens nachgehen will, muss rund __________ den Erdball reisen. __________ Hitlers Polizei floh Brecht __________ Prag, Wien, Zürich, Paris __________ Skandinavien. Rechts auf unserem Bild sein Haus in Südfinnland.

3 __________ Hitlers Truppen floh Brecht __________ seiner Familie weiter über Moskau und Wladiwostok __________ Kalifornien. Das ist sein Haus in Santa Monica.

4 Rückkehr nach Europa. Als Brechts Einreiseantrag nach Westdeutschland abgelehnt wurde, entschied er sich __________ Ostberlin. Unser Bild zeigt das Theater, das Brecht acht Jahre lang leitete.

5 Bertolt Brecht __________ schwedischen Exil.

6 Drei Brecht-Szenen. Beginnen wir __________ dem Stück „Galilei“. Rechts Galilei; links der Philosoph, der sich nicht __________ die Realität interessiert.

7 Brechts Stück „Mutter Courage“ erzählt __________ Dreißigjährigen Krieg. Das Thema ist selbstverständlich der Protest __________ den Krieg.

8 „Puntila“ ist ein reicher Mann, der nur sympathisch ist, wenn er betrunken ist. Raten Sie, in welchem Zustand er sich hier befindet?

1

2

3

4

5

6

7

8

Brecht 41-jährig im schwedischen Exil.
Erstdruck dieses Bildes

Rechts:
Brecht in seinem letzten Lebensjahr (1956), zusammen mit dem italienischen Regisseur Giorgio Strehler in Mailand

30
Schreibschule

Bitte schreiben Sie Brechts Lebenslauf in vollständigen Sätzen nieder.

*1898 Augsburg. Ab 1922 Dramaturg an den Kammerspielen in München. Ab 1924 Dramaturg am Deutschen Theater in Berlin. 1933 Emigration (siehe Bildgeschichte). Mai 1933 öffentliche Verbrennung der Bücher Brechts durch die Nationalsozialisten. 1941 Kalifornien. Ab 1949 Berliner Ensemble. †1956 Berlin.
Wichtigste Werke: Hauspostille 1927. Die Dreigroschenoper 1928. Leben des Galilei 1938/39. Der gute Mensch von Sezuan 1939/40. Mutter Courage und ihre Kinder 1939.

31 ⊙⊙
Lesetext

Diese drei Gedichte von Brecht entstanden 1942 (I), 1943 (II) und 1950 (III). Alle drei Gedichte könnte man philosophisch nennen. Jedes der drei Gedichte hat im Kern einen einfachen Gedanken. Versuchen Sie beim Lesen zuerst, nur diesen Gedanken herauszulesen und ihn ganz einfach zu sagen.

I Die Maske des Bösen

An meiner Wand hängt ein japanisches Holzwerk
Maske eines bösen Dämons, bemalt mit Goldlack.
Mitfühlend sehe ich
Die geschwollenen Stirnadern, andeutend
Wie anstrengend es ist, böse zu sein.

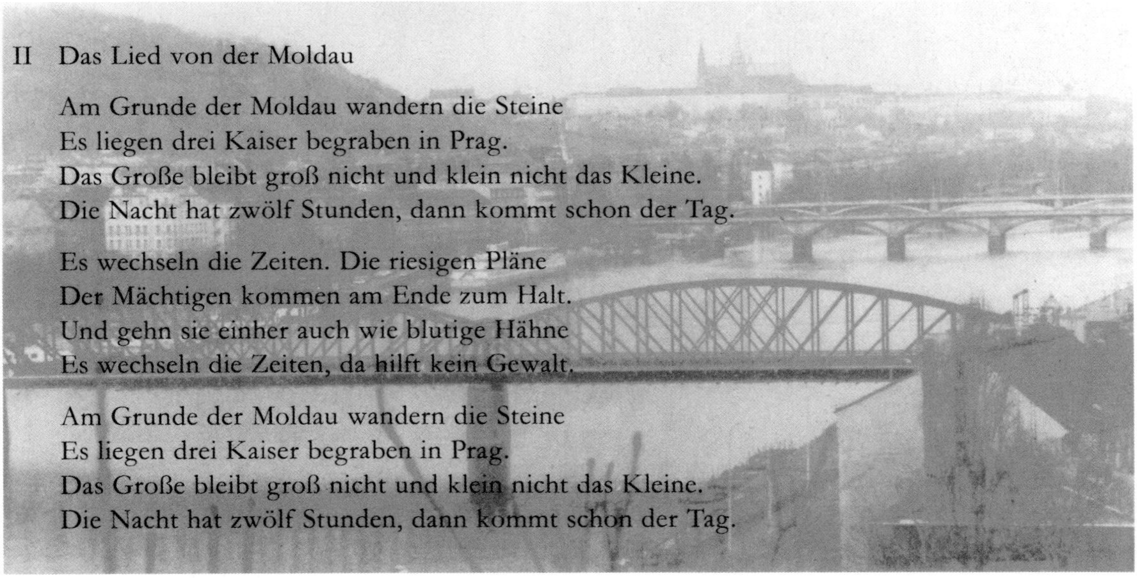

II Das Lied von der Moldau

Am Grunde der Moldau wandern die Steine
Es liegen drei Kaiser begraben in Prag.
Das Große bleibt groß nicht und klein nicht das Kleine.
Die Nacht hat zwölf Stunden, dann kommt schon der Tag.

Es wechseln die Zeiten. Die riesigen Pläne
Der Mächtigen kommen am Ende zum Halt.
Und gehn sie einher auch wie blutige Hähne
Es wechseln die Zeiten, da hilft kein Gewalt.

Am Grunde der Moldau wandern die Steine
Es liegen drei Kaiser begraben in Prag.
Das Große bleibt groß nicht und klein nicht das Kleine.
Die Nacht hat zwölf Stunden, dann kommt schon der Tag.

III Schwächen

Du hattest keine
Ich hatte eine:
Ich liebte.

32

Textarbeit

Schwer! Zusammen mit dem Lehrer lösen

a Beschreiben Sie die Maske.

b Nicht nur die Stirnadern der Maske sind „böse", sondern auch …

c Gold ist das Kennzeichen der „Oberen", der Herrscher. Brechts Gedicht hat also auch eine politische Seite.

d Im zweiten Gedicht finden Sie eine andere kurze Beschreibung des Bösen.

e Wer Bösesein als anstrengend, als unnatürlich, künstlich bezeichnet, der nimmt das Böse nicht so sehr ernst. Brecht ist also ganz respektlos gegenüber dem Bösen. Das hat eine bestimmte Wirkung auf den Leser. Das Gefühl des Lesers dem Bösen gegenüber wird nun …

f Wenn man nun die Bemerkung „bemalt mit Goldlack" wieder liest, hat sie noch einen anderen Klang.

33

Textarbeit

a Wie ist die Gesamtwirkung der beiden Gedichte I und II?
Der Leser wird durch die Gedichte

optimistisch
heiter
mutlos
depressiv
traurig
mutiger
freundlicher
böse

b Das Lied von der Moldau zeigt einen Gegensatz zwischen oben und unten. Welche Begriffe gehören zur „oberen" Ebene, welche zur „unteren" Ebene?

die Steine, die Gewalt, der Kaiser, das Kleine, der Grund, die riesigen Pläne, das Große, die Hähne, die Mächtigen, die Moldau

c Wie heißt die Hoffnung, die das Lied ausdrückt?

34
Textarbeit

a Bei Gedicht III ist die Überschrift ein Teil des Textes. Liebe wird also als Schwäche bezeichnet. Wie ernst meint Brecht das?

b Für wen könnte Liebe eine Schwäche sein: für den, der liebt, oder für wen sonst?

c Wann kann Liebe Schwäche sein?

d Brecht wird oft als politischer Dichter bezeichnet.
Welches der drei Gedichte ist nur politisch?
Welches der drei Gedichte ist nicht politisch?

e Brechts Humor ist sehr intellektuell, fast immer mit Spott verbunden. Viele verstehen diesen Humor gar nicht, denn er ist oft leise, versteckt. Versuchen Sie in den drei Gedichten diesen Humor (Spott) zu entdecken.

35
Werkstatt

Übersetzen Sie – individuell oder in kleinen Gruppen – ein Gedicht aus Ihrer Sprache ins Deutsche. Finden Sie eine oder mehrere Fragen zu dem Gedicht – Fragen, die zur Diskussion anregen. Unterhalten Sie sich im Plenum über das Gedicht.

36
Kontrolle

Bitte ergänzen Sie die Präpositionen:

a Jochen macht so ein unglückliches Gesicht. Könnten Sie sich nicht mal __________ ihn kümmern?

b Bitte kommen Sie nächsten Montag __________ uns. Wir freuen uns sehr __________ Sie.

c __________ dem kleinen Tiger brauchen Sie wirklich nicht zu erschrecken. Er ist __________ Wolle.

d Habt ihr lange __________ mich gewartet? Ich bin zu spät aufgewacht. Bitte __________ Verzeihung!

e Warum denkst du immer nur __________ Claudia? Du könntest dich doch auch mal __________ mich interessieren.

f Warum bewirbst du dich nicht einfach mal __________ einen Ferienjob bei der Post?

10 Lösungen

Roman

„Guten Abend, haben Sie bei uns angerufen?"

„Ja. Bitte kommen Sie herein. – Das ... das ... das war unheimlich ..."

„Schön der Reihe nach, wir müssen ein Protokoll aufnehmen. Karl, schreibst du mit?"

„Ja, ich bin schon so weit."

„Na also, jetzt erzählen Sie mal."

„Also wissen Sie, ich komme da vom Laden nach Haus zurück, und da sitzt doch so ein Typ mitten im Wohnzimmer. Ich habe ihn natürlich gefragt, wie er hereinkommt, und er grinst mich so ganz blöd an, gibt aber keine Antwort und sagt nur: Hoffentlich störe ich Sie nicht, gnädige Frau; wir hätten ein paar Fragen an Sie. Und da habe ich ihn gefragt, ob er von irgendeinem Amt kommt, und da lächelt er wieder so unverschämt und sagt: Ja, so könnte man sagen. – Aber dann hab ich ... ich habe ihm gesagt, ich rufe sofort die Polizei an, wenn er nicht verschwindet. Und wissen Sie, was er da gesagt hat? Regen Sie sich doch nicht auf, gnädige Frau, ich werde Ihre Wohnung schneller verlassen, als Sie es für möglich halten. Da bin ich ans Telefon und habe den Notruf gewählt. Und wie ich über die Schulter schaue, war der Kerl weg. Ich habe gedacht, mich trifft der Schlag. Darum hat es auch ein bisschen gedauert, bis ich Ihnen – oder wer das war – die Situation erklären konnte." „Ist das alles? Haben Sie sich schon in der Wohnung umgesehen?" „Nein. Ich hatte so eine Angst. Ich habe an der Tür gewartet, bis Sie kamen."

„Nun, da sollten wir uns mal umschauen. Karl, stell du dich an die Eingangstür. Das ist ja wohl der einzige Ausgang, nicht wahr, Frau ..." „Platzke ist mein Name."

„Ja – also – Frau Platzke. Gibt es noch einen anderen Ausgang?"

„Nein. Wenn er nicht die Hauswand hinunterklettern kann."

„Schön. Dann kämme ich mal die Wohnung durch."

Wer ist der Unbekannte? Raten Sie!

Fortsetzung Seite 141

Phonetisches Zwischenspiel

e ä ö

1

Bitte sprechen Sie	Tee	→	spät	→	Tee
	nehmen		Käse		nehmen
	lesen		wählen		lesen
	denen		Dänen		denen

2

Bitte sprechen Sie

Lesen Sie viel?
Verstehen Sie mich?
Sehen Sie den Weg?
Ich nehme Kaffee, bitte.

Märchenfee
Freudentränen
Spätlese
Schneewind

Hören Sie die leisen Töne?
Störe ich Sie?
Können Sie mir das Café empfehlen?
Tschüs! Ich gehe zum Friseur.

3

Bitte sprechen Sie

a) bösen → Besen
Lehne Löhne
Höfe Hefe
Söhne Sehne

b) Öfen → Ofen
hole Höhle
Söhne Sohne
Löhnen lohnen

c) Wärter → Wörter
völlig fällig
kennen können
helle Hölle

d) möchte → mochte
konnte könnte
Wörter Worte
Zölle Zolle

4

Welches Wort hören Sie?

☐ lösen
☐ lesen

☐ Wärter
☐ Wörter

☐ möchte
☐ mochte

☐ Höhle
☐ hole

☐ Öfen
☐ offen

☐ Ofen
☐ Öfen

5

Bitte sprechen Sie

schön und böse
der tote König
Ich höre das Meer.
schöne Hände

Königskrone
Honiglöffel
die böse Fee
Er redet große Töne.

Kapitel 7

Kernprogramm
Weitere Materialien zur Auswahl
Roman
Phonetisches Zwischenspiel

Kernprogramm

1
Schüttelkasten *SCIENCEFICTION*

Welche Themen passen in die Sciencefiction-Welt? Streichen Sie die Wörter weg, die nicht passen:

Tabletten Mars Quelle Apfelkuchen Goethe Gärtner Lift Mensch und Maschine
Glück Milchkuh Kompass U-Bahn
Bibel fliegender Teppich
Krieg der Sterne Roboter Prinzessin Vision Cockpit Unsichtbarsein

Können Sie sagen, warum Sie die Wörter ausgestrichen haben? Versuchen Sie es.

2
Sieben Lesetexte

I
Und Sie, sagte ich, werden Sie nicht auch eines Tages von einer Maschine ersetzt, sind Sie nicht auch unzuverlässig?
Ja, sagte er, ich bin sogar sehr unzuverlässig, ich muß damit rechnen, durch eine Maschine ersetzt zu werden.

Johanna Braun, Günter Braun (1971)

1

II

„Es mag wohl sein“, fügte er nach einer Weile des Nachdenkens hinzu, „daß es eine unlösbare Aufgabe ist, jene glücklich zu machen, die schon seit ewigen Zeiten existieren, und deren Leben in vorgezeichneten, geradezu trivialen Bahnen verläuft. Es wäre jedoch möglich, völlig neue Wesen zu konstruieren und sie so zu programmieren, daß sie nur eine einzige Funktion hätten, nämlich glücklich zu sein.“ Stanislav Lem (1965)

Bild S. 124: Aus dem Fritz-Lang-Film *Metropolis.* 1926

Bilder S. 125
oben Aus *Der unsichtbare Mann kehrt zurück.* 1940.
unten Aus *Die unsichtbare Frau.* 1941

2

3

III

Die Zylinderwagen und die Fahrstühle sausen bergauf und bergab, durch die Tunnel und über die Kettenbrücken flitzen die langen Paketwagen, und dazwischen drehen sich die langen Züge der Spiralbahnen hinunter und in die Höhe – ganz Ulaleipu ist in Bewegung – und alles glitzert dabei …

Auf den Terrassen und in den Gärten gibts jetzt das berühmte Frühlingsfrühstück und dazu ein Frühkonzert von fünfzig Kapellen, die an fünfzig verschiedenen Stellen mit Benutzung der Echos teils zusammen teils vereinzelt – aber immer einander ergänzend – das Meisterwerk eines utopianischen Komponisten vortragen.

Die Frühlingsmusik rauscht über den schwarzen See hinweg in das große Fenster des Kaisers hinein – und dann klingt es bald da – und bald dort – bald oben in den Bergen – und bald unten im See.

Und Ulaleipu frühstückt dabei – aber ganz vorsichtig ißt man – klappert nicht mit Messer und Gabel – kein Kind darf ein lautes Wort sagen. Wer noch gehen muß, geht auf den Zehen und langsam.

Paul Scheerbart (1904)

IV

Und ich dachte an meinen Heimatplaneten, von dem ich mittels einer Raum-Zeit-Maschine hierhergeschossen worden war, und einmal, ein einziges Mal war es mir vergönnt vor meinem inneren Auge unseren Planeten zu schauen! Inmitten einer *weißen* Galaxis, inmitten eines *weißen* Weltraumes, ich sah schlanke, spitze Türmchen und Minarette nach unten in den Weltraum hängen und erblickte verzaubert unsere diamantene Sonne.

Horst Mehler (1983)

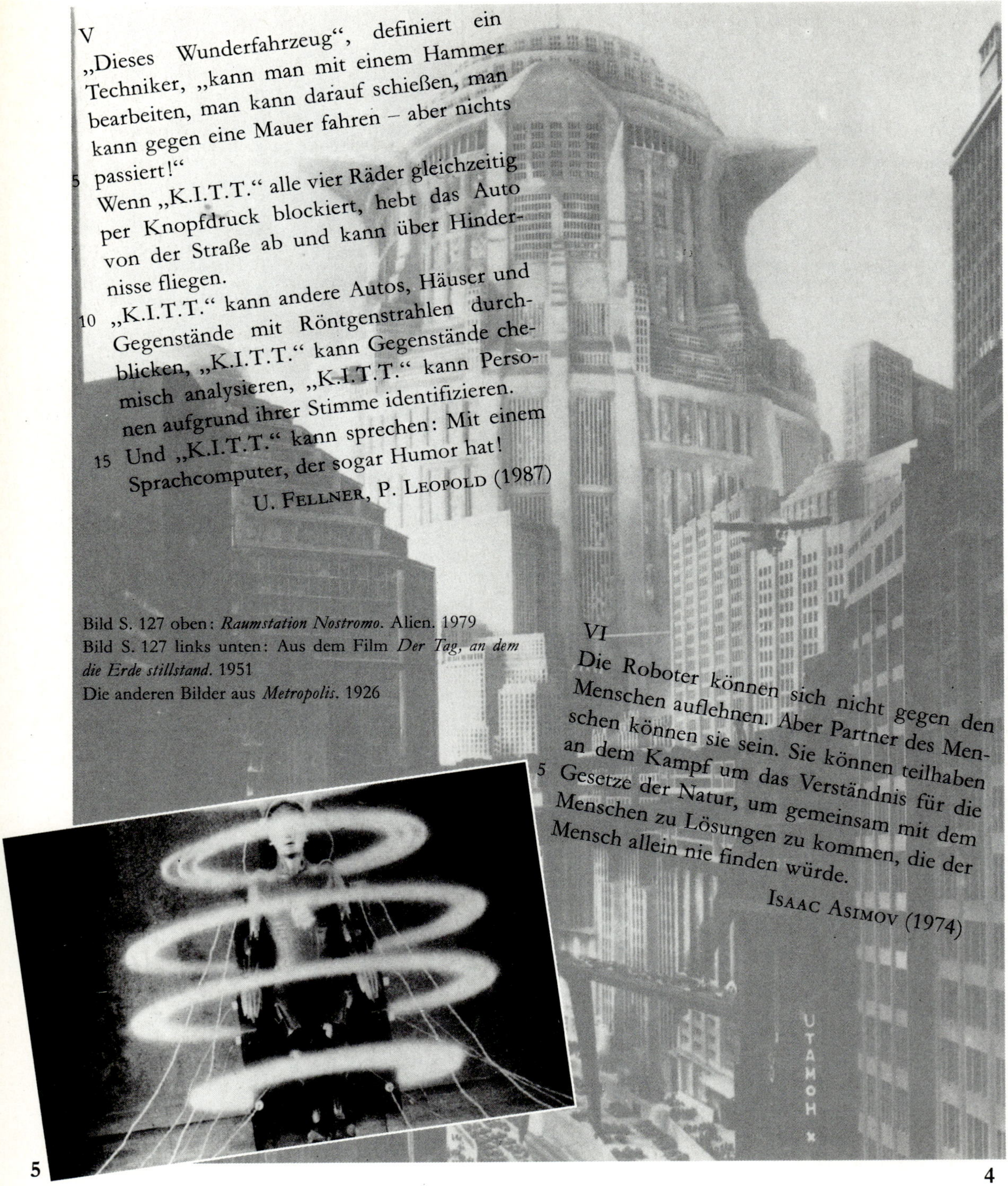

V

„Dieses Wunderfahrzeug", definiert ein Techniker, „kann man mit einem Hammer bearbeiten, man kann darauf schießen, man kann gegen eine Mauer fahren – aber nichts passiert!"

Wenn „K.I.T.T." alle vier Räder gleichzeitig per Knopfdruck blockiert, hebt das Auto von der Straße ab und kann über Hindernisse fliegen.

„K.I.T.T." kann andere Autos, Häuser und Gegenstände mit Röntgenstrahlen durchblicken, „K.I.T.T." kann Gegenstände chemisch analysieren, „K.I.T.T." kann Personen aufgrund ihrer Stimme identifizieren.

Und „K.I.T.T." kann sprechen: Mit einem Sprachcomputer, der sogar Humor hat!

U. FELLNER, P. LEOPOLD (1987)

Bild S. 127 oben: *Raumstation Nostromo.* Alien. 1979
Bild S. 127 links unten: Aus dem Film *Der Tag, an dem die Erde stillstand.* 1951
Die anderen Bilder aus *Metropolis.* 1926

VI

Die Roboter können sich nicht gegen den Menschen auflehnen. Aber Partner des Menschen können sie sein. Sie können teilhaben an dem Kampf um das Verständnis für die Gesetze der Natur, um gemeinsam mit dem Menschen zu Lösungen zu kommen, die der Mensch allein nie finden würde.

ISAAC ASIMOV (1974)

5

4

VII

Der Verkehr auf weite Strecken und mit großer Geschwindigkeit wurde auf dem Mars durch zwei Arten von Bahnen vermittelt: Gleitbahnen und Radbahnen. Kraftquelle war die Sonnenstrahlung selbst. Sie wurde auf den glühenden, trockenen Hochplateaus in ausgedehnten Strahlungsflächen gesammelt und den Motoren als Elektrizität zugeleitet.

Entfernte man sich von den Industriestraßen nur um wenige hundert Schritte, so befand man sich in einer völlig anderen Welt: Riesenbäume verdeckten mit ihren Zweigen die Nähe der Bauwerke. Erst in einer Höhe von etwa vierzig Metern begann der Astansatz, und von hier aus bildete das Laubdach eine natürliche Wölbung, auf den gradlinig aufsteigenden Pfeilern der Stämme ruhend. Kein direkter Sonnenstrahl vermochte den Boden zu treffen, sondern ein mildes, bläulich-grünes Licht schimmerte von den Blättern hernieder.

KURD LASSWITZ (1897)

6

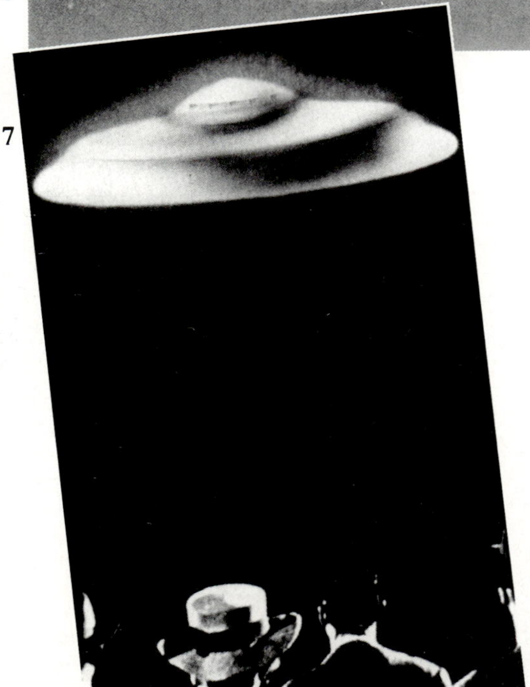

7

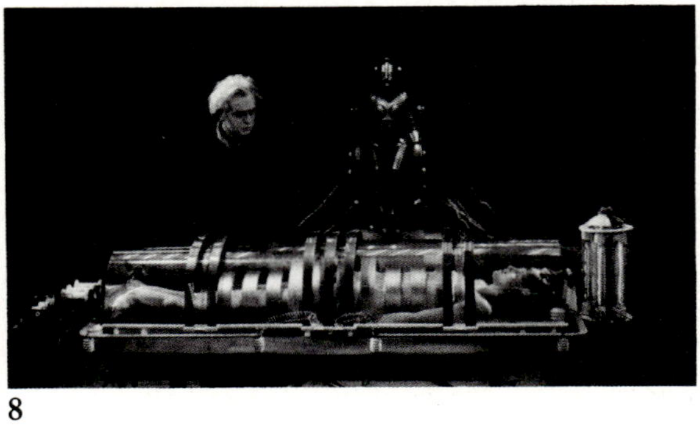

8

3
Textarbeit

a Einige Sciencefiction-Autoren* haben technische oder politische Entwicklungen vorausgesehen. Nennen Sie Beispiele.

b Gibt es auf den Seiten 124–127 Bilder, die zu einem der Texte passen? Finden Sie Zusammenhänge.

c In den Texten spielt die Technik eine große Rolle. Die Texte zeigen Gefahren oder Chancen, die durch die Technik entstanden sind. Welche Gefahren, welche Chancen?

d Einige Texte enthalten eine Art „Botschaft", einige formulieren ein Problem. Fassen Sie die Botschaft, das Problem kurz zusammen.

4
Studie

a Ich bin nicht auf dem Mars, aber ich nehme mal an, ich wäre es ______.

b Ich habe kein Raumschiff, aber ich stelle mir mal vor, ich hätte eins ______.

c Ich habe keinen Zylinderwagen, aber ich nehme mal an, ______.

d Ich kann nicht zum Mond fliegen, aber ich stelle mir vor, ich könnte es ______.

e Ich habe keinen Sonnenmotor, aber ich stelle mir mal vor, ______.

f Ich bin kein Mondfahrer, aber ______.

g Ich kann mich nicht unsichtbar machen, aber ______.

h Ich bin leider kein Komponist, aber ______.

i Wir leben nicht im Jahr 2023, aber ich nehme an, wir würden im Jahr 2023 leben ______.

k Ich bin kein Elefant, aber ______.

l Ich habe keinen Weltraumkompass, aber ______.

m Ich muß keine Robotersteuer bezahlen, aber ______.

* Die beiden Klassiker der deutschen Sciencefiction-Literatur, beide von literarischem Rang: Der Moralist Kurd Lasswitz (1845–1910) entwickelt Zukunftsvisionen auf mathematisch-technischem Hintergrund. Der Pazifist Paul Scheerbart (1863–1915) mischt technische Träume mit phantastischer Poesie. – Der Erfolg des Lasswitz-Schülers Hans Dominik (1872–1945) hängt mit seinem politischen Opportunismus zusammen.

5
Elemente *KONJUNKTIV II*

Wenn ein Tunnel vom Nordpol durch den Erdmittelpunkt zum Südpol führen würde und Onkel Nikolaus würde am Nordpol hineinfallen – was würde passieren?

Er würde immer schneller fallen und hätte im Erdmittelpunkt die Geschwindigkeit von 8000 m pro Sekunde erreicht. Onkel Nikolaus würde weiterfallen und seine Geschwindigkeit wieder verlieren. Bei seiner Ankunft am Südpol wäre seine Geschwindigkeit Null. (Wir haben hier den Faktor der Reibung nicht mitgerechnet.)

Es gibt keinen Tunnel durch die Erde. So einen Tunnel kann man nicht bauen. Dieser Tunnel ist unwirklich, irreal. Unser Text bringt eine Hypothese. Wir benützen den Konjunktiv II.

Im Konjunktiv II gibt es nur zwei Zeitstufen: Gegenwart und Vergangenheit.

GEGENWART

wirklich	*unwirklich (Hypothese)*	
ich bin hier	**ich wäre im Tunnel**	**wir wären im Tunnel**
	Sie wären im Tunnel **du wär(e)st im Tunnel**	**Sie wären im Tunnel** **ihr wär(e)t im Tunnel**
	er / sie / es } wäre im Tunnel	**sie wären im Tunnel**
ich habe keine Angst	**ich hätte Angst**	**wir hätten Angst**
	Sie hätten Angst **du hättest Angst**	**Sie hätten Angst** **ihr hättet Angst**
	er / sie / es } hätte Angst	**sie hätten Angst**
ich stehe auf dem Boden	**ich würde fallen**	**wir würden fallen**
	Sie würden fallen **du würdest fallen**	**Sie würden fallen** **ihr würdet fallen**
	er / sie / es } würde fallen	**sie würden fallen**

Bei manchen Verben benutzen wir die „originale", „antike" Konjunktivform (*ich dürfte, ich ließe, ich wüsste*).

Bei den meisten Verben benutzen wir die Umschreibung mit *würde*.

häufig	selten	
ich hätte	ich würde haben	
ich wäre	ich würde sein	
ich dürfte	ich würde dürfen	} fast nie
ich könnte	ich würde können	
ich müsste	ich würde müssen	
ich sollte	ich würde sollen	
ich wollte	ich würde wollen	
ich würde	ich würde werden	

ich brächte	ich würde bringen
ich bräuchte (oder **brauchte**)	ich würde brauchen
ich ginge	ich würde gehen
ich käme	ich würde kommen
ich ließe	ich würde lassen
ich stände	ich würde stehen
ich wüsste	ich würde wissen

selten	häufig	
ich arbeitete	**ich würde arbeiten**	ebenso alle anderen Verben
ich fiele	**ich würde fallen**	
ich kaufte	**ich würde kaufen**	
ich trüge	**ich würde tragen**	

VERGANGENHEIT

wirklich	*unwirklich (Hypothese)*	
ich war hier ich bin hier gewesen	**ich wäre im Tunnel gewesen**	**wir wären im Tunnel gewesen**
	Sie wären im Tunnel gewesen **du wär(e)st im Tunnel gewesen**	**Sie wären im Tunnel gewesen** **ihr wär(e)t im Tunnel gewesen**
	er / sie / es wäre im Tunnel gewesen	**sie wären im Tunnel gewesen**
ich hatte keine Angst ich habe keine Angst gehabt	**ich hätte Angst gehabt**	**wir hätten Angst gehabt**
	Sie hätten Angst gehabt **du hättest Angst gehabt**	**Sie hätten Angst gehabt** **ihr hättet Angst gehabt**
	er / sie / es hätte Angst gehabt	**sie hätten Angst gehabt**
ich stand auf dem Boden ich habe auf dem Boden gestanden	**ich wäre gefallen**	**wir wären gefallen**
	Sie wären gefallen **du wärst gefallen**	**Sie wären gefallen** **ihr wärt gefallen**
	er / sie / es wäre gefallen	**sie wären gefallen**

Ausführliche Einführung: GRUNDGRAMMATIK DEUTSCH auf den Seiten 50–56

6

Bitte sprechen Sie

Sie haben sicher ein Raumschiff.
→ Nein, aber ich hätte gern eins.

Sie haben sicher ein Teleskop.
Sie haben bestimmt einen Zeppelin.
Sie sind wohl Marsfahrer?
Sie kennen doch die Marsbäume?
Sie sind bestimmt Weltraumkapitän.
Sie kennen die Mondlandschaft?
Sie haben bestimmt einen Luftballon?

7

Bitte sprechen Sie

Können Sie fliegen?
→ Tja, schön wär's, wenn ich fliegen könnte!

Können Sie auf einem Delphin reiten?
Können Sie sich unsichtbar machen?
Haben Sie eine Röntgenbrille?
Können Sie die Farbe wechseln?
Sind Sie Tiefseetaucher?
Können Sie im Stehen schlafen?
Haben Sie ein Luftschiff?
Können Sie den Körper wechseln?
Sind Sie Nobelpreisträger?

8

Werkstatt

Sammeln Sie Ideen, finden Sie Formulierungen und sprechen Sie dann im Plenum frei:

Nehmen Sie an, Sie würden im Jahr 2023 leben: Wie würde Ihr Tag aussehen?

Was würden Sie anziehen?
Wie würden Sie sich morgens die Haare färben?
Was würden Sie frühstücken?

Vitamintee?
Brotpulver?

Wie würde Ihr Haus aussehen?
Wer würde die Hausarbeit machen?
Was würden Sie arbeiten? Wie lange?

sprechende Roboter?
automatischer Staubsauger?
hörende Waschmaschine?

fliegender Drachen?

Wie kämen Sie zur Arbeit?
Wer wäre Ihr Psychotherapeut?

sensibler Computer mit menschlicher Stimme?

Wie lange würden Sie leben?
Was würden Sie in Ihrer Freizeit machen?

Mondsurfen?
Ausflug ins Erdinnere?
Roboterhochzeit?

9
Werkstatt

Sammeln Sie Ideen, finden Sie Formulierungen und sprechen Sie dann im Plenum frei:

Nehmen Sie an, Sie hätten im Jahr 17000 vor Chr. gelebt:

Was hätten Sie gegessen?
Wie hätten Sie gekocht?
Was für Kleider hätten Sie getragen?

Wie lange hätten Sie gelebt?
Wo hätten Sie gewohnt?

Was hätten Sie gearbeitet?
Welche Vergnügungen? Spiele?
Welche Gefahren? Ängste? Sorgen?

Schokoladenpudding?
Blätter?
Lederhemden?
Krawatten?
das Feuer bewachen?
Knochen schnitzen?
Werkzeug herstellen?

10 ⊙⊙
Bitte sprechen Sie

Das Buch habe ich nicht gelesen.
→ Das hättest du aber lesen sollen.

Den Film habe ich nicht gesehen.
Den Vortrag habe ich nicht gehört.
Das habe ich nicht gewusst.
Das habe ich nicht gemerkt.
Das Stück habe ich nicht gesehen.
Den Artikel habe ich nicht gelesen.
Den habe ich nicht kennen gelernt.
Die Platte habe ich nicht gekauft.
Die Ausstellung habe ich nicht gesehen.

11 ⊙⊙

Bitte sprechen Sie

Ich habe nein gesagt.
→ Ich hätte auch nein gesagt.

Ich habe keine Lust gehabt.
Ich bin zu Hause geblieben.
Er hat den Unsinn nicht mitgemacht.
Sie ist eingeschlafen.
Ich habe das Angebot angenommen.
Ich habe nicht länger gewartet.
Ich habe den Namen vergessen.
Er hat gekündigt.

12

Suchen und finden

Interessieren Sie sich für Musik?
→ Sehr. Ich würde gern Musiker werden.
Interessieren Sie sich für Philosophie?
Interessieren Sie sich für Architektur?
Interessieren Sie sich für Mathematik?
Interessieren Sie sich für die Eisenbahn?
Interessieren Sie sich für Informatik?
Interessieren Sie sich für Medizin?
Interessieren Sie sich für Kunst?
Interessieren Sie sich für den Wald?
Interessieren Sie sich für Physik?

13

Studie

a Ein Mann hatte seinen Schlüssel vergessen. Er ging noch einmal nach Hause zurück. Da sah er, dass sein Haus brannte. Das Haus konnte rechtzeitig gelöscht werden.
→ Wenn der Mann seinen Schlüssel nicht vergessen hätte, wäre er nicht noch einmal nach Hause zurückgegangen. Er hätte nicht gesehen, dass …

b Ein Junge half einem blinden Mann über die Straße zu gehen. Deshalb bekam er eine Stelle in einer Firma. Heute ist er der Chef.

c Ein Fabrikarbeiter hatte Kopfschmerzen und ging nach Hause. Eine Stunde später explodierte die Maschine, an der er arbeitete, viele Arbeiter wurden verletzt.

d Eine alte Frau fand ein Markstück auf der Straße. Sie kaufte sich ein Los. Sie gewann eine Million Mark und kaufte sich eine Villa in Spanien.

e Ein Kind spielte an einem See und fiel hinein. Zufällig kam ein Spaziergänger vorbei, sprang in den See und rettete das Kind.

f Eine junge Dame ging auf dem Weg nach Hause noch in ein Café um eine Tasse Kaffee zu trinken. Dort traf sie den Mann ihres Lebens. Sechs Monate später heirateten sie und waren das ganze Leben über glücklich.

g Ein Mann suchte seinen Papagei auf einem Baum. Er fiel von der Leiter und starb.

h Eine Prinzessin verlor ihren Goldring im Meer. Ein paar Tage später fing ein Fischer einen Fisch. In dem Fisch fand er den Ring und brachte ihn zum Schloss. Er erhielt den Titel eines königlichen Fischers.

14
Suchen und finden

Äußern Sie Vermutungen, wer diese Osteranzeigen in die Zeitung gesetzt hat, warum, zu welchem Zweck.

Beispiel:

Brigitte könnte sich einsam fühlen. Udo könnte sie verlassen haben ...

warten
verliebt
Sorgen
dankbar
sich langweilen
Fernweh
Freude machen
allein

Lieber Udo!
Ein frohes Osterfest und Danke für 4 Jahre und 10 Monate!
Brigitte

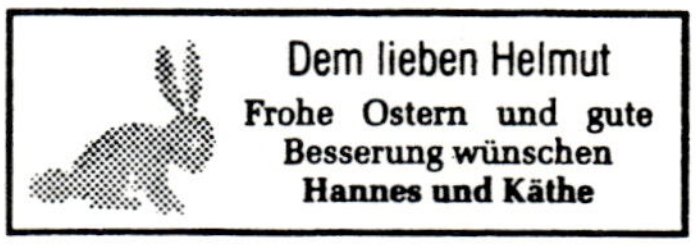

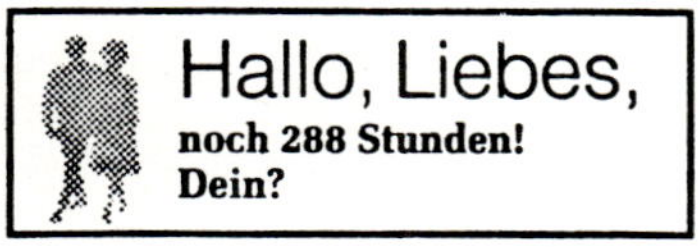

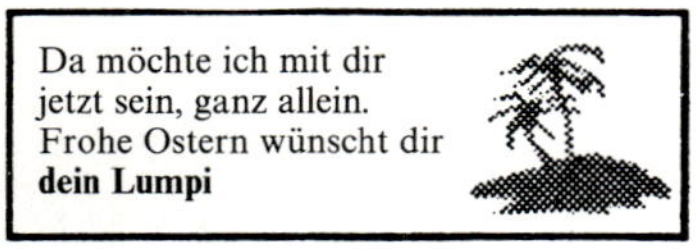

15 ➿
Hören und verstehen

Sie hören eine kleine Geschichte. Bitte hören Sie die Geschichte zweimal und machen Sie sich einige Notizen. Dann schreiben Sie die Geschichte bitte in Ihren eigenen Worten. Am Ende schreiben Sie bitte noch einen Satz zu der Frage: Was ist der Sinn, die Idee dieser Geschichte?

Weitere Materialien zur Auswahl

16

Bild-geschichte E

DIE ZEIT

1 Der Engel des Morgens, der Engel des Mittags, der Engel des Abends, der Engel der Nacht. Ein äthiopisches Bild.

2 Wir versuchen die Zeit zu messen. Wenn unser Auge nicht mehr genügt, versuchen wir es mit Instrumenten. Wenn die Instrumente nicht mehr genügen, versuchen wir es mit Hypothesen.

3 Was ist Zeit? Wie genau können wir sie messen?

4 Zeit ist Geld, sagen die Kaufleute. In italienischen Städten schlugen die ersten öffentlichen Uhren.

5 Aber die Mayas und Azteken stellten sich vor, die Zeit wäre ein Kreis. Das Rad der Zeit.

6 Die Zeit kreist. Dieses Foto wurde 90 Minuten lang belichtet.

7 Albert Einstein nimmt die Zeit als vierte Dimension.

8 Einsteins Hypothese. Ein Bild des Malers Victor Vasarely.

Wenn die Ratte 20 Kilo mehr hätte –
der Mensch wäre nicht länger Herr der Welt.

Das Individuum mit seinem fragilen, kurzen Dasein
kann sein Leben nur als sinnvoll empfinden
durch sein Wirken für die Gesellschaft.

Das tiefste und erhabenste Gefühl,
dessen wir fähig sind,
ist das Erlebnis des Mystischen.
Aus ihm allein keimt wahre Wissenschaft.

Albert Einstein

1

2

3

4

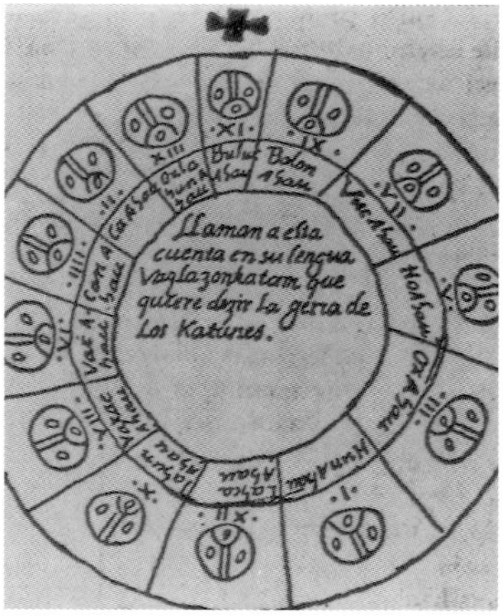
Llaman a esta
cuenta en su lengua
Vazlazonkatam que
quiere dezir la gerra de
Los Katunes.

5

6

7

8

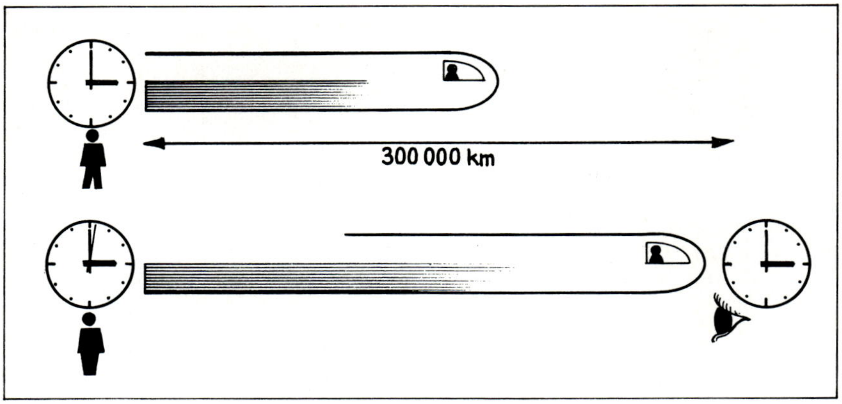

17
Lesetext

Der junge Einstein stellte sich einmal die Frage: Wie würde die Welt aussehen, wenn ich auf einem Lichtstrahl reiten würde?
Machen wir mit Einstein diese Phantasiereise. Stellen wir uns vor, wir würden in Bern in die Straßenbahn einsteigen, in die Einstein täglich einstieg. Wir nehmen an, die Straßenbahn würde nicht ihren normalen Weg fahren, sondern würde uns mit Lichtgeschwindigkeit (300000 km/Sekunde) davontragen – zu einem Ziel, das 300000 km entfernt wäre. Wir denken uns, dass die Uhr bei der Abfahrt genau 3 Uhr zeigen würde. Die Reise würde genau eine Sekunde dauern. Aber die Uhr – wenn wir sie aus 300000 km Entfernung sehen könnten – würde immer noch 3 Uhr zeigen. Warum? Weil der Lichtstrahl, der uns die Zeitangabe brächte, genau so lange zu dem entfernten Ort brauchen würde wie wir.
Solange wir mit Lichtgeschwindigkeit davonrasen würden, schiene der Lauf der Zeit für uns unterbrochen. Aber für jemand, der in Bern stehen geblieben wäre, würde dieselbe Uhr nun 3 Uhr und 1 Sekunde zeigen.
Mit andern Worten: Die Zeit läuft für uns und für den, der in Bern geblieben ist, verschieden. Es gibt also keine Universalzeit. ISAAC ASIMOV

18
Textarbeit

a Der Autor will beweisen, dass es keine Universalzeit gibt, sondern ...

b Asimov sagt: „Wie würde die Welt aussehen, wenn ich auf einem Lichtstrahl reiten würde?" Das klingt sehr poetisch. Man könnte es auch sachlicher sagen.

c Asimov benutzt, um seine Hypothese zu beweisen, ein ganz irreales Beispiel. Warum?

d Der Mond ist von der Erde rund 380000 km entfernt. Das bedeutet: Wenn wir zum Mond hinaufsehen, sehen wir ihn nicht so, wie er jetzt ist, sondern ...

19
Suchen und finden

Ich bin leider nicht Einstein.
→ Aber ich stelle mir vor, ich wäre Einstein.

Ich bin hier und nicht in Bern.
Ich kann keine Luftstraßenbahn konstruieren.
Ich kann nicht mit Lichtgeschwindigkeit fahren.
Ich kann nur sehr schlecht auf einem Lichtstrahl reiten.
Ich bin kein Raumfahrer.
Ich bin nicht unterwegs zum Jupiter.
Ich mache nicht Asimovs Phantasiereise.
Ich habe kein Mondtaxi.
Ich habe die Relativitätstheorie nicht erfunden.

20
Lesetext

Albert Einstein wurde am 14. März 1879 in Ulm geboren. Nach wenig glücklichen Schuljahren schrieb sich Einstein an der Technischen Hochschule Zürich in den Fächern Mathematik und Physik ein. Nach dem Studium wurde er technischer Beamter in Bern, später Dozent an der Zürcher Universität. Ab 1913 leitete er das Kaiser-Wilhelm-Institut für Physik in Berlin.
Im Jahr 1921 erhielt er den Nobelpreis. Im Januar 1933, als Hitler die Macht übernahm, war Einstein zufällig nicht in Deutschland. Er ging nach Princeton. Dort starb er am 18. April 1955.

Der siebzehnjährige Albert Einstein in Aarau (Schweiz)

Der Musiker

Dieses Bild schickte Einstein zu seinem Geburtstag 1951 an alle seine Freunde

21
Schreibschule

Schreiben Sie Einsteins Lebenslauf in kurzen Stichworten. Modell: Brechts Lebenslauf Seite 118.

22
Schreibschule

Schreiben Sie Ihren eigenen Lebenslauf in zwei Versionen:
- in Stichworten
- ausführlich.

23
Das richtige Wort

Was bedeuten die folgenden Ausdrücke?

Zeit haben Zeit sparen Zeit verlieren mit der Zeit gehen
Tageszeit Zeitalter Zeitenwende Jahreszeit

24
Das richtige Wort

Bitte finden Sie eine Erklärung für die folgenden Wörter.

Beispiel: Eine Armbanduhr ist eine Uhr mit Armband.

Turmuhr Stoppuhr Kuckucksuhr
Wanduhr Sanduhr Taschenuhr

25
Kontrolle

Bitte nehmen Sie ein Blatt Papier und wählen Sie aus den folgenden zehn Sätzen sechs aus. Formulieren Sie Antworten im Konjunktiv II.

1 Wo würden Sie gern leben, wenn Sie wählen könnten?

2 Wann würden Sie gern leben, wenn Sie wählen könnten?

3 Was würden Sie tun, wenn bei Nacht ein Einbrecher durchs Fenster bei Ihnen einsteigen würde?

4 Was würden Sie tun, wenn Sie einem Ufo begegnen würden?

5 Was hätten Sie getan, wenn heute früh die Sonne nicht aufgegangen wäre?

6 Was würden Sie tun, wenn Sie unsichtbar sein könnten?

7 Was hätten Sie getan, wenn Ihnen heute Nacht alle Ihre Kleider gestohlen worden wären?

8 Was würden Sie tun, wenn Sie fliegen könnten?

9 Was hätten Sie getan, wenn heute früh Ihr Sprachinstitut nicht mehr da gewesen wäre?

10 Was würden Sie anders konstruieren, wenn Sie Ihr Sprachinstitut noch einmal bauen könnten?

Roman

TEIL 2

Wie hat die Geschichte angefangen? Bitte erzählen Sie.

„Nichts. Keine Spur. Muss sich in Luft aufgelöst haben. Ja, Frau Platzke, was machen wir da?"

„Wollen Sie mich allein in der Wohnung lassen mit so einem Ungeheuer?"

„Ja, Frau Platzke, wir haben keine andere Wahl. Wir sind auf Streife. Wir schicken Ihnen aber noch die Spurensicherung. Vielleicht finden wir bekannte Fingerabdrücke, wahrscheinlich ist es aber nicht. Auf Wiedersehen."

Die geknickte Frau Platzke wankt in die Küche, um sich Kaffee zu machen und ihre Nerven zu stärken. Etwas munterer geht sie mit dem Servierbrett ins Wohnzimmer. Laut klirrend fällt die Tasse zu Boden.

„War das nötig, Frau Platzke?"

Frau Platzke folgt ihrer Tasse nach.

*

Anrufe in der ähnlichen Art häufen sich. Der Unbekannte, den die Anrufer ganz verschieden charakterisieren, ist nicht zu fassen.

*

An einem schönen Tag zur Mittagsstunde betritt in einem kleinen Ort nicht weit von X. ein seriöser Herr die Gaststube im Hotel zur Post und bestellt sich ein kaum glaubliches Mittagessen. Aus diesem Grund versucht das ganze Personal des Hotels zur Post einen Blick auf ihn zu erhaschen.

„Der sieht aber komisch aus. Ist dir das nicht aufgefallen? Was er zum Essen bestellt hat, ist lange nicht so komisch wie er selber."

„Mir ist nichts aufgefallen."

„Ich könnte nicht sagen, was es ist, aber mir ist er richtig unheimlich."

Der Herr begleicht seine Rechnung und verlässt ungesehen, aber ganz plötzlich das Lokal. Als man seine Abwesenheit bemerkt, stürzen alle an die Fenster. Von dem Herrn ist nichts mehr zu sehen. Als Trinkgeld hat er eine fremdartige, schwere Münze liegen lassen. Der Apotheker, Stammgast des Lokals, prüft sie und meint: 980 Silbergehalt.

Sicher keine schlechte Anerkennung für eine gute Bedienung.

Wie geht die Geschichte weiter? Überlegen Sie!

Fortsetzung Seite 167

Phonetisches Zwischenspiel

i ei eu au

1

Welches Wort hören Sie?

☐	heiß	☐	Biene
☐	hieß	☐	Beine
☐	deinen	☐	Wein
☐	dienen	☐	Wien
☐	lieb	☐	scheinen
☐	Leib	☐	schienen

2

Bitte sprechen Sie

Hieß er nicht Meier?
Trinken Sie lieber Bier oder Wein?
heiße Liebe
Lieben Sie die Maienzeit?
Bescheidenheit ist eine Zier.
Freiheit, die ich meine

3

Bitte sprechen Sie

Leute →	Laute →	Leute
Träume	Traume	Träume
Bäume	Baume	Bäume
treuer	Trauer	treuer
Beute	baute	Beute

4

Welches Wort hören Sie?

☐	treuer	☐	Mäusen
☐	Trauer	☐	mausen
☐	Bäume	☐	Sau
☐	Baume	☐	Säue
☐	Laute	☐	bräuner
☐	Leute	☐	Brauner

5 ꝏ

Bitte sprechen Sie

Scheine	→	Scheune	→	Scheine
heiser		Häuser		heiser
nein		neun		nein
Meise		Mäuse		Meise
heilen		heulen		heilen
leiten		Leuten		leiten
Bayerin		Bäuerin		Bayerin

6 ꝏ

Welches Wort hören Sie?

- ☐ Mäuse
- ☐ Meise

- ☐ Scheine
- ☐ Scheune

- ☐ Reue
- ☐ Reihe

- ☐ Feier
- ☐ Feuer

- ☐ heulen
- ☐ heilen

- ☐ neun
- ☐ nein

7 ꝏ

Bitte sprechen Sie

Die Leute lassen sich nicht länger leiten.
Das Feuer ergreift viele Häuser.
Träume sind Schäume.
lauter neue Scheine

Rauchsäule
Feuerwehrleiter
Häuserreihe
Brautleute

Kapitel 8

Kernprogramm
Weitere Materialien zur Auswahl
Wiederholungskurs
Weitere Materialien zur Auswahl
Roman
Phonetisches Zwischenspiel („Leseregeln")

Kernprogramm

1 ⊙⊙
Kleiner Dialog

Herr A:	Diese Luft hier ... da kann man ja nicht atmen! Würden Sie bitte das Fenster aufmachen, sonst sterbe ich.
Herr B:	Gern.
Frau C:	Da kommt ja eine Eiskälte rein! Das hält keiner aus. Würden Sie bitte das Fenster zumachen, sonst sterbe ich.
Herr B:	Gern. – Herr Zugführer! ... Hallo, Herr Zugführer!
Zugführer:	Ja, was kann ich für Sie tun?
Herr B:	Könnten Sie mir einen Rat geben? Wenn ich das Fenster aufmache, stirbt die Dame. Wenn ich das Fenster zumache, stirbt der Herr.
Zugführer:	Nichts einfacher als das. Machen Sie das Fenster auf, dann stirbt die Dame, dann machen Sie das Fenster zu, dann stirbt der Herr.

2
Kombination

Frage:

Würden Sie bitte das Fenster zumachen?
Könnten Sie mir den Geldkoffer über die Grenze bringen?
Hättest du Lust mit mir ein Buch zu schreiben?
Könnten Sie mir mal Ihre Schreibmaschine leihen?
Würden Sie mal zehn Minuten auf meinen Hund aufpassen?
Hätten Sie eine Serviette für mich?
Würdest du mit mir auf den Mount Everest steigen?
Könntest du mir endlich die 1000,— DM zurückgeben?

Antwort:

Oh nein, ich habe große Angst vor Hunden!
Sofort.
Gern, aber ich brauche sie morgen wieder.
Der ist mir zu hoch.
Ich bin ein guter Staatsbürger.
Ich habe keinen Pfennig mehr.
Vielleicht nächstes Jahr.
Was für eins denn?

3
Suchen und finden

zumachen
aufmachen
bringen
anmachen
ausmachen

Beispiel: Würden Sie bitte mal das Fenster zumachen?

4
Suchen und finden

Wir haben eine große Auswahl an Kuchen.
→ Ich hätte gern einen Apfelkuchen.

Wir haben eine große Auswahl an Pullovern.
→ Ich hätte gern einen roten Pullover.

Wir haben eine große Auswahl an Getränken.
Wir haben eine große Auswahl an Blumen.
Wir haben eine große Auswahl an Gebrauchtwagen.
Wir haben eine große Auswahl an Obst.
Wir haben eine große Auswahl an Handschuhen.
Wir haben eine große Auswahl an Brot.
Wir haben eine große Auswahl an internationalen Zeitungen.
Wir haben eine große Auswahl an Tees.

5
Elemente

DIE VORSICHTIGE BITTE

Wir formulieren die vorsichtige Bitte komplizierter als die direkte Bitte. Wir beginnen diplomatisch: „Würden Sie“ oder „Könnten Sie“ oder „Ich hätte gern“. Unseren Wunsch sagen wir erst am Ende des Satzes.

Direkte Bitte:	Vorsichtige Bitte:	*Besonders formell:*
Machen Sie das Fenster zu!	**Würden Sie bitte das Fenster zumachen.**	**Wenn Sie bitte das Fenster zumachen würden.**
Bitte zahlen Sie!	**Könnten Sie bitte zahlen?**	**Wenn Sie bitte zahlen würden.**
Bringen Sie mir einen Apfelkuchen.	**Ich hätte gern einen Apfelkuchen.**	**Wenn ich bitte einen Apfelkuchen haben könnte.**

6
Suchen und finden

Milch oder Zitrone?
→ Würden Sie mir bitte Milch geben?

Kaffee oder Tee?
→ Würden Sie mir bitte Tee bringen?

Honig oder Marmelade?
Margarine oder Butter?
Rot oder Weiß?
Käse oder Schinken?
Milch oder Rum?
Weißbrot oder Schwarzbrot?
Milch oder Kakao?

7

Suchen und finden

Wann soll ich zahlen?
→ Wenn Sie bitte bald zahlen würden.

Wann soll ich anfangen?
Wann soll ich kommen?
Wann soll ich servieren?
Wann soll ich schreiben?
Wann soll ich anrufen?
Wann soll ich wiederkommen?
Wann soll ich helfen?
Wann soll ich unterschreiben?
Wann soll ich fahren?

8

Szene

I

Urs: Traurig.
Peer: Maßlos taurig.
Jörg: Und nach Hause sind es 200 km.
Thomas: Und die Kälte hier!
Urs: 1,20 DM, das ist alles, was ich noch habe.
Peer: Und ich: 2,95 DM. Hier.
Jörg: Ich hab gerade noch einen Glückspfennig.
Urs: Insgesamt 4,16 DM, reicht nicht mal für vier Suppen.
Peer: Schreckliches Pech.
Urs: Da hilft nur noch Elise.
Thomas, Peer, Jörg: Wer?
Urs: Hier in Marburg wohnt nämlich eine alte Bekannte von mir, Näherin, 65 Jahre alt. Immer wenn ich komme, macht sie mir einen Pfannkuchen.
Thomas: Pfannkuchen!
Jörg: Hilfe! Pfannkuchen!
Urs: Aber ihr müsst sehr nett zu ihr sein.

II

Elise: Urs, mein Lieber. Wie gehts dir?
Urs: Es könnte besser gehen.
Elise: Warum siehst du so melancholisch aus?
Urs: Ach, das Leben ... Übrigens, ich habe noch einen Freund. Oder eigentlich sind es drei.
Elise: Ja und?
Urs: Die stehen unten in der Kälte. Dürfte ich ... könnten die vielleicht ... sich ein bisschen aufwärmen hier?
Elise: Natürlich! Nur schnell in den Spiegel schauen.
Urs: Thomas! Jörg! Peer!
Thomas: Guten Tag.
Jörg: Das ist sehr freundlich von Ihnen.
Peer: Vielen Dank.
Elise: Kommen Sie rein, nehmen Sie Platz, was darf ich Ihnen anbieten?
Jörg: Oh, nichts.
Peer: Vielen Dank.
Elise: Aber warum sehen Sie denn alle so traurig aus? Ist was passiert? Was Schlimmes?
Urs: Nein, nein, nichts.
Elise: Darf ich Ihnen nicht einen Tee ...
Thomas: Doch, gern.

Jörg: Wir wären Ihnen sehr dankbar.
Elise: Haben Sie Hunger?
Peer: Nein, nein.
Jörg: Nie.
Elise: Könnte ich Ihnen vielleicht –
Thomas: Was?
Jörg: Einen Pf-
Elise: Einen Pfannkuchen?
Jörg: Oh ja.
Peer: Aber höchstens einen.
Jörg: Selbstverständlich.
Thomas: Wir könnten Ihnen natürlich helfen.
Elise: Nicht nötig. Dauert nur zehn Minuten.

III

Thomas: Mensch, deine Elise ist Spitze.
Peer: Das ist jetzt mein fünfter.
Jörg: Schmeckt irre.
Urs: Elise!
Elise: Komme gleich. – – – Schmeckts, meine Herren?
Thomas: Großartig.
Peer: Wundervoll.
Jörg: Irre.
Elise: Zehn hätt ich noch in der Küche.
Peer, Jörg: Oh!
Thomas: Das vergessen wir nie!
Jörg: Unglaublich gemütlich hier!
Peer: Phantastische Stimmung!
Elise: Ihr seid auch ganz andere Menschen jetzt!
Urs: Das machen deine Pfannkuchen!
Elise: Jetzt seht ihr viel glücklicher aus, alle vier!
Urs: Ja, so ein Pfannkuchen verändert die ganze Weltanschauung.

9
Studie

Frage: / Antwort:

a Könnten Sie mir 20 Pfennig geben? Leider habe ich kein Kleingeld.
b ______________________________ ? Das Telefon ist hier rechts.
c ______________________________ ? Ich hoffe, meine Handschuhe sind dir nicht zu klein.
d ______________________________ ? Unmöglich, ich bin kein Elektriker.
e ______________________________ ? Eine oder zwei Tabletten?
f ______________________________ ? Nein, das ist mein einziger Schlüssel.
g ______________________________ ? Um 6 Uhr morgen früh? Zimmer 11? Gern.
h ______________________________ ? Die Zeitung? Das ist aber die gestrige.

10
Hören und verstehen

Die Leute, die Sie hören, sind alle extrem höflich. Sie wollen etwas, aber das sagen sie nicht klar, sondern sehr, sehr vorsichtig. Nehmen Sie ein Blatt Papier und sagen Sie dieselben Wünsche klar und einfach.

Beispiel:

1. Wo ist der Bahnhof ?

11
Analyse

Ich Die Studentin Der Junge	hat habe	den Gästen dem Kapitän mir	heute	einen Fußball das Abendessen ein Motorrad einen Kasten Bier	serviert gebracht gekauft geholt

a Bitte finden Sie möglichst viele Sätze.

b Bitte ordnen Sie die Satzelemente zu:

Verb	*Angabe*	*Ergänzung*	*Ergänzung*	*Verb*	*Nominativ*

12
Analyse

Mr. Blue Wir Die Tänzerin Familie Kluge	haben hat	die Zigeuner uns den Dichter	heute	zum Frühstück nach Salzburg auf den Berg zum Geburtstag	eingeladen mitgenommen

a Bitte finden Sie möglichst viele Sätze.

b Bitte analysieren Sie die Satzelemente.

13
Elemente

*DIE WORTPOSITION IM HAUPTSATZ**

Das markierte Verb

Auf Position II steht immer das markierte Verb.

Fast alle Elemente (auch ein Nebensatz ist ein Element) können auf Position I stehen.
Auf Position II steht immer das markierte Verb.

Die Konjunktionen stehen zwischen den Sätzen. Sie füllen nicht Position I, sondern sie stehen links von Position I frei.

In der Ja-Nein-Frage und in der Bitte (Imperativ) bleibt Position I leer.

	II	
Ich	frühstücke.	
Ich	möchte	frühstücken.
Ich	habe	gefrühstückt.

	II	
Nach der Dusche	frühstücken	wir.
Ich	frühstücke.	
Um neun	frühstücken	wir.
Um neun	möchten	wir frühstücken.
Wenn du willst,	frühstücken	wir.
Darum	möchte	ich jetzt frühstücken.

Satz A		Satz B I	Satz B II	
Wir kommen später,	denn	wir	frühstücken	erst.
Du spielst Tennis	und	ich	frühstücke.	

II	
Frühstücken	wir jetzt?
Frühstücken	Sie doch erst mal!

* Vollständige Darstellung: GRUNDGRAMMATIK DEUTSCH auf den Seiten 187–197

Das Nomen: Nominativ, Akkusativ, Dativ

Wenn Position I mit einem anderen Element besetzt ist,
folgt der Nominativ rechts von Position II.

Position der Ergänzungen (Nomen): Nominativ → Dativ → Akkusativ

Neue Informationen haben die Tendenz nach rechts.
(Der unbestimmte Artikel deutet auf eine neue Information.)

Das Pronomen: Nominativ, Akkusativ, Dativ

Das bestimmte Pronomen im Akkusativ rückt immer nach links.

(– auch links vor ein Nomen, das im Nominativ steht).

Ich	frühstücke.	
Jetzt	frühstücke	ich.
Nach der Dusche	frühstücke	ich.

	II	
Ich	bringe	das Frühstück
Jetzt	bringe	ich das Frühstück.
Wir	gratulieren	dem Küchenchef.
Darum	gratulieren	wir dem Küchenchef.
Ich	bringe	den Gästen das Frühstück.
Jetzt	muss	ich den Gästen das Frühstück bringen.
Um neun	bringe	ich den Gästen das Frühstück.
Ich	habe	den Gästen das Frühstück gebracht.

	II	bekannt
Ich	bringe	den Kaffee sofort.
		neu
Ich	bringe	sofort einen Kaffee.
		neu
Ich	bringe	den Kaffee einer jungen Tänzerin.

	II	
Ich	bringe	ihn dir sofort.
Ich	bringe	ihn der Dame sofort.
Sofort	bringe	ich ihn dir.
Sofort	bringe	ich ihn der Dame.
Der Ober	bringt	ihn sofort.
Sofort	bringt	ihn der Ober.

Ebenso das Reflexivpronomen.

Die Brücke

Wenn ein Satz zwei oder mehr Verbformen hat, steht das markierte Verb auf Position II. Die anderen Verben stehen am Satzende (E).

Tendenz nach links haben:
die Nominativergänzung, die Dativergänzung, die Akkusativergänzung

Tendenz nach rechts haben:
die Präpositionalergänzung, die Genitivergänzung

Ergänzungen sind vom Verb abhängig und fast immer obligatorisch.
Angaben sind vom Verb unabhängig und immer fakultativ.

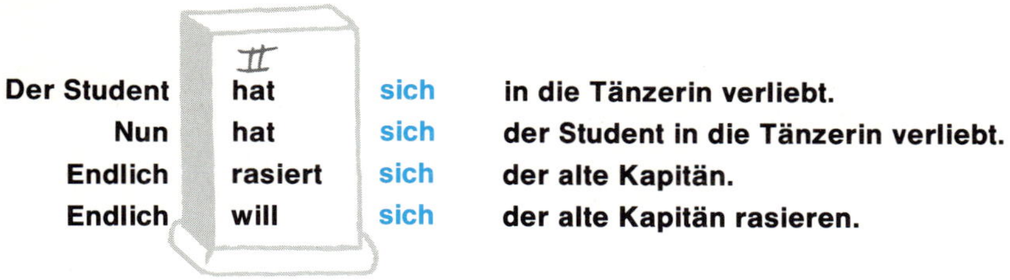

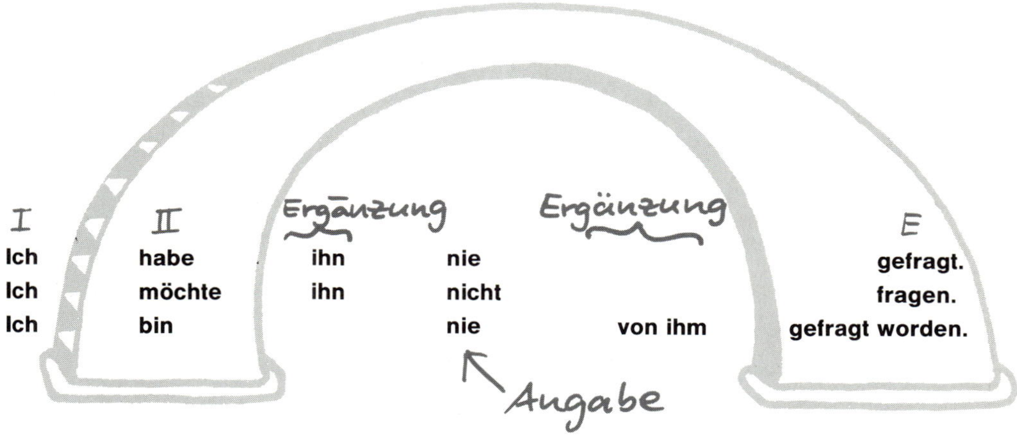

I	II	Ergänzungen		Angabe	E
Heute	will	ich	das Frühstück	in den Garten	bringen.

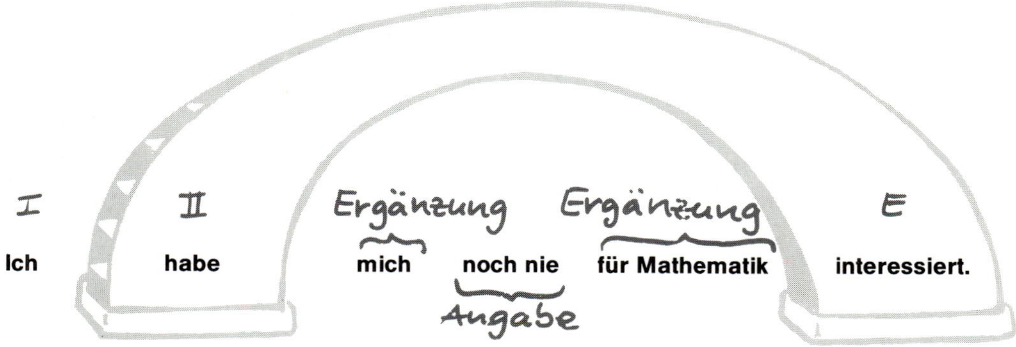

14

Studie

Vollenden Sie diese Hauptsätze:

a Gefallen dir die Blumen? Ich schenke ______________________________.

b Die Prüfung war leicht. Gott sei Dank ______________________________.

c Seit acht Wochen warte ich auf den Brief. Endlich ______________________________.

d Das war ein tolles Frühstück! Leider ______________________________.

e Mathematik? Nein, noch nie ______________________________.

f Die Lampe? Das ist nur eine kleine Reparatur. Ich kann ______________________________.

g Ich habe einen Riesenhunger. Seit ______________________________.

15 ⊙⊙

Bitte sprechen Sie

Hast du deiner Schwester das Foto zurückgebracht?
→ Nein, ich bringe es ihr morgen.

Hast du dem Hausbesitzer den Schlüssel zurückgebracht?
→ Nein, ich bringe ihn ihm morgen.

Hast du der Kollegin das Heft zurückgebracht?
Haben Sie dem Direktor die Briefe zurückgebracht?
Hast du dem Portier den Zettel zurückgebracht?
Hast du den Leuten den Atlas zurückgebracht?
Hast du der Dame das Besteck zurückgebracht?
Haben Sie den beiden Chinesen die Bücher zurückgebracht?
Hast du dem Kind die Maske zurückgebracht?
Hast du deinem Bruder die Kaffeekanne zurückgebracht?

16

Suchen und finden

Herr Schall hätte gern das Frühstück.
→ Ja, könnten Sie es ihm bringen?

Die Kinder wollen einen neuen Fußball.
→ Ja, könntest du ihn ihnen kaufen?

Dein Neffe möchte den Schlüssel.
Frau Roth hätte gern Menü II.
Die Gäste möchten ein Taxi.
Dein Affe will eine Banane.

Carola möchte Geld.
Mr. Ford hätte gern einen Kaffee.
Anni will neue Winterstiefel.
Die Großeltern möchten Torte.

17

Schüttelkasten *Ordnen Sie die Wörter.*

a	gleich · serviere · ich · den Kaffee · Ihnen
b	dich · du · rasieren · könntest · etwas besser
c	in den Studenten · die Tänzerin · sofort · verliebt · hat · sich
d	sofort · Ihnen · bringt · der Ober · es
e	ist · das Frühstück · in den Garten · gestern · worden · uns · gebracht
f	hast · warum · mich · nicht · gefragt · du · nach der Ursache
g	zur Party · den früheren Chef · auch · einladen · sollten · wir
h	die Leute · wahrscheinlich · zu wenig Wasser · gegeben · haben · den Rosen

Halle: Rathaus

18
Lesetext

Halle, 6. Februar

Ihr Lieben!

Nur ganz kurz heute. Seit einer Woche sind wir alle drei eigentlich krank und wir wissen nicht, wer gerade wen pflegt. Die übliche Februar-Grippe. In der Küche Chaos, in der Werkstatt Tohuwabohu. Bitte erwartet jetzt keinen langen Brief von uns, aber bald sehen wir uns ja wieder in Schwerin. Wir freuen uns wahnsinnig!

Seid umarmt, alles Liebe
eure K., K. und K.

Wie viele Mäuse hat Caruso schon gefangen?

19
Textarbeit

a Warum ist in der Küche Chaos?
b Wer pflegt K., K. und K.?
c Wie könnten K., K. und K. genau heißen?
d Wer ist Caruso?

20
Schreibschule

BRIEFANREDE UND BRIEFSCHLUSS

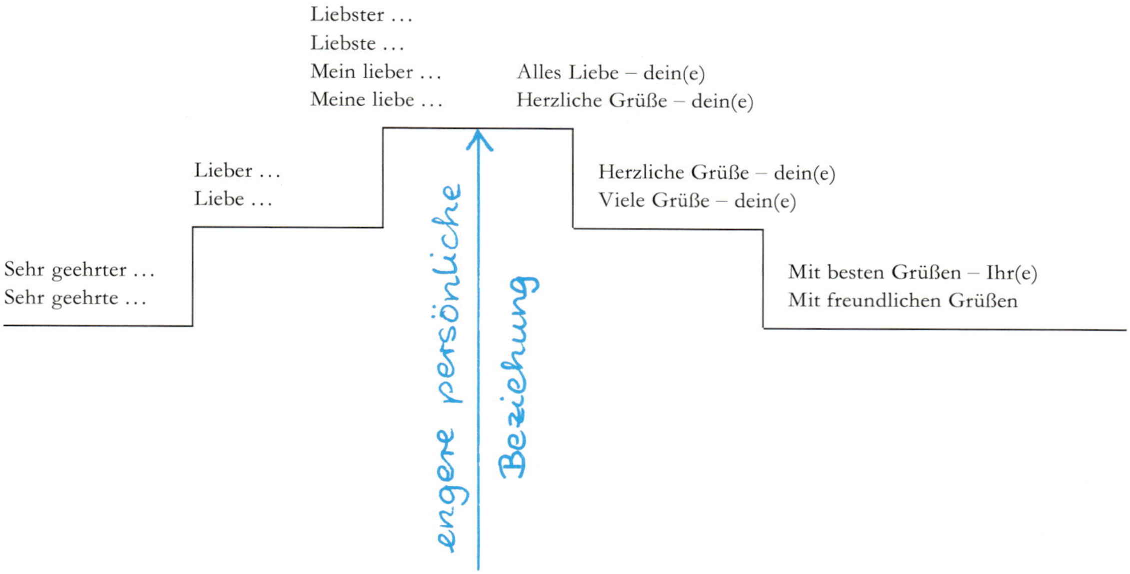

21
Schreibschule

Bitte schreiben Sie einen Brief, wählen Sie einen der folgenden Inhalte:

a Sie laden einen Freund zu einer Reise ein. Termin, Ziel, Unterkunft, Verkehrsmittel …
b Sie bitten Ihren Bruder um Geld. Eigene Lage, Zweck, Termin, Rückgabe …
c Sie erzählen Ihren Eltern vom Urlaub. Ort, Unterkunft, Essen, Beschäftigung, Zeit …

Oder finden Sie selbst einen anderen Inhalt. Bitte schreiben Sie nicht kompliziert, sondern einfach – wenig Nebensätze. Beachten Sie bitte die richtige Wortposition!

Weitere Materialien zur Auswahl

22
Lesetext

Wer die Alt-Neu-Synagoge in der Maiselova betritt, erblickt an den Wänden des gotischen Bauwerks Blutflecken von einem Pogrom aus dem vierzehnten Jahrhundert, künstlich bewahrt. Würden allerorten solche Flecken erhalten und gepflegt, lebten wir in einer bunteren Welt, die uns nicht vergessen zu machen suchte, dass sie wirklich so ist, wie sie ist. GÜNTER KUNERT

Altneusynagoge
Prag

23
Textarbeit

Wählen Sie die Fragen aus, auf die Sie antworten möchten.

a Die Blutflecken in der Prager „Altneusynagoge“ (das ist der Name der Synagoge) werden künstlich bewahrt. Wie?

b Warum werden sie bewahrt?

c Diese Flecken sollen kämpfen – gegen welche Eigenschaften?

d Dass Blut sprechen kann, ist eine alte Tradition in Mythos und Märchen. Es gibt die Blutstropfen, die an die vergessene Geliebte erinnern. Es gibt die Blutstropfen, die an die Mutter erinnern.* Warum hat Blut eine so starke Kraft, dass es fast wie eine Sprache spricht?

e Versuchen Sie, Worte zu finden für das, was die Blutflecken hier sprechen.

f Im zweiten Teil des kleinen Textes äußert Kunert eine Art Idee oder Vorschlag. Formulieren Sie diese Idee in anderen Worten: Man sollte …

g Kunert nennt diese Blutflecken nicht eine Sehenswürdigkeit, sondern eine „Erschreckenswürdigkeit“ (das ist die Überschrift unseres kleinen Textes). Die andere Dimension, die Dimension des Schreckens, würde die Welt „bunter“ machen – meint Kunert. Finden Sie andere Worte, die man hier statt „bunter“ setzen könnte.

h Kennen Sie (selbst gesehen oder gelesen) Orte, die man mit dieser Synagoge vergleichen kann? Berichten Sie.

* im Mythos: Parzival; im Märchen: „Die Gänsemagd“ (Grimm).

24

Lesetext

Ich habe noch nichts gestohlen
also bin ich ein ehrlicher Mensch

und noch kein Kind zerfleischt
also bin ich kein Wilder

und noch keinen Mann kastriert
also bin ich sehr gutmütig

und noch keine Frau vergewaltigt
also bin ich auch zärtlich

und noch überhaupt niemand erwürgt
also bin ich harmlos

Ich war noch in keiner Anstalt
also bin ich normal

und ich bin noch nicht tot
also bin ich lebendig

Aber ich habe noch nichts
von meinem Leben gehabt

ERICH FRIED

25

Textarbeit

a Ergänzen Sie die folgende Liste:

ehrlich	kein Dieb
harmlos	kein Mörder

b Beschreiben Sie den Menschen, der so spricht, wie es dieses Gedicht formuliert.

c Fried sagt nicht, was er wirklich meint. Versuchen Sie seine wirkliche Meinung zu formulieren. (Beachten Sie nur die Zeilen 1–14.)

d Am Schluss des Gedichts (Zeile 15/16) fügt Fried die Pointe hinzu: Weil ich so ehrlich, so harmlos ... bin, ist mein Leben so langweilig. Wie sieht Fried also den, der sich hier ehrlich, harmlos ... nennt?

e Die meisten Deutschen heute sind jünger als 60 Jahre. Sie sind also froh, dass sie an den Verbrechen der Hitlerzeit unschuldig sind. Fried würde das vielleicht anders sehen.

f Kunert und Fried sagen verschiedene, aber verwandte Dinge. Nehmen Sie dazu persönlich Stellung.

Günter Kunert. Geb. 1929 Berlin. Prosa: Tagträume (1964). Kramen in Fächern (1968. Daraus unser Text). Camera obscura (1978). Auf Abwegen und andere Verwirrungen (1988).

Erich Fried. 1921–1988. Bis 1938 Wien, Emigration nach London. Politische Lyrik: Warngedichte (1965). Höre Israel! (1974). So kam ich unter die Deutschen (1977). Erzählungen: Kinder und Narren (1965). Unser Gedicht entstand 1982.

Wiederholungskurs

Hier sind acht Aufnahmen. Überlegen Sie: Was ist vorausgegangen? Was ist v o r der Aufnahme passiert? Sagen Sie es bitte in korrektem Perfekt.

26

Studie

Was ist davor passiert? Sagen Sie es in korrektem Perfekt.

a Wir haben heute 90 cm Schnee.

____

b Man sieht nur noch verbrannte Erde.

____

c Unsere Katze hat sechs Junge.

____

d Himmel! Jetzt ist der Pulli zu klein, den kann ich wegwerfen.

____

e Ach, ist das Ihr dritter Mann?

____

f Kein vernünftiger Mensch badet mehr im Rhein.

____

g Er hat keinen einzigen Hasen getroffen.

____

h Die ganze Küste ist schmutzig.

____

i Und jeden Sonntag geht sie zum Hundefriedhof.

____

k O Gott, der Kuchen ist total schwarz.

____

27

Suchen und finden

Und wie schön der Flug war!
→ Bist du ganz allein geflogen?
Und wie gut die Torte war!
→ Hast du sie ganz allein gegessen?
Und wie schlecht der Film war!
Und wie kalt es in dem Gebirgssee war!
Und wie blöd die Ausstellung war!
Und wie toll das Theaterstück war!
Und wie interessant die Reise war!
Und wie dunkel es in dem Park war!

28
Suchen und finden

Morgen fliege ich nach Lhasa.
→ Nach Lhasa? Ich bin noch nie in Tibet gewesen.

Das Buch kostet 480 Mark.
→ 480 Mark? Ich habe noch nie ein so teures Buch gekauft.

Ein Rolls-Royce.
Reines Gold.
Das ist eine Stradivari.
Morgen fahren wir nach Bern.
Reine chinesische Seide.
Irischer Whisky.

29
Studie

		Wirklichkeit	Wunsch
Mo	16–18	Chef: Bericht über Reise	im Eisbach fischen
Di	nachm.	Kunden besuchen	Stadtbummel
Mi	8^{00}	Auto zur Reparatur bringen	Frühstück
Do	21^{00}	Konrad Geld zurückbringen	Film „ ____________ “
Fr	17^{00}	Zahnarzt	Cocktail bei Monika
Sa	abend	Vortrag halten über …	Zirkus
So	den ganzen Tag	Verwandtenbesuch mit Familie	im Garten liegen und lesen

Bitte schreiben Sie einen Text in der Vergangenheit:

Am Montag hätte ich am liebsten im Eisbach gefischt. Aber leider musste ich dem Chef über meine Reise berichten. Am Dienstag …

30
Bildgeschichte F

TAUERN

Bitte stellen Sie zu diesen Bildern einen Text her, benützen Sie Präteritum oder Perfekt: „Wir fuhren …“ Skizzieren Sie den Text in kleinen Gruppen. Wählen Sie eine Redaktion und bauen Sie den Text in der Redaktion zusammen.

Kitzsteinhorn in den Hohen Tauern: 3202 m über dem Meer.
Krefelder Hütte (Bild 7): 2294 m über dem Meer
Jahreszeit: Januar (−15 bis −20 °C)
Zufahrt über Zell am See – Kaprun

Weitere Materialien zur Auswahl

31
Spiel

Alibi. Zwei Personen sollen eine Straftat begangen haben, z. B. einen Diebstahl. Sie behaupten aber ein Alibi zu haben. Zwei Teilnehmer spielen die Diebe, der Rest der Klasse fragt sie aus. Die beiden dürfen sich vor der Tür über ihr Alibi verständigen. Sie müssen drei Orte sagen, an denen sie waren. Die beiden werden *einzeln* hereingerufen und gefragt. Das Spiel ist aus, wenn zwei Widersprüche entdeckt wurden oder wenn zehn Minuten vorüber sind. (Die Antwort „Daran kann ich mich nicht erinnern“ darf nur zweimal gebraucht werden.)

32
Spiel

Jeder schneidet aus alten Zeitungen oder Illustrierten drei Bilder aus, die ihn interessieren. Er legt seine Bilder mit dem „Gesicht“ nach unten auf den Boden. – Nun zieht jeder drei beliebige Bilder und denkt sich in fünf Minuten eine Geschichte aus, in der er selbst und die drei Bilder vorkommen. (Variation: Gruppenarbeit.)

33
Spiel

Zwei gleich große Gruppen: A und B. Jeder Teilnehmer bekommt drei Karten. Jeder Teilnehmer der Gruppe A schreibt auf seine drei Karten drei Ziele, zum Beispiel „nach Köln“ oder „ins Bett“. Jeder Teilnehmer der Gruppe B schreibt auf seine Karten drei Fragen, zum Beispiel „Wo gehst du denn hin?“ oder „Wo schwimmen Sie hin?“
Dann werden alle Karten gemischt, wieder in zwei Teile geteilt und in den beiden Gruppen geordnet. Die Karten werden dann mit verteilten Rollen gelesen, eventuell wird der Dialog weitergeführt, zum Beispiel so:
– Wo schwimmen Sie hin?
– Nach Hamburg.
– Das ist aber weit!

34
Spiel

Je drei Personen stellen sich (wie auf dem Theater) zu einem „lebenden Bild“ zusammen und bleiben in dieser Stellung ohne Bewegung stehen. Die anderen kommentieren dieses Bild und sagen, was vorher war und wie die Geschichte weitergeht.

35

Das richtige Wort

Wie heißt das Gegenteil?

einseitig freundlich gleich glücklich kaputt kinderlos pünktlich schmutzig

36

Kontrolle

Die folgenden Sätze klingen unhöflich. Könnten Sie die Sätze höflicher formulieren?

a Ober, die Rechnung.
b Raus!
c Aufstehn!
d Ich brauche sofort 800 Mark.
e Schluss jetzt!
f Knopf drücken.
g Ihre Unterschrift, hier.
h Ruhe!
i Tür zu!
k Suppe.
l Ausziehn!
m Salz!

12 Lösungen

Roman

TEIL 3

Erinnern Sie sich, wo der Unbekannte bisher auftrat?
Beschreiben Sie die Szenen.

0 Uhr 25. Aufregung im Polizeirevier 6. Anruf einer Dame in der Kohlhasestraße 27B. Frau – wie war doch schnell ihr Name? – Proske hat den Notruf betätigt und dem Wachhabenden mit hysterischer Stimme mitgeteilt:

„Hilfe! Kommen Sie sofort, Herr Wachtmeister!"

„Beruhigen Sie sich doch erst einmal, ich schicke Ihnen gleich einen Streifenwagen."

„Warum kommen Sie nicht selbst, ich brauche sofort Hilfe!"

„Jetzt mal langsam. Ich sitze hier fest, und die Streife ist viel schneller. Was ist denn überhaupt geschehen?"

„Ich bin überfallen worden! Mein Mann hat heute Nachtschicht, ich war bereits im Bett und habe wohl geschlafen, plötzlich wache ich auf, da steht neben mir ein fremder Mann."

„Ist er etwa immer noch bei Ihnen?"

„Unverschämtheit! Was erlauben Sie sich!"

„Ist er vielleicht plötzlich verschwunden, so wie im Nichts?"

„Woher wissen sie das?"

„Das kennen wir jetzt schon. Wodurch sind Sie denn aufgewacht?"

„Etwas hat mich in den Arm gestochen."

„Da haben wir's."

Zwölfeinhalb Minuten später trifft die Streife bei Frau Proske ein und besetzt die Wohnung, bis der Gerichtsmediziner kommt. Dieser untersucht die Einstichstelle an Frau Proskes Arm und äußert die Vermutung, dass eine Blutprobe genommen wurde. Gift scheint keines in den Körper von Frau Proske gelangt zu sein. Was wollte der Attentäter mit dem Blut?

Suchen Sie eine Antwort auf die Frage, mit der dieser Abschnitt endet! Erzählen Sie die Geschichte weiter, lassen Sie Ihre Phantasie spielen!

Fortsetzung Seite 189

Phonetisches Zwischenspiel

„Leseregeln"

1
Vorbereitung

Es gibt im Deutschen einen wichtigen Unterschied zwischen den langen und den kurzen Vokalen. Unterschieden Sie bitte

kurz (offen)		**lang (geschlossen)**
Lippe	→	Liebe
Bett		Beet
Stadt		Staat
offen		Ofen
kurz		Kur
Hütte		Hüte
Hölle		Höhle

Bitte übertreiben Sie diese Unterschiede zwischen kurz (offen) und lang (geschlossen).

Wer die Vokale alle halblang macht, weil er nicht so genau weiß, ob sie nun eigentlich kurz oder lang sind, der macht es immer falsch.

2
Elemente

Es gibt brauchbare Regeln, nach denen Sie erkennen, ob Sie einen Vokal lang oder kurz sprechen müssen. Dies sind die wichtigsten:

EIN VOKAL IST LANG	Beispiele:
(1) wenn er doppelt steht (2) vor h (hier sprechen wir das h nicht) (3) vor e* (hier sprechen wir das e nicht) * nur bei i	**Saal Meer Boot** **Wahl mehr ihr Ohr Uhr** **Lied**
(4) wenn auf den Vokal ein einfacher Konsonant und dann wieder ein Vokal folgt	**fragen** **reden** **Rose** **Süden** **Ufer**
(5) Der Vokal wird immer gesprochen wie in der Grundform** ** bei den unregelmäßigen Verben gibt es Ausnahmen: nehmen – du nimmst	lang lang **fahren → du fährst** **fragen → du fragst** **schwer → am schwersten** **Hut → das Hütchen**

EIN VOKAL IST KURZ

vor zwei und mehr Konsonanten*	**backen** **Junge** **Sache** **waschen** **anders** **Birne** **Körper** **trinken**	 **Flamme** **kennen** **Schilling** **Suppe** **Wetter**

* siehe aber Nummer (5)

3 ⊙⊙

Bitte hören Sie

	kurz (offen)		**lang (geschlossen)**
	bist	→	Biest
	bitten		bieten
	Stall		Stahl
	satt		Saat
	spucken		spuken
	Luft		Lupe
	Herr	→	Heer
	retten		reden
	Holland		holen
	offen		Ofen
	füllen		fühlen
	Müller		Mühle

4 ⊙⊙

Bitte sprechen Sie

Bahn	→	Bann
erben		eben
grünen		gründen
Schiff		schief
Miete		Mitte
Wahl		Wall
mögen		möchten
Betten	→	beten
Ofen		offen
Hüte		Hütte
Hölle		Höhle
stehen		stecken
droben		Tropfen
schrieb		Schrift

5 ⊙⊙
Lesetext

Bitte achten Sie beim Lesen auf die langen und die kurzen Vokale.

Ein armseliges, mageres Hühnchen flog versehentlich in den Zwinger eines wilden Tigers. Doch der Tiger tat dem Hühnchen nichts zu Leide, sondern ließ es friedlich in seinem Zwinger 'rumlaufen und gab ihm gar von seinem Fressen, soviel es nur wollte. Und alle verwunderten sich sehr. Und sie sprachen: „Seht euch nur den Tiger an, wie er seiner wilden Natur zum Trotze dem Hühnchen Edelmut erweist!“ Und sie brachten dem ach so Großmütigen stürmische Ovationen dar, veröffentlichten sein Bild in den Zeitungen, gründeten einen Verein zur Verständigung der Tiere aller Arten und machten den Tiger zum Ehrenmitglied.

Der Tiger jedoch, der nur darauf gewartet hatte, dass aus dem mageren Hühnchen ein fettes Huhn würde, ging eines Tages hin und fraß es. Da er aber ein wohlerzogener Tiger war, verzehrte er's mit Messer und Gabel und wischte sich mit einer blütenweißen Serviette den Mund ab.

Der Verein nennt sich nun „Klub zur Erhaltung guter Tischsitten“. Seine Mitgliederzahl hat sich vervielfacht. Und der Tiger ist Ehrenpräsident.

Franz Josef Bogner

Kapitel 9

Kernprogramm
Weitere Materialien zur Auswahl
Schwerpunkt Wirtschaftsdeutsch (C)
Roman
Phonetisches Zwischenspiel

Kernprogramm

1
Lesetext

In einer Höhle in der Lüneburger Heide fanden die beiden Brüder Klaus und Jörg B., 6 und 7 Jahre, einen unerwarteten Bewohner. Wie uns aus zuverlässiger Quelle mitgeteilt wird, entdeckten die beiden Jungen unter der bisher bekannten Höhle zwei weitere riesige Höhlen, von deren Existenz bis heute niemand gewusst hatte.

In einer dieser Höhlen lag schlafend ein mittelgroßer Dinosaurier, dessen Alter auf etwa 590 Jahre geschätzt wird. Das Tier hatte die letzten zwei Jahrhunderte in der Höhle verbracht. Es hatte sich von Gelberüben ernährt, die es selbst vor mehreren Jahrhunderten gesammelt hatte. Die Schreckensschreie der Kinder müssen das Tier geweckt haben. Nachdem es erwacht war und sich zu seiner ganzen Größe aufgerichtet hatte, hustete es so gewaltig, dass den Kindern die Mützen vom Kopf flogen. Als der riesige Gast sich schüttelte und die ganze Höhle zu zittern begann, flohen die Kinder, die glaubten, sie hätten ein Gespenst gesehen.

Zur Beruhigung der Bevölkerung ist zu betonen, dass die Dinosaurier absolut harmlose Vegetarier sind.

2
Unterhaltung

Kennen Sie ähnliche Tiere? Können Sie von ihnen erzählen?

3
Elemente

PLUSQUAMPERFEKT

Beispiele:

Wir fanden einen Dinosaurier. **Er hatte 200 Jahre geschlafen.**
Ich trank einen guten Rotwein. **Die Flasche hatte 12 Jahre gelegen.**
Ich erwachte um 9. **Ich war sehr spät heimgekommen.**

Wenn ich referiere, was in der Vergangenheit schon Vergangenheit war, nehme ich das Plusquamperfekt.

Formen:

ich hatte lange geschlafen **Sie hatten lange geschlafen** **du hattest lange geschlafen** **er / sie / es } hatte lange geschlafen**	**wir hatten lange geschlafen** **Sie hatten lange geschlafen** **ihr hattet lange geschlafen** **} sie hatten lange geschlafen**
ich war spät heimgekommen **Sie waren spät heimgekommen** **du warst spät heimgekommen** **er / sie / es } war spät heimgekommen**	**wir waren spät heimgekommen** **Sie waren spät heimgekommen** **ihr wart spät heimgekommen** **} sie waren spät heimgekommen**

4
Studie

Bitte erzählen Sie, was in der Vergangenheit schon Vergangenheit war:

a Sie war glücklich. Sie hatte ihr Ziel erreicht. ____________

b Ich war wahnsinnig müde. ____________

c Er bekam großen Beifall. ____________

d Wir umarmten uns. ______

e Endlich ging der Schnee weg. ______

f Unsere Maschine landete. ______

g Der Kuchen schmeckte prima. ______

h Der Geldbeutel war leer. ______

i Die Küche war blitzsauber. ______

k Er kündigte. ______

l Sie weinte. ______

m Der Arzt kam erst um 10 Uhr nach Hause. ______

n Die Premiere war eine Katastrophe. ______

o Das Auto blieb stehen. ______

p Ich trank 2 Liter Wasser. ______

5
Suchen und finden

Nimmst du den Hund mit?
→ Nein, den lasse ich daheim.

Nimmst du den Pelzmantel mit?
→ Nein, den lasse ich im Schrank.

Nimmst du die Pfeife mit?
Nimmst du das Scheckbuch mit?
Nimmst du die Stiefel mit?
Nimmst du den Fotoapparat mit?
Nimmst du die Bettflasche mit?
Nimmst du das Abendkleid mit?
Nimmst du die Katze mit?
Nimmst du den Spiegel mit?

6
Suchen und finden

Brauchst du die Schreibmaschine?
→ Ich glaube, die können wir im Büro lassen.

Brauchst du den Mantel?
→ Ich glaube, den können wir im Schrank lassen.

Brauchst du Schreibpapier?
Brauchst du das Buch?
Brauchen wir Mineralwasser?
Brauchen wir Sonnenkrem?
Brauchst du die Taschenlampe?
Nehmen wir den Hund mit?
Brauchen wir Wein?
Nehmen wir die Fahrräder mit?

7
Elemente

DAS VERB LASSEN

ich lasse = es $\frac{\text{bleibt}}{\text{geschieht}}$ ohne mich

(1) zurücklassen, nicht nehmen

- **Ich lasse den Mantel zu Haus.**
- **Der Kaffee ist kalt, ich lasse ihn stehen.**
- **Die Arbeit ist mir zu schwer, ich lasse das.**

(2) erlauben, geschehen lassen

- **Ich lasse den Vogel fliegen.**

es lässt sich = man kann es tun

- **Das Moped ist völlig kaputt, es lässt sich nicht mehr reparieren.**

(3) Der andere tut es

- **Ich lasse das Moped reparieren.**

Präsens		Präteritum		Perfekt	Plusquamperfekt
ich lasse	**wir lassen**	**ich ließ**	**wir ließen**	**ich habe gelassen...***	**ich hatte gelassen...***
Sie lassen	**Sie lassen**	**Sie ließen**	**Sie ließen**		
du lässt	**ihr lasst**	**du ließt**	**ihr ließt**		
er / sie / es lässt	**sie lassen**	**er / sie / es ließ**	**sie ließen**		

Infinitiv: **lassen**

---

* *lassen* mit einem zweiten Verb, Perfektform: **Ich habe den Vogel fliegen lassen.**
Ich habe das Moped reparieren lassen.

Ebenso Plusquamperfekt: **Ich hatte den Vogel fliegen lassen.**
Ich hatte das Moped reparieren lassen.

8
Suchen und finden

Mein Untermieter will täglich duschen.
→ Und warum lassen Sie ihn nicht täglich duschen?

Mein Untermieter will Klavier spielen.
Meine Untermieterin will Geschirr spülen.
Meine Untermieterin will täglich kochen.
Meine Untermieterin will den Mietvertrag kündigen.
Mein Sohn will mit der Schule aufhören.
Mein Sohn will ein Handwerk lernen.
Meine Tochter will Medizin studieren.
Meine Tochter will Entwicklungshelferin werden.

9
Suchen und finden

Der Vogel will raus.
→ Lass ihn doch fliegen!

Die Arbeiter wollen nach Hause.
Das Pferd bleibt einfach stehen.
Die Soldaten können nicht mehr weitermarschieren.
Herr Sprung hat gekündigt.
Die Kinder wollen in den Garten.
Der Baum hat nicht genug Platz in dem Zimmer.
Mein Freund ist mir untreu, der schlechte Mensch!
Unsere Untermieterin hat gekündigt.
Der Hund will ins Freie.

10 ⊙⊙
Bitte sprechen Sie

Die Taschenlampe funktioniert nicht.
→ Die müssen Sie reparieren lassen.

Der Kassettenrekorder funktioniert nicht.
Das Moped läuft nicht.
Die Lampe brennt nicht.
Der Fernseher geht nicht.
Der Kühlschrank funktioniert nicht.
Die Heizung ist defekt.
Der Scheinwerfer brennt nicht.
Der Reifen ist platt.
Die Bremse funktioniert nicht.
Der Motor läuft nicht.

11
Suchen und finden

Blöde Lampe!
→ Brennt sie nicht? Du musst sie mal reparieren lassen.

Blödes Auto!
Blöder Scheinwerfer!
Blöder Kassettenrekorder!
Blödes Rücklicht!
Blöde Taschenlampe!
Blöder Reifen!
Blödes Motorrad!
Blöde Heizung!
Blödes Radio!

12
Suchen und finden

Der Mantel ist schon wieder schmutzig!
→ Lass ihn doch reinigen.

Der Motor streikt schon wieder.
→ Lass ihn doch reparieren.

Das Tischtuch ist schon wieder schmutzig!
Mein Bart ist schon wieder so lang!
Der Kühlschrank ist schon wieder defekt!
Die Hose ist schon wieder schmutzig!
Der Computer streikt schon wieder.
Das Hemd ist schon wieder schmutzig!
Die Heizung ist schon wieder defekt!
Der Rock ist schon wieder schmutzig!

13 ⊙⊙
Szene

Kundin: Kann man hier Schuhe reparieren lassen, oder gibt's hier bloß neue?
Verkäufer: Wir reparieren auch. Moment, bitte.

Schuhmacher: Grüß Gott. Wo drückt der Schuh?
Kundin: Schauen Sie. Können Sie das machen?
Schuhmacher: Die sind ja total durch. Durchgetanzt?
Kundin: Mhm.
Schuhmacher: Donnerwetter, meinen Respekt! Aber ich weiß nicht, ob es sich noch lohnt, die zu reparieren. Das würde kosten ... 19 ... 23 ... 27 Mark.
Kundin: Wahnsinn! Wer soll das bezahlen? Ich bin Studentin.
Schuhmacher: Tja, dann dürfen Sie eben nicht so toll tanzen.

Kundin:	Ob ich tanze, wie lange ich tanze und mit wem ich tanze: das ist meine Privatsache.
Schuhmacher:	26 ... na ja, 25 Mark. Für Sie.
Kundin:	O.k.
Schuhmacher:	Bis Donnerstag.
Kundin:	Auf Wiedersehen.

14
Ihre Rolle, bitte

Für die folgenden kleinen Dialoge brauchen Sie einige Fachausdrücke. Suchen Sie die Ausdrücke im Wörterbuch, bereiten Sie die Dialoge gemeinsam vor und spielen Sie sie dann. Benützen Sie dabei, wenn es geht, auch das Wort *lassen*.

Gespräche mit dem/der

a Friseur (Friseuse)
b Schneider (in)
c Automechaniker (in)
d Glaser (in)
e Elektriker (in)
f Zahnarzt (-ärztin)

15
Studie

Bitte ergänzen Sie lassen *und, in einigen Sätzen, außerdem noch eins dieser Verben:* drucken, machen, reparieren, sagen, schneiden, untersuchen.

a Wenn du so schlecht siehst, musst du unbedingt deine Augen ________________ ________________ .

b ________________ deine Scheckkarte nicht im Auto, man kann nie wissen ...

c Warum ________________ du deine Tochter nicht ihre eigenen Erfahrungen ________________ ?

d Es kommen etwa 200 Gäste. Am besten, wir ____________ Einladungskarten ____________ .

e Ach, mein Chef ________________ mich ja kaum fünf Minuten aus den Augen.

f Du könntest dir wirklich mal die Haare ________________ ________________ , die gehn ja schon bald bis auf den Boden!

g Er hat immer recht. Er ________________ sich nichts ________________ .

h Geht schon wieder nicht. Ich muss die Uhr jetzt wirklich ________________ ________________ .

16
Lesetext

Der Bauer Dong suchte einen halben Tag lang nach seiner Axt. Er konnte sie nicht finden.

Da begann er seinen Nachbarn Luo zu beobachten. Ging Luo, der Nachbar, nicht ganz genau wie ein Axtdieb? Klangen die Worte des Nachbarn nicht wie die Worte eines Axtdiebs? Lachte er nicht wie ein Axtdieb? Waren seine Blicke und Bewegungen nicht ganz ähnlich wie die Blicke und Bewegungen eines Axtdiebs?

Zufällig fand Dong die Axt unter seiner Treppe wieder.

Als er sich am nächsten Tag wieder mit seinem Nachbarn unterhielt, hatte sich der Nachbar ganz verändert. Luo ging nicht mehr wie ein Axtdieb, redete nicht mehr wie ein Axtdieb, lachte nicht mehr wie ein Axtdieb, in seinen Blicken und Bewegungen war nichts mehr von einem Axtdieb.

nach Liä Dsi

17
Textarbeit

Diese chinesische Geschichte ist rund 2400 Jahre alt. Sie hat ihre Aktualität bis heute nicht verloren.

a Warum geht Luo genau wie ein Axtdieb? Warum spricht er wie ein Axtdieb?

b Warum verändert sich Luo am nächsten Tag vollständig?

c Welche Leute, welche Eigenschaften werden in der Geschichte charakterisiert?

d Welche Eigenschaften möchte die Geschichte wecken, stärken?

18
Schreibschule

Erzählen Sie diese Geschichte aus einer anderen Perspektive:

a Luo erzählt
b Hung – die Frau des Bauern Dong – erzählt
c Dong selbst spricht

19
Analyse

Bitte lesen Sie nun den ganzen Text noch einmal. Untersuchen Sie Nominativ, Akkusativ, Dativ und Genitiv des Wortes *Nachbar*. Schreiben Sie diese Formen bitte mit rotem Stift neben die hier folgenden Formen des Wortes *Bruder*:

	Bruder	Nachbar
NOM	der Bruder	______________
AKK	den Bruder	______________
DAT	dem Bruder	______________
GEN	des Bruders	______________

Was ist der Unterschied?

20
Elemente

n-*DEKLINATION*

Es gibt (nur für maskuline Nomen) zwei verschiedene Deklinationen:

		normale Deklination	n-Deklination
SINGULAR	NOM	**der Baum**	**der Mensch**
	AKK	**den Baum**	**den Menschen**
	DAT	**dem Baum**	**dem Menschen**
	GEN	**des Baums**	**des Menschen**
PLURAL	NOM	**die Bäume**	**die Menschen**
	AKK	**die Bäume**	**die Menschen**
	DAT	**den Bäumen**	**den Menschen**
	GEN	**der Bäume**	**der Menschen**

Ein Tip: Lernen Sie nur die wenigen Typen, die der n-Deklination folgen. Alle anderen Nomen folgen der normalen Deklination.

Granatapfelbaum.
Um 1380. Österreichische Nationalbibliothek, Wien

Diese Nomen folgen der n-Deklination:

(1) **der Bauer, der Herr, der Mensch, der Nachbar**

(2) maskuline Nomen mit der Endung -e:

männliche Personen:		männliche Tiere:
der Bote	**der Bulgare**	**der Affe**
der Genosse	**der Däne**	**der Hase**
der Geselle	**der Finne**	**der Löwe**
der Junge	**der Franzose**	
der Kollege	**der Grieche**	

(3) Wörter, die aus dem Lateinischen oder Griechischen kommen:

TYP „DIAMANT"	TYP „STUDENT"	TYP „ARTIST"	TYP „BIOLOGE"	TYP „SOLDAT"
der Diamant	**der Student**	**der Artist**	**der Biologe**	**der Advokat**
der Elefant	**der Patient**	**der Jurist**	**der Pädagoge**	**der Bürokrat**
der Konsonant	**der Präsident**	**der Optimist**	**der Theologe**	**der Demokrat**
usw.	usw.	usw.	usw.	usw.

(4) einige abstrakte maskuline Nomen mit der Endung *-e*:

der Friede
der Gedanke
der Glaube
der Name

Diese Wörter haben im Genitiv Singular die Endung *-ns (des Friedens)*.

(5) Nur ein Neutrum folgt der n-Deklination:

NOM	**das Herz**
AKK	**das Herz**
DAT	**dem Herzen**
GEN	**des Herzens**

Sie sehen, dieses Wort passt nicht ins Schema (aber ein Herz soll ja auch seinem eigenen Gesetz folgen!).

21 ⊙⊙
Bitte sprechen Sie

Wie heißt der Patient?
→ Ich kenne den Patienten nicht.

Wie heißt der Kollege?
Wie heißt der Herr?
Wie heißt der Chefarzt?
Wie heißt der Mann?
Wie heißt der Assistent?
Wie heißt der Oberarzt?
Wie heißt der Junge?
Wie heißt der Praktikant?
Wie heißt der Franzose?

22

Bitte sprechen Sie

Ein netter Kollege!
→ Welchen Kollegen meinst du?

Ein netter Herr!
Ein netter Student!
Ein netter Junge!
Ein netter Arbeiter!
Ein netter Nachbar!
Ein netter Kellner!
Ein netter Bauer!
Nette Kollegen!
Ein netter Kunde!

23

Bitte sprechen Sie

Der Nachbar hat sich beschwert.
→ Dann müssen wir mit dem Nachbarn sprechen!

Der Kunde hat sich beschwert.
Der Student hat sich beschwert.
Der Herr hat sich beschwert.
Die Mitarbeiter haben sich beschwert.
Die Kollegen haben sich beschwert.
Der Tourist hat sich beschwert.
Die Studenten haben sich beschwert.

24

Studie

Bitte ergänzen Sie das Wort Bauer. *Bei größeren Lücken ergänzen Sie alles, was fehlt!*

Ein ________________ besaß eine kleine Hütte mit einem einzigen großen Zimmer. In dem Zimmer lebten der ________________ , seine Frau, seine drei Kinder, die Mutter des ________________; 6 Hühner, ein Hund und eine Katze. Eines Tages sagte die Frau zu dem ________________: „Meine Eltern sind krank geworden, wir wollen sie zu uns nehmen.“ Nun lebten in dem Zimmer des ________________ : der ________________ , seine Frau, seine drei Kinder, die Mutter des ________________ , die Eltern der Frau des ________________ ; 6 Hühner, ein Hund und eine Katze.

Das Zimmer wurde dem ________________ enger und enger, und als eines Nachts die Katze dem ________________ stolz drei neugeborene Kätzchen zu Füßen legte, begann er zu verzweifeln. Er ging zum Pfarrer. „Wo fehlt's?“, fragte der Pfarrer. „Wie soll einer das aushalten? In meinem Haus wohnen ...“

Der Pfarrer riet dem ________________ : „Nimm noch die beiden Töchter deiner Schwester zu dir."

Drei Monate später erschien der ________________ wieder. „Wo fehlt's?", fragte der Pfarrer. „Wie soll einer das aushalten? In meinem Haus wohnen ..."

„Nimm noch deine zwei Kühe ins Zimmer."

Zwei Monate später kam er wieder. „Wo fehlt's?", fragte der Pfarrer den ________________ .

„In meiner Hütte wohnen ..."

„Nimm noch deine Tante und ihren Mann in dein Haus."

Als der Pfarrer den ________________ nach einem Monat wiederkommen sah, wurde er zornig. „Wo fehlt's?", rief er durchs Fenster zu dem ________________ hinunter. „In meiner Hütte wohnen ..."

„Nimm deine Tante und ihren Mann heraus, nimm deine zwei Kühe heraus, nimm die beiden Töchter deiner Schwester heraus."

Nach einer Stunde kam der ________________ , umarmte den Pfarrer und rief: „O Gott, wie klug ist doch unser Herr Pfarrer! Wie groß ist nun unser Haus geworden! Wie glücklich bin ich jetzt!"

25

Schüttelkasten *Bauen Sie Sätze, beginnen Sie bitte immer mit* „Willst du nicht ..."

Beispiel: Willst du nicht den Italiener heiraten?

Fabrikant, anrufen, Professor, Präsident, Ingenieur, Journalist, heiraten, Elefant, Pianist, einladen, erschießen, Computer, füttern, dressieren, schreiben, protestieren, Praktikant, unterhalten, Reporter, Polizist, fragen

26 ⊙⊙

Hören und verstehen

Sie hören fünf Dialoge. Bitte finden Sie zum Schluss jedes Dialogs eine gute Antwort:

Dialog 1: ______________________________.

Dialog 2: ______________________________.

Dialog 3: ______________________________.

Dialog 4: ______________________________.

Dialog 5: ______________________________.

Weitere Materialien zur Auswahl

27

Machen Sie Vorschläge

Wie kann man diese Probleme lösen?
Bilden Sie kleine Gruppen. Notieren Sie Ihre Vorschläge und tragen Sie diese im Plenum vor.

a Ich bin zu Gast bei Bekannten, die mir ein fremdartiges Essen servieren, das ich unmöglich essen kann. Was mache ich?

b Ich habe – zu Gast bei Freunden, die verreist sind – eine wertvolle chinesische Vase zerbrochen. Was mache ich?

c Ich habe zwei mir kaum bekannte ausländische Geschäftspartner zum Essen eingeladen. Ich will bezahlen und merke, dass ich kein Geld dabei habe. Was mache ich ?

28

Ihre Rolle, bitte

a Eltern wollen Tochter kein Geld für eine Auslandsreise geben

b Chef will Sekretärin nicht erlauben, dass sie ihr Arbeitszimmer nach ihrem eigenen Geschmack dekoriert

c Eltern wollen, dass der Sohn sein langes Haar abschneiden lässt

d Eltern wollen Tochter/Sohn das Rauchen verbieten

Bitte spielen Sie diese Situationen; vielleicht können Sie dabei das Wörtchen lassen *verwenden?*

29
Kontrolle

I *Ergänzen Sie bitte das Wort* Mensch:

a Diesen ______________________ willst du heiraten? Den armen Bettler?

b Ich kann mit dem ______________________ nicht zusammenarbeiten. Er raucht pausenlos.

c Ein interessanter ______________________ , der vierzig Länder der Erde gesehen hat.

d Bring mir den Typ nicht ins Haus, ich will mich nicht dauernd über den ______________________ ärgern.

II *Erzählen Sie, was in der Vergangenheit schon Vergangenheit war:*

e Er aß sieben Brötchen. ____.

f Sie fiel vom Stuhl. ____.

g Ich war bankrott. ____.

h Das Zimmer war wahnsinnig schmutzig. ____.

III *Ergänzen Sie* lassen *und außerdem die Verben* untersuchen, reparieren, liegen, stehen:

i Der Motor streikt schon wieder. Morgen muss ich ihn ______________________________ .

k ________________ deinen Schmuck nicht im offenen Schrank ______________________ !

l Wenn Sie so schlecht hören, sollten Sie mal Ihre Ohren ______________________________ .

m Warum ________________ du dir nicht mal einen Bart ______________________ ? Du würdest viel männlicher aussehen!

12 Lösungen

Schwerpunkt Wirtschaftsdeutsch (C)

30
Lesetext

Werden die Deutschen immer fauler? Interessieren sie sich nur noch für ihre Freizeit und Hobbys? Geht die Arbeitsmoral ständig zurück?
Oder haben sich die Arbeitswelt und die Wertvorstellungen der Menschen gewandelt?
Bei einem Arbeiter, der mit Hacke und Schaufel Gräben aushebt, ist die Frage nach seinem Fleiß ebenso sinnvoll wie bei einer Näherin, die Knöpfe annäht. Aber ist es sinnvoll, die gleiche Frage einem Angestellten im Leitstand eines Kraftwerks, einem Piloten oder einer Facharbeiterin zu stellen, die hochkomplizierte Automaten und Roboter überwacht, Qualitätskontrollen durchführt und bei einem Störfall umsichtig handeln muss? Hier sind offenbar ganz andere Qualitäten gefragt als Emsigkeit.
Der deutsche Mythos der Arbeit – in einer modernen Industrie- und Dienstleistungsgesellschaft hat er nichts mehr zu suchen. Fleiß und Arbeitsmoral im herkömmlichen Sinn wären wirtschaftlich und politisch eher schädlich als nützlich. Kreativität, Fähigkeit zur Teamarbeit, Verantwortungsbewusstsein und Entscheidungsfähigkeit sind Tugenden, die heute gefragt sind.

nach Michael Jungblut

31
Textarbeit

Die Wörter rechts erklären die Wörter links. Welche Wörter links und rechts passen zusammen?

wandeln	kleiner werden
leisten	tun
überwachen	erfinderisch sein
emsig sein	verändern
entscheiden	können
fähig sein	schnell und pausenlos arbeiten
zurückgehen	wählen, steuern
kreativ sein	kontrollieren

32
Textarbeit

Steht das im Text?

	ja	nein	
a	☐	☐	Die Deutschen werden immer fauler.
b	☐	☐	Fleiß im traditionellen Sinn wird immer weniger gebraucht.
c	☐	☐	Es gibt auch heute noch Arbeitsmoral, aber eine andere Art.
d	☐	☐	Die Menschen heute halten ein anderes Verhalten für richtig als die Menschen früher.
e	☐	☐	In der modernen Industriegesellschaft gibt es keine Arbeitsmoral mehr.
f	☐	☐	Intelligent und umsichtig entscheiden ist heute in vielen Berufen wichtiger als früher.

33
Lesetext

Mitarbeiter in der deutschen Metallindustrie wurden gefragt: Welche Eigenschaften sind im heutigen Arbeitsprozess sehr wichtig/wichtig/weniger wichtig? Hier sind die Anworten. Diese Eigenschaften sind wichtig (in Prozent):

Fähigkeit zur Teamarbeit	54	Offenheit, andere zu informieren	47
die Pflicht erfüllen	53	Pünktlichkeit	44
Präzision	51	Fleißig sein	36
Mut, die eigene Meinung zu sagen	49	Freundlichkeit	33
Lernen können	48	Zuhören können	32

Die Zeit

34
Kleines Quiz

Welche der Eigenschaften dieser Liste (Nummer 33) sind

typisch für die moderne Arbeitswelt (Kommunikationsfähigkeit)	typisch für die herkömmliche Arbeitswelt (Disziplin)

Roman
TEIL 4

Was war das Hauptereignis der letzten Geschichte?

„Womit kann ich Ihnen dienen?“

„Würden Sie mir bitte Ihre Spezialkameras vorführen.“

„Sie wünschen also einen professionellen Apparat.“

„So ist es.“

Nach langem Hin und Her kommen vier Geräte in die engere Auswahl. Der Kunde wünscht Probeaufnahmen. Er besteht unbedingt darauf, bei der Entwicklung der Filme selbst dabeizusein. Beim Kauf einer so teuren Kamera bleibt dem Inhaber des Fotogeschäftes nichts anderes übrig, als der exzentrischen Forderung zuzustimmen.

Beim Betreten der Dunkelkammer erlebt der Fotohändler eine Überraschung. Obwohl die Türe fest geschlossen ist, will ein alleserfüllendes Licht, das aus keiner speziellen Quelle kommt, nicht verschwinden. Fragend schaut der Fotohändler seinen Kunden an: „Ich verstehe nicht, wo hier noch eine Lampe brennt?“

„O Verzeihung, ich schalte mich aus.“

Die Entwicklung des Films kann ungestört beginnen. Nach einer halben Stunde verlässt ein noch immer etwas blasser Fotohändler den Entwicklungsraum. Im hinteren Teil seines Ladens entnimmt er einem Geheimfach eine Flasche mit Schnaps und stärkt sich. Der Kunde betrachtet inzwischen die Negative und entscheidet sich schließlich für eine Kamera. Der Preis ist beachtlich.

Der exzentrische Kunde erbittet sich die entwickelten Negative, alle. Mit zitternden Fingern überreicht ihm der Händler die neue Kamera und die in Papier eingeschlagenen Negative. Der Kunde verlässt den Laden, der Händler sinkt erschöpft auf einen Stuhl nieder, er senkt den Blick, sein Blick trifft auf einen Negativstreifen, der wohl vom Tisch gefallen ist. Der Streifen zeigt auf allen Bildern … den weißen Schatten einer Person. Woher denn nur? Dem Fotohändler wird übel vor Angst.

Können Sie sich diese Geschichte erklären? Versuchen Sie eine Hypothese zu finden.

Fortsetzung Seite 217

Phonetisches Zwischenspiel

i ü u

1 ⊙⊙

Bitte hören Sie

a)

Kiel	→	kühl
vier		für
liegen		lügen
spielen		spülen
Tür	→	Tier
Flüge		Fliege
Züge		Ziege

b)

Mist	→	müsst
missen		müssen
Kiste		Küste
Kissen		küssen

2 ⊙⊙

Bitte sprechen Sie

a)

Tier	→	Tür
lügen		liegen
spielen		spülen
Flüge		Fliege
Kiel		kühl
Mist	→	müsst
müssen		missen
Kiste		Küste
küssen		Kissen

b)

Biene	→	Bühne
Düse		diese
sieden		Süden

3 ⊙⊙

Welches Wort hören Sie?

☐ Fliege
☐ Flüge

☐ misste
☐ müsste

☐ liegen
☐ lügen

☐ Gericht
☐ Gerücht

☐ Bühne
☐ Biene

☐ Kiel
☐ kühl

☐ Kissen
☐ küssen

☐ müsst
☐ Mist

4 ⊙⊙

Bitte sprechen Sie

Frühlingslieder
viel Vergnügen
Übungsziel

viele Bücher
Bühnenspiel
sieben Brüder

5

Bitte hören Sie

a)	für	→	fuhr	b)	Wüste	→	wüsste
	lügen		lugen		fühlen		füllen
	Züge		Zuge		bieten		bitten
					schief		Schiff

6

Welches Wort hören Sie?

☐ bitten
☐ bieten

☐ spülen
☐ spielen

☐ vier
☐ für

☐ Miete
☐ Mitte

7

Bitte sprechen Sie

vier	→	für	→	fuhr
Züge		Zuge		Ziege
Fluge		Fliege		Flüge
Türen		Touren		Tieren
spielen		spulen		spülen
lügen		lugen		liegen

8

Bitte sprechen Sie

a Friedensgrüße
Blütenduft
Lippenstift
Tulpenblüte

b Die dunkle Tür
Das Buch lügt.
Gib mir die Kursbücher.
Das Frühstück duftet schon.

c Zugbrücke
Liebesbrief
Friedenskuss
Geburtstagsgrüße

Kleines Quiz Seite 189
In der Reihenfolge der Liste Nr. 33:
Kommunikationsfähigkeit 1, 4, 5, 6, 9, 10 (nach modernen arbeitspsychologischen Einschätzungen. Quelle wie Lesetext 30)

Kapitel 10

Materialien zur Auswahl
Kernprogramm
Weitere Materialien zur Auswahl
Lesekurs Fachsprache
Roman
Phonetisches Zwischenspiel

Materialien zur Auswahl

1
Lesetext

Ja, sie haben mich vergessen. Ich habe meinen Sinn verloren. Oh, sie sind undankbar, die Menschen – klagte die alte Mauer.

Mach Schluss! – hetzte der Wind.

Wieso? fragte die Mauer.

Räche dich – wisperte der Wind.

Wie denn? wollte sie wissen.

Stürze – raunte er wollüstig.

Warum? gab sie zitternd zurück.

Da bog der junge Wind die alte Mauer etwas vor, dass ihre steifen Knochen knisterten und sie sah, wie zu ihren Füßen tief unten die Menschen vorbeihasteten, die undankbaren Menschen. Und sie bebte am ganzen Körper, die alte, verlassene Mauer, als sie die Menschen wiedersah und als sie den Wind fragte:

Stürzen? Kann – ich – stürzen?

Willst du? Dann kannst du – orakelte der weltweise Wind.

Ich will es versuchen – seufzte die Mauer – ja!

Dann stürze! Schrie der Wind und riss sie in seine jungen Arme und bog sie und drängte sich an sie und hob sie ein wenig und brach sie. Dann ließ er sie los und sie stürzte.

Wolfgang Borchert (1947)

Wolfgang Borchert (1921–1947) war Frontsoldat im Zweiten Weltkrieg und wegen politischer und publizistischer Aktivitäten mehrfach im Gefängnis. Eine Folge dieser Erfahrungen war sein früher Tod. Gedichte, Geschichten. Theaterstück *Draußen vor der Tür* (1947).

2
Textarbeit

Der Autor Wolfgang Borchert lebte 1921–1947. Die Berliner Mauer existierte 1961–1989. Borchert konnte also die Mauer nicht kennen. Trotzdem ist seine Geschichte nicht unpolitisch. Oder?

- Finden Sie Punkte, in denen es eine Beziehung zwischen dem Text und der Berliner Mauer gibt.
- In welchen Punkten gibt es keine Beziehung zwischen dem Text und Berlin?
- „Kann ich stürzen?" Welche Bedeutung hat diese Frage?
- „Die undankbaren Menschen" – von der Perspektive der Mauer aus gesehen. Undankbar warum?
- Welchen Zweck sollte die Berliner Mauer haben? Finden Sie (mehrere?) Gründe.

Chinesische Mauer nördlich Peking

3
Unterhaltung

- Die Mauer in Borcherts Text ist wie alle Mauern. „Mauer" – das ist hier vielleicht ein Bild für …
- Der Wind – welche Rolle spielt er in der Geschichte?
- Wann hat eine Mauer ihren Sinn verloren?
- Um 220 vor Chr. begann Shihuangdi, der „erste Kaiser", das größte Bauwerk der Welt zu bauen, das man sogar vom Mond aus sehen kann: die Chinesische Mauer. Derselbe Mann ließ auch alle philosophischen Bücher verbrennen und 460 Wissenschaftler lebendig begraben. Der Argentinier J.L. Borges bemerkt dazu: „Bücher verbrennen und Mauern bauen ist im allgemeinen das Werk der Herrscher." Kommentieren Sie die Rolle von Mauer und Buch.
- Der Philosoph Spinoza sagt: „Alle Dinge wollen bleiben, was sie sind." Finden Sie einen Zusammenhang zwischen diesem Satz und der Mauer.

Der Eiserne Vorhang existiert nicht mehr – eine historische Wende, die auf der ganzen Welt die Schlagzeilen beherrschte

Das Beste am Westen
ist Vollmilch Nuss.

René Süß, 10, in West-Berlin

Wer Mercedes fährt,
ist nur zu feige
Trabant zu fahren.

Trabi-Aufkleber

Die Öffnung der Mauer bedeutet das Ende der Nachkriegszeit.

Corriere della Sera (Rom)

Es wurde jeder einzelne Stein gefeiert,
der abgetragen wurde.

Bei der Eröffnung eines neuen Grenzübergangs

Wir haben uns jeden Tag gesehen.
Jetzt wollte er mir mal die Hand schütteln.

West-Polizist über seinen
Kollegen aus Ost-Berlin

Für die Mauer der Schande ist das Ende gekommen.

Telegraaf (Den Haag)

Zum ersten Mal in diesem Jahrhundert,
dass deutsche Geschichte gut verläuft.

Martin Walser
Autor

Das Herz Berlins
beginnt wieder zu schlagen.

Walter Momper
Bürgermeister von Westberlin

Als ich sechs war,
wurde die Mauer gebaut.
Jetzt ist mein Junge sechs.

Trabi-Fahrer in Westberlin

10. November 1989. Trabifahrer werden auf der Bösebrücke von Westberliner Schülern begrüßt. (Trabi = der DDR-Kleinwagen)

Januar 1990. Abbau der Mauer und Mauerspechte

31. Dezember 1989. Menschen auf der Mauer beim Silvesterfeuerwerk

Februar 1990. Von Mauerspechten aufgebrochene Mauer

4* ⊙⊙
Lesetext

Berlin war nie die selbstverständliche Mitte Deutschlands. Jahrhundertelang fand in Frankfurt am Main die Wahl des deutschen Kaisers statt. Der traditionelle sakrale Krönungsort war Aachen. Als Interims-Hauptstädte können auch Nürnberg, Prag, Mainz, Regensburg und vor allem Wien gelten. Eine besondere historische Bedeutung hatte einige Jahrzehnte im 19. Jahrhundet Frankfurt am Main als das liberale und demokratische Zentrum; das deutsche Parlament tagte in einer protestantischen Kirche, die Gesandten der Länder trafen sich in einem privaten Palais. Ab 1871 spielte dann Berlin eine wechselvolle Rolle als politische und kulturelle Hauptstadt Deutschlands. Ab 1933 wurde Berlin Hauptstadt des mörderischen nationalsozialistischen Regimes. Und die Konsequenz: Berlin wurde zum Symbol des radikalen deutschen Zusammenbruchs (April 1945).

Am 20. Juni 1991 entschied sich das Bonner Parlament mit nur 17 Stimmen Mehrheit für Berlin als künftigen Regierungssitz.

[...] Während jener Zeit waren viele Europäer stolz auf Berlin, das, obwohl zweigeteilt, in seinem Charakter, seiner Geschichte und seiner Festigkeit eine Einheit blieb. Für die europäische Gemeinschaft ist es eine Notwendigkeit, dass Berlin wieder den Platz einnimmt, der dieser Stadt zukommt. Ich habe immer dafür plädiert, dass Berlin wieder die Hauptstadt von Deutschland wird.

José Maria de Areilza

Präsident der Parlamentarischen
Versammlung des Europarats 1981

Nun fällt Berlin die Rolle eines großen Verbindungsringes zwischen der germanischen, der lateinischen und der slawischen Welt zu. Ich sehe die vordringlichste Aufgabe der Stadt in ihrer kulturellen Berufung.

Giulio Andreotti

Italienischer Ministerpräsident,
zuletzt 1989

* Die Seiten 196 und 197 wurden vollständig geändert. Die beiden Lesetexte von Sten Nadolny und Alfred Kerr mussten entfallen. Sie bleiben jedoch auf der Tonkassette erhalten und stehen dort zur freien Verwendung als Hörverstehenstext zur Verfügung.

Das große Berlin, die offene Stadt – sie soll nicht allein eine deutsche Stadt sein: Sie ist unsere Stadt, eine Stadt der ganzen Welt. Und je eher sie dies weiß und akzeptiert und ihrem Universalismus lebt, desto besser.

Carlos Fuentes

Mexikanischer Autor und Diplomat

Wenn es mit Berlin gutgeht, wenn das geschieht, was wünschenswert ist, dann wird Berlin wirklich zu einem neuen doppelten Symbol – einerseits zum Symbol der Treue der Bundesrepublik zu ihrer Verankerung in der Europäischen Gemeinschaft [...] Andererseits symbolisiert dann Berlin auch die Öffnung nach Osten [...] nicht im Sinne eines Siegeszugs der Wirtschaft, sondern im Sinne einer Hilfsbereitschaft – [...] beispielhaft auch für Frankreich, auch für England, verankert in der Gemeinschaft.

Alfred Grosser

Politik-Wissenschaftler in Paris

5

Textarbeit:

(1) Geben Sie den fünf Teilen des Lesetextes fünf Überschriften.

(2) Welche der vier Stellungnahmen ist Ihnen besonders sympathisch? Warum?

(3) Bitte fügen Sie zu den vier Stellungnahmen eine fünfte dazu: Ihre persönliche Stellungnahme.

6

Unterhaltung

(1) Hat Ihr Land eine stark dominierende Hauptstadt? Welche Vorteile, welche Nachteile hat das?

(2) Lieben Sie Ihre Hauptstadt? Warum?

(3) Könnten Sie sich in Ihrem Land eine andere Hauptstadt denken? Welche? Begründen Sie Ihren Vorschlag.

1

Um 1200	entstanden die Spreehäfen Berlin und Cölln
Ab 1486	war Berlin die Hauptstadt des Landes Brandenburg
Ab 1800	entwickelte sich Berlin zu einem Mittelpunkt der literarischen und wissenschaftlichen Romantik
1810	wurde, im Geist eines romantischen Idealismus, die Berliner Universität gegründet. Wichtigstes Gründungsmitglied: der Philosoph Wilhelm von Humboldt
1871–1945	war Berlin die Hauptstadt Deutschlands
Vor 1933	war Berlin eine europäische Metropole neuen Stils für Film, Theater, Literatur, Kunst
Mai 1945	Deutsche Kapitulation. Beginn der deutschen Teilung
1948–1949	Elfmonatige Blockade Westberlins durch die sowjetische Armee. Die Stadt wird über eine Luftbrücke versorgt
1949	Gründung der Bundesrepublik Deutschland und der Deutschen Demokratischen Republik
17.6.1953	Revolte des DDR-Volkes. Sie wird blutig niedergekämpft
Vor 1961	Massenflucht des DDR-Volkes nach Westen (2,7 Millionen)
13.8.1961	Bau der Mauer in Berlin
Ab Mai 1989	Neue Massenflucht aus der DDR über Ungarn, Prag, Warschau in den Westen (rund 1 Million)
Ab September 1989	Gegen die immer größeren Demonstrationen des DDR-Volkes hat die DDR-Volkspolizei keine Mittel mehr
4.11.1989	1000000 DDR-Bürger demonstrieren für Demokratie und freie Wahlen
9.11.1989	Das Volk hat gesiegt. Die Mauer fällt
3.10.1990	Politische Einheit Deutschlands
20.6.1991	Der Bonner Bundestag entscheidet sich für Berlin als künftigen Regierungssitz
1994	Abzug der amerikanischen, britischen, französischen und sowjetischen Truppen aus Berlin
Ab 2000 (Planung)	Berlin deutscher Regierungssitz

2

3

4

5

- [ ] Berlin-Kreuzberg: Fränkelufer
- [ ] Die Havel
- [ ] Panorama Berlin-Mitte. Von links nach rechts: Pergamon-Museum, Fernsehturm, Dom, Palast der Republik, Staatsoper, Hedwig-Kathedrale
- [4] Kurfürstendamm
- [ ] Kurfürstendamm mit Gedächtniskirche

Kernprogramm

8 ⊙⊙
Bild-
geschichte G

BERLIN

1 Das Brandenburger Tor steht seit 200 Jahren. Es hieß ursprünglich „Friedenstor".* Viele Jahre lang durfte das Tor kein Tor sein. Also auch kein Friedenstor.

2 Während des Zweiten Weltkriegs ist Berlin zur größten deutschen Ruine geworden.

3 1945. Die rote Fahne über Berlin.

4 Der Wiederaufbau. Im Hintergrund das Brandenburger Tor. Es wurde nun Grenze zwischen Berlin und Berlin.

5 Ein nützlicher Neubau. Eine nutzlose Ruine. Was ist schöner?

6 Trotz der Kriege, trotz aller Politik – viele Altberliner Straßen sind erhalten geblieben.**

7 Aber wenn Sie Berlin wirklich kennenlernen wollen, dürfen Sie nicht nur die Fassaden studieren.

8 Der größte Platz Berlins liegt im Osten, der Alexanderplatz. Berlin, eine hässliche, ungemütliche Stadt, mit vielen Schönheiten.

* Bild 1790
** Berlin-Kreuzberg

Pariser Platz

1

2

3

4

5

6

7

8

9

Studie

Bitte ergänzen Sie:

a	die Kapitulation	seit der Kapitulation
	der Mauerbau	seit dem Mauerbau
	die Teilung	seit ______
	die Demonstrationen	seit ______
	die Öffnung der Mauer	seit ______
	das Treffen	seit ______
b	der November 1989	vor dem November 1989
	die Revolution	vor ______
	der Krieg	vor ______
	die Bauarbeiten	vor ______
	die Berlinblockade	vor ______
	der 3. Oktober 1990	vor ______
c	der Wiederaufbau	während des Wiederaufbaus
	die letzten 40 Jahre	während ______
	die Theaterprobe	während ______
	das Gespräch	während ______
	die Dreharbeiten	während ______
	das Konzert	während ______
d	der Neuanfang	nach dem Neuanfang
	der erste Schritt	nach ______
	die Aufführung	nach ______
	die Pause	nach ______
	das Interview	nach ______
	die Verhandlungen	nach ______
	die Entscheidung	nach ______

10
Elemente *FÜGEWÖRTER: SYNOPSE*

Präposition	Konjunktion
an D	als/wenn
am Anfang	**als wir anfingen** **wenn wir anfangen**
bis A	bis
bis Sonnenaufgang **bis zur Pause**	**bis die Sonne aufgeht** **bis die Pause beginnt**
nach D	nachdem
nach dem ersten Schritt	**nachdem ich den ersten Schritt getan hatte**
seit D	seit
seit der Öffnung der Mauer	**seit die Mauer geöffnet wurde**
vor D	bevor
vor der Arbeit	**bevor wir mit der Arbeit beginnen**
während G (D)	während
während des Konzerts	**während wir spielten**

Präposition	Konjunktion mit Nebensatz	Konjunktion mit Infinitiv
ohne A	ohne dass	ohne... zu
ohne Make-up	**ohne dass ich mich schminke**	**ohne mich zu schminken**
statt G (D)	statt dass	statt... zu
statt Geld	**statt dass wir zahlen**	**statt zu zahlen**

Präposition	Konjunktion mit Nebensatz
trotz G (D)	obwohl/obgleich/obschon
trotz seines Reichtums	**obwohl er so reich ist**

11
Studie

Bitte setzen Sie die Präpositionen ein:
bis, nach, seit, vor, während

a [ ] zum Konzert sind es noch fünf Tage.

b [ ] dem Konzert müssen wir noch einmal proben.

c [ ] des Konzerts bleiben die Türen geschlossen.

d [ ] dem Konzert treffen wir uns im Kempinski.

e [ ] dem Konzert träume ich von dieser Geigerin.

12
Studie

Bitte setzen Sie die Präpositionen ein:

a [ ] zum Start sind es noch zwei Tage.

b [ ] dem Start sollten Sie gut frühstücken.

c [ ] der Bahnreise hat er mir seine ganze Lebensgeschichte erzählt.

d [ ] der Rückkehr sank ich ins Bett und schlief zehn Stunden.

e [ ] diesem Tag sprechen wir nur noch über unsere Reiseabenteuer.

13
Studie

Beispiel: Bevor wir starten, sollten Sie gut frühstücken. Bitte formulieren Sie die andern Sätze von Nummer 12 ebenso.

14
Studie

a Erst frühstücken, dann fahren. → Bevor ich fahre, frühstücke ich.

b Erst die Trauben waschen, dann essen. → ______________________

c Erst anklopfen, dann eintreten. → ______

d Erst nachdenken, dann reden. → ______

e Erst die Instrumente stimmen, dann spielen. → Bevor wir spielen, stimmen wir die Instrumente.

f Erst das Hemd bügeln, dann anziehen. → ______

g Erst die Preise vergleichen, dann kaufen. → ______

h Erst die Rechnung prüfen, dann zahlen. → ______

i Erst ganz genau überlegen, dann heiraten. → ______

15
Studie

Martin kann nicht ohne Kamera reisen.
→ Er kann nicht reisen ohne zu fotografieren.
Julia ging ohne einen Gruß vorbei.
Wir sind ohne Frühstück abgefahren.
Heinrich kann nicht mehr ohne Alkohol leben.
Silvia ist ohne ein Wort verschwunden.
Wir haben das Haus ohne Geld gekauft.
Die kleine Eva rannte wie blind über die Straße.
Klaus hat stundenlang ohne Geld telefoniert.

16
Suchen und finden

Bitte ergänzen Sie die Nebensätze frei.
Ich bin gesund, seit Dr. Nolte mich behandelt hat.
Er träumt nur noch von Suleika, seit
Ich bin arm, seit
Wir haben uns nicht gesehen, seit
Ich muss zu Fuß gehen, seit
Sandra hat mir nicht geschrieben, seit
Ich habe 4 kg abgenommen, seit
Du bist schöner geworden, seit

17
Schüttelkasten

Wann fängst du endlich zu arbeiten an?

Beispiel: Nachdem ich die Zeitung gelesen habe, fange ich an.

baden
Haare waschen
Gäste fort
Tee trinken
duschen
Marken einkleben
Tennis
Hunde füttern
Zeitung
Fußballspiel zu Ende ansehen
Rad reparieren
Zigarette rauchen
Mittagsschlaf
Krimi

18
Elemente

DER NEBENSATZ MIT NACHDEM

Bitte beachten Sie: Der Nebensatz mit *nachdem* steht immer in einer anderen Zeitform als der Hauptsatz.

> Nachdem ich die Zeitung gelesen habe, fange ich an.
> Nachdem er die Zeitung gelesen hatte, fing er an.

19
Studie

Ergänzen Sie den Hauptsatz.

a Nachdem wir den Gipfel erreicht hatten, machten wir Picknick. ______.

b Nachdem ich durch die Tür ein klares „Ja, herein“ gehört hatte, ______.

c Nachdem der Akrobat das Seil verlassen hatte, ______.

d Nachdem wir die 200000 Dollar geraubt hatten, ______.

e Nachdem ich viermal durch die Fahrprüfung gefallen war, ______.

f Nachdem wir, ohne zu essen, zwei Stunden auf die Gäste gewartet hatten, ______.

g Nachdem er das letzte Glas getrunken hatte, ______.

h Nachdem wir schwimmend die Felseninsel erreicht hatten, ______.

20
Werkstatt

(1) *Nennen Sie die Gegenstände, die das Bild zeigt:*
ein Faden, eine Mausefalle, ...

(2) *Erzählen Sie, was passiert:*
Ich ziehe an dem Faden und die Maus ...

(3) *Bilden Sie Neben- und Hauptsätze:*
Wenn ich an dem Faden ziehe ...

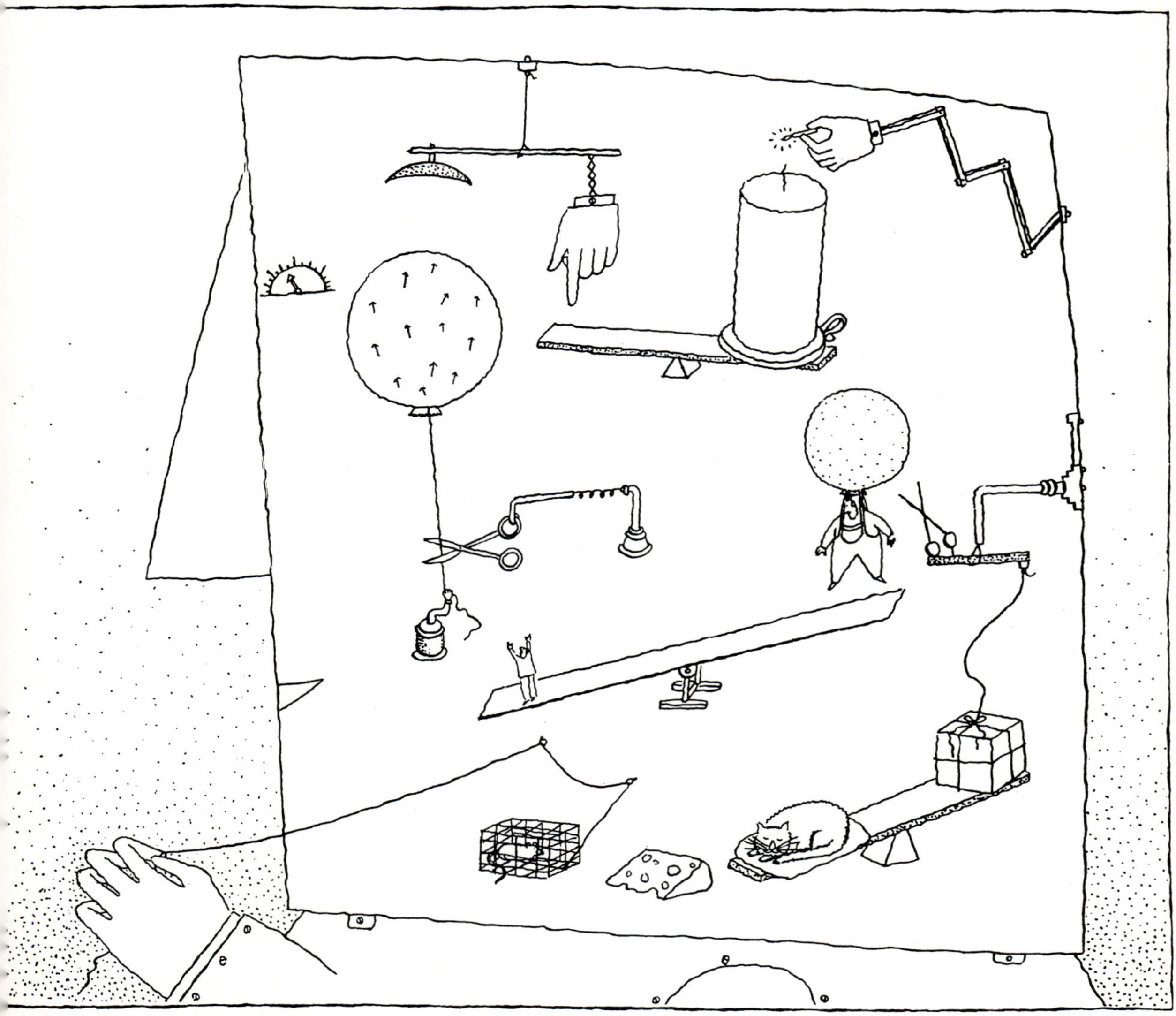

21
Suchen und finden

Vor der Abfahrt packen wir den Koffer.
→ Bevor wir abfahren, packen wir den Koffer.
Vor dem Telefonieren muss ich noch Geld wechseln.
Vor dem ersten Kuss habe ich furchtbar gezittert.
Vor der Hochzeit konnte sie nichts essen.
Während der Arbeit höre ich am liebsten Mozart.
Während des Autofahrens rauchte er pausenlos.
Während des Essens will ich nicht über Politik sprechen.
Während des Wartens trank er fünf Tassen Kaffee.

22
Suchen und finden

Er fährt 160 km statt Rücksicht zu nehmen.
Er trägt immer dieselbe Hose statt
Sie gibt täglich 200 Mark aus statt
Er korrigiert mich pausenlos statt
Sie telefoniert nur statt
Sie sitzt stundenlang vor dem Fernseher statt
Er arbeitet Tag und Nacht statt
Er macht nur phantatische Pläne statt

23
Studie

Lola ist anders als alle andern. Ist sie eine Hexe?

a Sie frühstückt nicht, sondern raucht zwei Zigarren.
→ Statt zu frühstücken raucht sie zwei Zigarren.

b Sie trägt keine Schuhe, sondern malt sich die Füße schwarz an.
→ Statt ______________________.

c Sie schläft nicht im Bett, sondern auf dem Schrank.
→ Statt ______________________.

d Sie isst die Eier nicht, sondern wirft sie auf die Professoren.

e Sie schreibt nicht auf Papier, sondern auf die Wände.

f Sie frisiert sich nicht, sondern nimmt ein rotes Kopftuch.

g Sie wäscht keine Teller, sondern wirft sie auf die Straße.

h Sie geht nicht zu Fuß, sondern reitet auf einem Besen.

24
Suchen und finden

mündlich oder schriftlich

Der Lehrer ist krank,
→ der Unterricht fällt aus.

Der Pianist ist krank
Der Torwart ist verletzt
Die Schauspielerin ist krank
Der Professor ist krank
Es regnet

Ich habe kein Geld
Der Arzt ist krank
Das Auto ist kaputt
Der Dirigent hat Fieber

25
Suchen und finden

mündlich oder schriftlich

Der Pianist spielt,
→ obwohl er krank ist.

Die Schauspielerin spielt
Das Fußballspiel findet statt
Der Politiker hält seine Rede
Die Ballettmeisterin tanzt

Er schwimmt
Ich bestelle das teuerste Menü
Er heiratet

26
Elemente

WEIL/OBWOHL

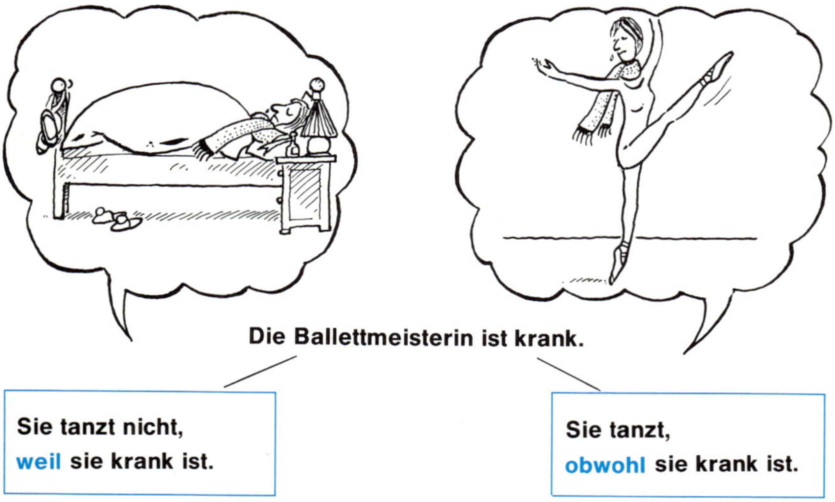

obwohl = obgleich = obschon

27
Kombination

Verbinden Sie die Sätze links und die Sätze rechts mit obwohl.

Beispiel: Ich nehme das Zimmer, obwohl es ungeheizt ist.

Ich nehme das Zimmer.	Er spricht keine Fremdsprache.
Er fuhr 140.	Die billigsten Karten kosteten 30 Mark.
Sie raucht pausenlos.	Jeder weiß, wie schädlich Nikotin ist.
20000 kamen zum Boxkampf.	Er hört schlecht.
Ich liebe ihn.	Er hatte drei Kinder im Auto.
Er will Diplomat werden.	Er wiegt 100 kg.
Er hat 250 Platten.	Es ist ungeheizt.

28
Kombination

Verbinden Sie die Sätze links und die Sätze rechts mit weil.

	Der Chef ist eine Katastrophe.
Sie sind ausgezogen.	Er hat keinen Führerschein.
Er schreibt Gedichte.	Sie brauchen eine größere Wohnung.
Er hat gekündigt.	Die Party hat die ganze Nacht gedauert.
Er hat so lange nicht geschrieben.	Er kann nicht Rad fahren.
Er schläft noch.	Er lag im Krankenhaus.
Er geht zu Fuß.	Er ist verliebt.

29
Kombination

Verbinden Sie die Sätze links und die Sätze rechts mit obwohl.

Sie spricht kein Deutsch.	Sie kann nicht tanzen.
Sie macht täglich einen Kopfstand.	Ihr Vater ist Millionär.
Sie singt die Brünhilde.	Sie hat kein Geld.
Sie studiert.	Sie ist 73.
Sie geht in die Diskothek.	Sie ist Italienerin.
Sie hat nie Geld.	Sie ist völlig unmusikalisch.
Sie isst keine Spaghetti.	Sie lebt seit 6 Jahren in Berlin.

30
Suchen und finden

Verbinden Sie den Satz links und die Sätze rechts mit weil *oder* obwohl.

Jetzt sind wir bankrott.

- Wir haben Tag und Nacht gearbeitet.
- Wir haben elf Kinder.
- Wir sind Künstler.
- Wir haben eine gutgehende Apotheke.
- Wir haben zehn Jahre lang gespart.
- Wir haben sonst immer Glück gehabt.
- Wir waren vor drei Jahren noch Millionäre.
- Wir sind Träumer.

31
Suchen und finden

Verbinden Sie den Satz links und die Sätze rechts mit weil *oder* obwohl.

Sie ist gestern 99 geworden.

- Sie hat nie gearbeitet.
- Sie war immer etwas kränklich.
- Sie hatte sechs Männer.
- Sie war nie beim Arzt.
- Sie hat täglich Joghurt gegessen.
- Sie hat nie geraucht.
- Sie raucht täglich 20 Zigaretten.
- Sie hat nie Sport getrieben.

32 ⊙⊙
Hören und verstehen

Sie hören fünf kleine Dialoge. In jedem Dialog geht es um eine Entscheidung, um einen Entschluss. Schreiben Sie bitte: was ist der Grund für diese Entscheidung? was ist der Grund für den Entschluss?

Weitere Materialien zur Auswahl

33
Das richtige Wort

Finden Sie mindestens fünf zusammengesetzte Nomen:

-stadt: Hauptstadt, Kleinstadt, Industriestadt
-zeit: ____
-bahn: ____
-licht: ____
-reise: ____

34
Analyse

NOMEN, DIE VOM VERB KOMMEN

das Abendessen, die Abfahrt, die Ankunft, die Anweisung, die Aufgabe, der Erfinder, die Erfindung, der Fernseher, die Flucht, das Können, der Kuss, die Liebe, die Ordnung, der Neuanfang, der Nichtschwimmer, der Redner, das Rennen, der Säufer, der Schauspieler, der Sonnenaufgang, die Spannung, der Sprung, der Teilnehmer, der Verstand, der Wiederaufbau, die Wohnung, der Zug, die Zukunft, der Zusammenhang.

a Von welchen Verben kommen diese Wörter?
b Bitte ordnen Sie die Nomen in maskulin, feminin und neutrum.
c Finden Sie selbst die Regeln, nach denen die Nomen maskulin, feminin oder neutrum sind. Aber beachten Sie bitte: diese Regeln gelten nur für die Nomen, die vom Verb kommen!

35
Rätsel

waagrecht:

2 nicht weich
5 Frankfurt ________ Main
7 Heute ________ es Spaghetti
8 Esslingen ________ Stuttgart
10 beginnen
12 Gegenteil von Landung
13 gar nicht reich
15 Tasse, Untertasse und ________
17 Frühstück mit oder ohne ________ ?
18 Keiner kann leben ohne ________
21 Konstanz am Boden ________
22 nicht oben

senkrecht:

1 Stadt, Dorf
2 nicht vorn
3 Bald kommt der Herbst, und die Blätter werden von den Bäumen ________
4 Onkel und ________
5 Um 20 Uhr fährt der Zug in Lüneburg ________
6 Sizilien, eine Insel im Mittel ________
7 Ich lade dich ein, du bist mein ________
9 Linz liegt ________ Österreich
11 Rosen frisch aus unserem ________
14 Zimmer ________ Bad
16 Ich mag nicht, ich habe keine ________
17 ________ regnet schon wieder
19 Zauberin (im Märchen)
20 ich und ________

36
Ihre Rolle, bitte

a Freunde raten ihrem Freund von Drogen ab.
b Mutter kommt ohne das Auto nach Hause, mit dem sie weggefahren ist. Was ist passiert?
c Spät in der Nacht: Gäste wollen nicht gehen. Die Gastgeber versuchen mit allen Mitteln, sie loszuwerden.
d Tochter will heiraten. Die Eltern sind dagegen.

37
Spiel

Ein Teilnehmer geht vor die Tür. Ein Gegenstand wird versteckt. Sechs Teilnehmer werden bestimmt: sie sollen dem, der suchen soll, den Weg zum Versteck angeben.

Jeder gibt einen Hinweis. Erst mit dem letzten Hinweis darf er beim Versteck ankommen.

38
Kontrolle

A *Bitte bauen Sie die folgenden Sätze um. Nehmen Sie die Präposition und ein Nomen:*

a Es sind noch $2^1/_2$ Stunden, bis die Premiere beginnt.

→ Es sind noch $2\frac{1}{2}$ Stunden bis zur Premiere.

b Seit das Moped zum letzten Mal repariert wurde, bin ich 4000 km gefahren.
c Wenn Sie bitte die Verträge tippen würden, bis die Konferenz beginnt.
d Die meisten Mitglieder schliefen fest, während der Präsident redete.
e Bis wir in Urlaub fahren, sind es noch 11 Tage.
f Während sie Hochzeit feierten, explodierte eine Bombe im Aufzug.
g Nachdem diese Nacht vorbei war, verließ er mich und kam nie wieder.

B *Bitte ergänzen Sie frei:*

h Ich habe ihn geheiratet ohne …
i Schwerer Alkoholiker. Er hält es keinen Tag aus ohne …
k Es sind bestimmt große Schmerzen, aber sie liegt ruhig da ohne …
l Obwohl er erst fünf ist, …
m Sie spricht nur von sich selbst statt …
n Warum hast du das Haus gekauft ohne …

12 Lösungen = 12 Punkte
(Jede sprachlich richtige Lösung ein Punkt)

Lesekurs Fachsprache

39
Vorbereitung

Bitte erinnern Sie sich an die auf Seite 20 geübte Methode Fachtexte zu lesen.

1) Lesen Sie den ganzen Text ohne Wörterbuch durch und markieren Sie sofort alle wichtigen Informationen.
2) Fassen Sie die Hauptidee des Textes kurz zusammen – in einem Satz.
3) Dann gehen Sie ins Detail.

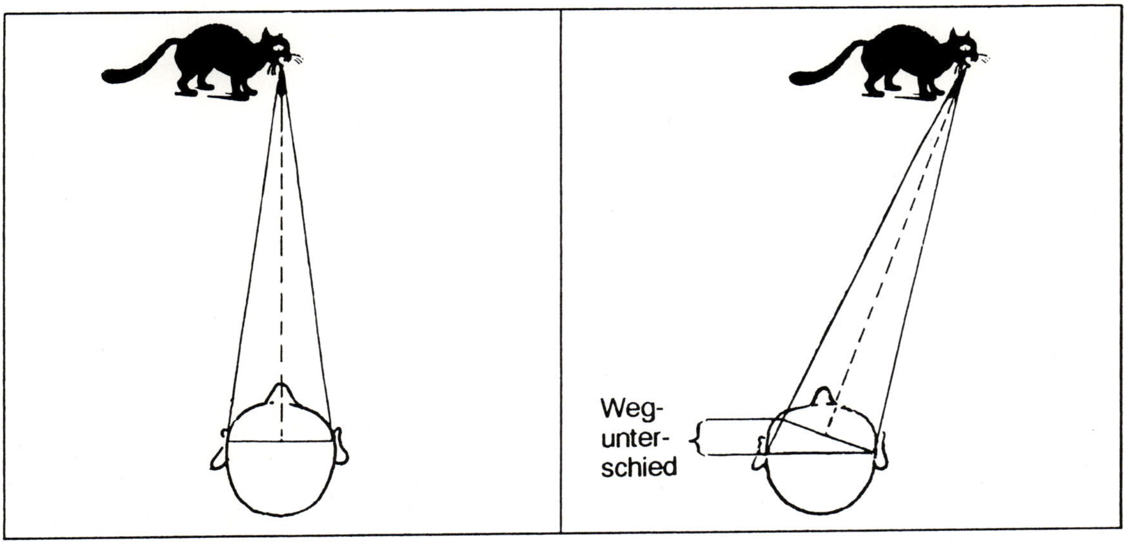

40
Lesetext

Wenn wir in völliger Dunkelheit eine Katze in einem Raum finden müssten, könnten wir versuchen, mit unserem Gehör herauszufinden, wo das Tier ist. Dieses Beispiel macht deutlich, welche große Bedeutung dem Ohr für die Orientierung zukommt.

Wie schaffen wir es mit unserem Gehör, den Ort, an dem sich die Katze befindet, herauszufinden? Die Geräusche der Katze gelangen als Schallreize in unser Ohr. Für das Richtungshören ist die Fähigkeit, den Zeitunterschied zwischen dem Eintreffen des Schallreizes im linken und rechten Ohr genau messen zu können, wesentlich. Der Schall legt in der Luft in der Sekunde 333 Meter zurück. Der Wegunterschied, den der Schall zurücklegt, ist relativ gering. Wir sind in der Lage, sehr geringe Zeitunterschiede festzustellen. Der kleinste noch wahrnehmbare Zeitunterschied zwischen dem Eintreffen des Schallreizes in beiden Ohren beträgt 0,00003 Sekunden.

Almut Gerhardt et al.

41
Lesetext

Wie die tägliche Erfahrung zeigt, kann man die Richtung einer Schallquelle recht genau angeben. Physikalische Grundlage für das räumliche Hören ist der Umstand, dass meist ein Ohr von der Schallquelle weiter entfernt ist als das andere. Der Schall trifft am entfernteren Ohr später ein und nimmt außerdem an Intensität ab. Das Hörsystem kann sehr kleine Zeitverspätungen auswerten. Bis zu 0,00003 s sind Beurteilungen sicher möglich.

Rainer Klinke

42
Textarbeit

zu den beiden Lesetexten 40 und 41

a Thema beider Lesetexte: ______________________

____

b Hauptinhalt:

____

____

c Details:

(1) ______________________ .

(2) ______________________ .

43
Textarbeit

zu den beiden Lesetexten 40 und 41

Einer dieser beiden Texte ist für Medizinstudenten geschrieben, einer für 14-jährige Schüler im Gymnasium. Können Sie das erkennen?

Schulbuch: Text __________

medizin. Fachbuch: Text __________

Worin besteht der Unterschied?

____

____

____

____

44
Studie

Bitte ergänzen Sie im folgenden Text die Wörter.

die Berechnung
die Richtung
eine Rolle
der Zeitunterschied

Bis auf 2° genau können wir ______________________ angeben, aus der ein Schallsignal kommt. Wie ist das möglich?

Versuchsergebnisse zeigen, dass ______________________ zwischen dem Eintreffen des Schallsignals in den beiden Ohren von Bedeutung ist. Wir können eine Zeitdifferenz von nur 0,00003 Sekunden zwischen den beiden Ohren feststellen. Das ist möglich, weil ______________________ dieser Zeitdifferenz im Gehirn erfolgt. Dabei spielt auch die etwas größere Schallintensität in dem der Schallquelle zugewandten Ohr ________________ .

Ernst W. Bauer

Roman

TEIL 5

Erzählen Sie die Geschichte Teil 1–4 einem Kollegen, der sie nicht gelesen hat, in einer kurzen Zusammenfassung.

„Halt! Keine Bewegung!“
Das Kommando ertönt vom Eingang des Ladens her. Der Fotohändler taumelt von seinem Stuhl hoch und streckt die Arme weit in die Luft, mehrere Polizisten bevölkern den Laden. Nur schwer macht ihnen der Fotograf klar, dass er der Inhaber des Fotogeschäfts ist. Die Situation entspannt sich damit ein wenig. Die Polizisten suchen nach einem Mann, der nach Aussage einer Dame einem Einbrecher sehr ähnlich sein soll, von dem sie in ihrer Wohnung überrascht worden war. Sie will diesen Mann vor dem Fotogeschäft erkannt haben. Nun, wir ahnen schon, es handelt sich um eine alte Bekannte: Frau Platzke setzte sich auf dem Weg vom Markt nach Hause in ein kleines Straßencafé direkt neben dem Fotogeschäft, um dort – wie immer, wenn sich die Gelegenheit bot – ihren Kaffee und das eine oder andere Stück Kuchen zu genießen.

Der Fotograf berichtet dem Herrn „Kommissar", der sich gerner so nennen lässt, haargenau, was er mit dem Käufer einer mehrere tausend Mark teuren Kamera erlebt hat. Ganz zuletzt, als Gag berichtet er von den geheimnisvollen unerklärlichen weißen Schatten auf jedem Bild eines Filmstreifens. Der Film wird sichergestellt. Die Spurensicherungsgruppe trifft ein und sucht nach Fingerabdrücken. Natürlich vergeblich, denn der Laden ist gut besucht, das heißt, mögliche Fingerabdrücke werden sich nicht verfolgen lassen. Auch die Beschreibung des Kunden, die der Ladeninhaber versucht, bringt keine besonderen Hinweise – mittelgroß, mitteldick, mittelgrau. Alle Hoffnung richtet sich nun auf das Polizeilabor.

Setzen Sie die Geschichte fort!

Fortsetzung Seite 240

Phonetisches Zwischenspiel

1
Elemente
(Wiederholung)

ch

Wir schreiben ch, aber wir sprechen zwei ganz verschiedene Laute, das „vordere **ch**" oder das „hintere **ch**".

a) Das vordere **ch**
ist ein geflüstertes **j**. Flüstern Sie „j-j-ja", machen Sie dabei das geflüsterte **j** recht lang und geben Sie viel Luft.
Das vordere **ch** sprechen wir nach i, e, ä, ö, ü, ei, eu, l, m, n, r:
mich, sprich
echt, Bäche
möchten, höchstens
Früchte, Bücher
reich, euch
Milch, Lämmchen
München, durch
– und in der Endung -ig: neugierig

b) Das hintere **ch**
ist wie ein ganz langsam aus seinem Verschluss gelöstes **k**.
Das hintere **ch** sprechen wir nach a, o, u, au:
lachen, nach
Loch, kochen
Spruch, Kuchen
Strauch, rauchen

2 ⊙⊙

Bitte sprechen Sie

a)

Gicht	→	Gischt	→	Gicht
mich		misch		mich
selig		seelisch		selig
Teich	→	Teig	→	Teich
kriecht		kriegt		kriecht
weich		weiß		weich
Becher		besser		Becher

b)

taucht	→	taugt	→	taucht
Nacht		nackt		Nacht
pochen		Pocken		pochen
wachten	→	warten	→	wachten
Docht		dort		Docht
focht		fort		focht

3 ⊙⊙

Bitte sprechen Sie

hinteres **ch**		*vorderes* **ch**
Loch	→	Löcher
Buch		Bücher
Bauch		Bäuche
Tuch		Tücher

4 ⊙⊙

Welches Wort hören Sie?

☐ Locher
☐ Löcher

☐ reichen
☐ reißen

☐ pochen
☐ Pocken

☐ mich
☐ misch

☐ Teig
☐ Teich

5 ⊙⊙

Bitte sprechen Sie

Das Buch taugt nichts.
Sie lag die ganze Nacht wach.
Er ist ein Reicher und pocht auf seine Rechte.
Der Wicht ist mir tatsächlich entwischt.

ein falsches Lachen
Die Asche raucht.
Es pocht und pocht, wer weckt uns in der Nacht?
Suchst du nach dem Schlüsselloch?

Schachspiel
Kirchenlicht
Schlossdach
Hochzeitsnacht

Kapitel 11

Wiederholungskurs
Kernprogramm
Weitere Materialien zur Auswahl
Roman
Prosodisches Zwischenspiel

Wiederholungskurs

1

Schreibschule

Hier sind einige Daten über Basel, die älteste Stadt der Schweiz. Bitte stellen Sie einen Text her, Sie können die folgenden Verben benützen:

entstehen zerstören bauen werden eröffnen stattfinden fahren gründen

44 v. Chr.	römisches Kastell in Basels Nähe
840	erste Kathedrale
917	Zerstörung der Stadt durch die Ungarn
1019	Münster
1225	Rheinbrücke
1356	Erdbeben
1460	Universität
1529	Basel evangelisch
1648	Unabhängigkeit vom Deutschen Reich
1832	erstes Dampfschiff auf dem Rhein
1845	Bahnhof
seit ca. 1850	Aufstieg der (vor allem chemischen) Industrie
1875	demokratische Verfassung
1876	Basler Börse
1920	Rheinhafen
1926	Radio Basel
1946	Flughafen

Tinguely-Brunnen

2
Studie

Bitte finden Sie die richtigen Formen.

Basel besitzt eine ______ (hervorragend) Lage für Reise und Verkehr, für ______ (wirtschaftlich) und ______ (geistig) Austausch. Hier treffen sich die ______ (alt) Handelswege vom ______ (rauh) Norden zum ______ (sonnig) Süden, von England und Holland nach Italien und vom ______ (fern) Osteuropa nach Frankreich, dem politisch und kulturell lange Zeit ______ (führend) Land Europas.

Heute ist Basel ein ______ (bedeutend) Knotenpunkt der Straßen und Eisenbahnen; für die Schweizer Rheinflotte mit ihren 490 Schiffen ist Basel der ______ (wichtig – Superlativ) Hafen.

Basel hat eins der __________ (interessant – Superlativ) __________ (deutschsprachig) Theater und eine Reihe sehr __________ (bekannt) Museen. Und in Basel treffen sich monatlich die __________ (groß) Banker der Welt und machen __________ (international) Finanzpolitik.

15 Lösungen

3
Suchen und finden

Basel
→ eine uralte Stadt

der Rhein
→ ein schmutziger Strom

die Schweiz
Weihnachten
die Mona Lisa
Europa
die Alpen
Goethe
Berlin
der Pazifik
die Rose
Hamlet
BMW
Beethoven
Malta
Jupiter
das Gold
Louis Armstrong
Carmen
der Mont Blanc

Barfüßerplatz

Basler Münster: Kreuzgang

4
Suchen und finden

Ein alter Wagen!
→ Ich habe lieber einen alten Wagen als gar keinen.

Ein dünner Kaffee!
Miserables Papier!
Ein uraltes Haus!
Eine schlechte Theaterkarte!
Ein winziger Garten!
Kaputte Schuhe!
Ein langsamer Lift!
Ein billiger Pyjama!
Ein ganz altes Motorrad!

5
Suchen und finden

Das ist ein guter Laden!
→ Hier gibt es keine schlechten Läden.

Das ist ein schönes Mädchen!
Das ist eine schmale Straße!
Das ist ein höflicher Verkäufer!
Das ist ein gutes Café!
Das ist ein verrücktes Konzert!
Das ist eine gute Torte!
Das sind freundliche Leute!
Das ist ein schönes Schaufenster!
Das ist ein höflicher Autofahrer!

6
Suchen und finden

Eine so große Kathedrale
→ in einer so kleinen Stadt.

Ein so gutes Bild
→ in einem so schlechten Museum.

Eine so hässliche Gartenbank
Ein so schlechter Professor
Eine so große Familie
Ein so interessantes Kind
Eine so alte Kirche
Ein so miserables Konzert
Eine so hässliche Brille
Ein so schöner Brunnen

7
Suchen und finden

Gefällt Ihnen das Bild?
→ Ein herrliches Bild!
→ Ein scheußliches Bild!

Gefällt Ihnen der Mann?
Gefällt Ihnen das Zimmer?
Gefällt Ihnen die Boulevardzeitung?
Gefällt Ihnen das Wetter?
Schmecken Ihnen die Hamburger?
Was sagen Sie zur politischen Lage?
Schmeckt Ihnen das Frühstück?
Gefallen Ihnen die Studenten?
Haben Sie Appetit auf Spaghetti?

Johann Jakob Bachofen (*Basel 1815, †Basel 1887). Seine Ideen waren revolutionär und bewegen seither die Wissenschaft und Literatur. Bachofens Theorie stimmt allerdings nicht in der Form, wie er sie dargestellt hat, er hat die komplizierte Wirklichkeit stark vereinfacht. Mutterrechtliche Strukturen gab und gibt es in vielen Völkern Zentralafrikas, Westafrikas, Südindiens, Indonesiens, Melanesiens und bei den Puebloindianern, in der Antike auch in Vorderasien und Südeuropa.

8
Studie *Finden Sie die richtigen Endungen.*

Ein wenig __________ (bekannt) Sohn der Stadt Basel ist wahrscheinlich der modernste: der Archäologe, Altertumsforscher und Jurist Johann Jakob Bachofen. Sein __________ (groß), __________ (bedeutend) Werk „Das Mutterrecht" ist 1861 erschienen. Bachofen will zeigen, dass es vor und neben unserem „patriarchalischen" System andere, __________ (älter) Strukturen gab und gibt, in denen die Mutter die Gesellschaft regiert. Alle __________ (wichtig) Entscheidungen in der Familie trifft hier die Mutter, das zeigt Bachofen. Die mütterliche Regierung arbeitet aber nicht __________ (autoritativ), sondern eher __________ (liberal). __________ (jung) Philosophinnen machen heute auf das __________ (interessant) Werk des Schweizers aufmerksam. Sie halten „matriarchalisches" Denken für einen Weg in die Zukunft. Das Mutterrecht will keine Gleichheit zwischen Frau und Mann. Das Mutterrecht betont die Unterschiede. Es will die Frau nicht zum männlich funktionierenden Glied einer __________ (männlich) Gesellschaft machen. Die Frau wird gesehen als __________ (geistig) Mitte und __________ (klug) Führerin.

12 Lösungen

9
Textarbeit

zu Nummer 8

a In der ersten Zeile unseres Textes steht das Wort „modern". Ist dieses Wort hier berechtigt?

b Können Sie das Wort „patriarchalisch" definieren?

c Warum wurde das Buch Bachofens fast vergessen? Finden Sie mehr als eine Erklärung.

10
Schüttelkasten

Warten hart klar Verbot gut menschlich streng Rat eiskalt plötzlich Frage geduldig klug Entscheidung Befehl vorsichtig gemeinsam Urteil

1. Bilden Sie Nomengruppen, zum Beispiel: ein freundliches Wort

2. Ordnen Sie die Begriffe in drei Gruppen:

eher „matriarchalisch"	zu beidem passend	eher „patriarchalisch"

Kernprogramm

11
Lesetext

Wenn Sie hier „Schweizer Käse“ verlangen, werden Sie kein Verständnis finden. Denn hier gibt es fast keinen Käse, der nicht aus der Schweiz kommt, dasselbe gilt natürlich für die Schokolade (und für die Franken). Anders ist es mit dem Kaffee, den können Sie auf italienische Art als Espresso trinken, auf französisch als café crème oder, zum Frühstück, auf Schweizer Art mit viel heißer Milch.

Basler Spezialitäten gibt es nicht viele, die süßen Basler Leckerli sind bekannt, die traditionelle Basler Mehlsuppe nicht, die isst man das ganze Jahr über nicht, nur während der Fastnachtstage.

Niemand sollte versäumen einmal ein Schweizer Fondue zu probieren, es besteht aus verschiedenen Sorten Käse, der in heißem Weißwein mit Kirschwasser geschmolzen und mit Weißbrotstückchen gegessen wird. In Basel verhungert keiner, denn da gibt es über 500 Lokale, wo französische, italienische und Schweizer Kochkünste gepflegt, phantasievoll variiert und die Speisen mit großem Charme serviert werden.

12
Analyse

1. Bitte unterstreichen Sie in Text 11 alle Negationen.
2. Stellen Sie eine Textvariante her – ohne Negationen.

13
Bitte sprechen Sie

Nehmen Sie Kaffee?
→ Danke, ich nehme keinen.

Nehmen Sie Tee?
Nehmen Sie ein Eis?
Nehmen Sie Kuchen?
Nehmen Sie Salz?
Nehmen Sie Milch?
Nehmen Sie Suppe?
Nehmen Sie Käse?
Nehmen Sie Kirschwasser?
Nehmen Sie Wein?

14
Elemente

DIE NEGATION

1. Satznegation

   Ich habe den Kuchen nicht bestellt.

2. Teilnegation

   Ich habe nicht den Kuchen bestellt (sondern einen anderen).

3. Einzelne Negationsformen

   Ich habe den Kuchen nie bestellt.
   Ich habe nichts bestellt.

   usw.

1. Satznegation

Das Wort *nicht* ist eine Angabe. Es steht also in der Satzmitte.

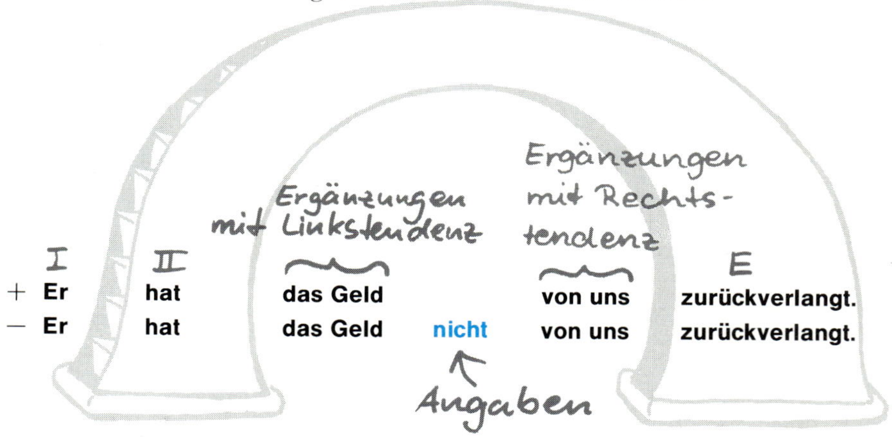

Wenn die Akkusativergänzung keinen Artikel oder einen unbestimmten Artikel hat, wird der Satz mit *kein* negiert.

+	**Sie**	**trägt**	**eine Maske.**
–	**Sie**	**trägt**	**keine Maske.**

2. Teilnegation
3. Einzelne Negationsformen

} dazu Seite 230/231

Mehr zur Negation: GRUNDGRAMMATIK DEUTSCH auf den Seiten 206–208

15 ➿

Bitte sprechen Sie

Haben Sie Feuer?
→ Nein, ich habe kein Feuer.

Haben Sie Franken?
Haben Sie einen Mann?
Tragen Sie Sportschuhe?
Rauchen Sie?
Haben Sie Kleingeld?
Haben Sie einen Regenschirm?
Tragen Sie einen Ring?
Malen Sie?
Lesen Sie Krimis?

16

Studie

Üben Sie die Satznegation. Antworten Sie negativ.

a Trägst du eine Perücke?
Nein, ich trage keine Perücke
b Bist du krank?
c Habt ihr Kinder?
d Trinken Sie Bier?
e Könnt ihr kommen?
f Möchten Sie tanzen?
g Hast du dich geschminkt?
h Haben Sie einen Führerschein?

17

Ihre Rolle, bitte

Katja und Kai sind frisch verlobt. Aber schon tauchen die ersten Probleme auf. Katja ist nämlich gewohnt, immer nein zu sagen. Sie hat immer die gegenteilige Meinung und findet immer neue Argumente gegen alles, was der andere sagt. Kai ist sehr geduldig. Hier ist das, was Kai sagt. Übernehmen Sie die Rolle von Katja.

Möchtest du einen Portwein?
Oder einen Sherry?
Darf ich dir vielleicht was zu essen bringen?
Zigarette?
Sehr erfreulich. Herrliches Wetter heute!
Vielleicht hast du Recht. Wahrscheinlich wirds morgen wieder schlechter.
Hättest du Lust, ein bisschen spazieren zu gehen?
Weißt du, mein Ziel ist eigentlich ein kleines Café.
Und gleich daneben ist ein tolles Schwimmbad.
Gut, dann bleiben wir eben zu Hause.

Bitte führen Sie das Gespräch weiter!

18
Suchen und finden

Sie sind ein Tyrann!
→ Nein, ich bin kein Tyrann.

Sie sind ein Millionär!
Sie sind ein Kapitalist!
Sie haben Angst!
Sie sind ein Kommunist!
Sie sind eine Prinzessin!
Sie haben 1000 Mark gestohlen!
Sie sind ein Diktator!

19
Elemente

DIE NEGATION

2. Teilnegation

Die Teilnegation steht links von dem Satzelement, das ich negieren will.

Nicht ich habe den Kuchen bestellt (sondern du).
Zum Frühstück hat es kein Brot, aber Reis und Gemüse gegeben.

20
Studie

Üben Sie die Teilnegation. Führen Sie den Satz zu Ende:

a Ich brauche nicht die heutige Zeitung, sondern die gestrige.
b Ich nehme nicht die schwarzen Handschuhe, sondern
c Nicht ich habe den Brief diktiert, sondern
d Ich habe keine teure Uhr, sondern
e Wir wohnen nicht mehr in der Goethestraße, sondern
f Das Fahrrad gehört nicht mir, sondern
g Nicht dich habe ich gefragt, sondern
h Das ist nicht mein Geld, sondern
i Nicht morgen müssen Sie mit dem Rauchen aufhören, sondern
k Ich lerne nicht Schwedisch, sondern

21
Elemente

DIE NEGATION

3. Einzelne Negationsformen

+	–
einer	**keiner**
jemand	**niemand**
etwas, was	**nichts**
einmal, mal	**nie, niemals**
irgendwo, wo	**nirgends, nirgendwo**

Keiner will freiwillig das Bad sauber machen.
Ich habe niemand etwas erzählt.
Er sagt nie ein Wort.

22
Bitte sprechen Sie

Hast du jemand gesehen?
→ Ich habe niemand gesehen.

Hast du jemand getroffen?.
Hast du jemand gefragt?
Hast du etwas gehört?
Hast du jemand angerufen?

Hast du mit jemand gesprochen?
Hast du was getrunken?
Hast du es jemand gesagt?

23
Bitte sprechen Sie

Essen Sie doch was!
→ Ich möchte nichts essen.

Sagen Sie es doch jemand!
Reden Sie doch mit jemand!
Trinken Sie doch was!
Lesen Sie doch etwas!

Fragen Sie doch jemand!
Laden Sie doch jemand ein!
Erzählen Sie doch etwas!

24
Suchen und finden

Hast du irgendwo meinen Hut gesehen?
→ Ich habe ihn nirgends gesehen.

Hast du meinen Geldbeutel gesehen?
Hast du etwas von Maria gehört?
Hast du eine Idee?
Haben Sie meine Schlüssel gesehen?

Hast du was Schönes geträumt?
Haben Sie Hunger?
Sind Sie mal in Moskau gewesen?

1

2

3

4

5

6

7

8

Karneval heißt es in Venedig und Rio, Fasching in München – in Basel ist es die Fastnacht. Eine Tradition mit modernen und uralten Elementen – antikes Maskenspiel. Soldatenmarsch und Musik des Mittelalters, anarchistische Revolte, wildes farbiges Chaos inmitten der heiligen Schweizer Ordnung: Die Fastnacht ist Basels höchstes Fest.

25 ⊙⊙
Bildgeschichte H

FASTNACHT

1 Fastnacht in Basel, früh 4 Uhr. Alles ist dunkel, nur die phantastischen Laternen der Narren brennen.

2 An diesem Tag arbeitet hier keiner. Jeder macht mit beim großen Fest.

3 Der Dirigent. Wer verbirgt sich hinter der Maske? Ein Bauarbeiter, eine Studentin, ein Arzt?

4 Die Flötenmusik. Alte Melodien, man hört sie nur an Fastnacht.

5 Und dann die schweren Trommeln! Das ist ein Lärm, der Tote aufweckt!

6 Jeder macht sich seine Maske selbst.

7 Stundenlang gehen die Narren durch die Straßen mit ihren Melodien.

8 Erst am Morgen ziehen sie allmählich heimwärts. Hier zwei Narren auf der Rheinbrücke, im Hintergrund das alte Basel.

26
Kombination

Was für einen Hut willst du?	Einen hellblonden, jungen.
Welchen Schauspieler meinst du?	Einen harten.
Welchen Käse möchten Sie?	Diesen dunkelvioletten da.
Was für einen Käse möchten Sie?	Stefan Rehberg.
Welchen Hut willst du?	Einen ganz besonderen, seltenen.
Was für einen Schauspieler meinst du?	Den hier für 2,30 SF.

27
Elemente

DEFINITIONSFRAGEN

welcher stellt die genaue Frage: *dieser oder dieser oder dieser?*

Meinst du die erste oder die zweite oder die dritte?

Welche Schauspielerin meinst du? **Sag, welche Schauspielerin du meinst.**	**Die dunkelblonde da links.** **Diese hier.** **Regina.**

was für ein / was für einer stellt die Frage nach dem Wie: Wie ist die gesuchte Person (Sache), wie soll sie sein? Ich habe viele, viele Möglichkeiten und überlege: Was suche ich, was will ich, was meine ich?

Was für eine Schauspielerin brauchen wir? **Können Sie sagen, was für eine Schauspielerin wir brauchen?**	**Eine dunkle.** **Eine, die eine gute Ausbildung hat.** **Eine, die eine tiefe Stimme hat.**

28
Kombination

Welche Maske gehört dir?	Das Mandolinenkonzert von Vivaldi.
Was für eine Platte hättest du gern?	Die, die im Schaufenster liegt, ganz rechts vorn.
Was haben Sie für einen Lehrer?	Eine rote.
Was für eine Uhr möchten Sie?	Herrn Gerighausen.
Welche Uhr möchten Sie?	Vivaldi oder Bach.
Welchen Lehrer haben Sie?	Eine Uhr, die wirklich geht.
Was für eine Maske hast du?	Die da, die auf dem Boden liegt.
Welche Platte hättest du gern?	Einen ausgezeichneten.

29 ⊙⊙
Bitte sprechen Sie

Ich suche einen Hut.
→ Was für einen?

Ich suche ein Glas.
→ Was für eins?

Ich suche eine Maske.
Ich suche einen Spiegel.
Ich suche ein Lokal.

Ich suche eine Lampe.
Ich suche ein Kostüm.
Ich suche einen Bart.

30
Suchen und finden

Die Maske gefällt mir.
→ Welche? Die blaue?

Der Ring gefällt mir.
Die Uhr gefällt mir.
Das Kostüm gefällt mir.
Die Schuhe gefallen mir.
Der Hut gefällt mir.
Das Kleid gefällt mir.
Die Stiefel gefallen mir.

31
Studie

	Frage:	Antwort:
a	Welche Studentin ?	Diese da vorn im schwarzen Kleid.
b	Was für eine Uhr ?	Eine goldene.
c	______________________?	Ein gutes, aber nicht zu teures Hotel.
d	______________________?	Eins, das mindestens 160 fährt.
e	______________________?	Herrn Burger.
f	______________________?	Die dicken roten Winterhandschuhe hier.
g	______________________?	Eine silberne.
h	______________________?	Vielleicht mit einem Iren oder Engländer.
i	______________________?	Die Dame, die in der Mitte sitzt.
k	______________________?	Auf der Universität Basel.

32
Hören und verstehen

Was ist das Thema des Textes?

Notieren Sie die Prozentzahlen der vier Sprachen.

Die meisten Schweizer lernen leicht Fremdsprachen – stimmt dieser Satz?

Alle Französisch-Schweizer hassen das Deutsche – stimmt dieser Satz?

Weitere Materialien zur Auswahl

33
Gespräch

(1) Bilden Sie kleine Gruppen, erzählen Sie einander:
- Träumen Sie jede Nacht?
- farbig oder schwarzweiß?
- gut oder schlecht?
- immer wiederkehrende Träume?

Erzählen Sie einander Träume.

(2) Die Gruppe schlägt vor, welche Träume auch im Plenum erzählt werden sollten.

(3) Träume werden im Plenum erzählt. Die Gruppensprecher berichten im Plenum von den weiteren Ergebnissen des Gesprächs.

34
Gespräch

Gedankenaustausch (in kleinen Gruppen vorbereiten?):
- Was sind Träume?
- Sind Träume wichtig, notwendig?
- Sind Träume wahr?
- Können Träume die Zukunft vorhersagen?

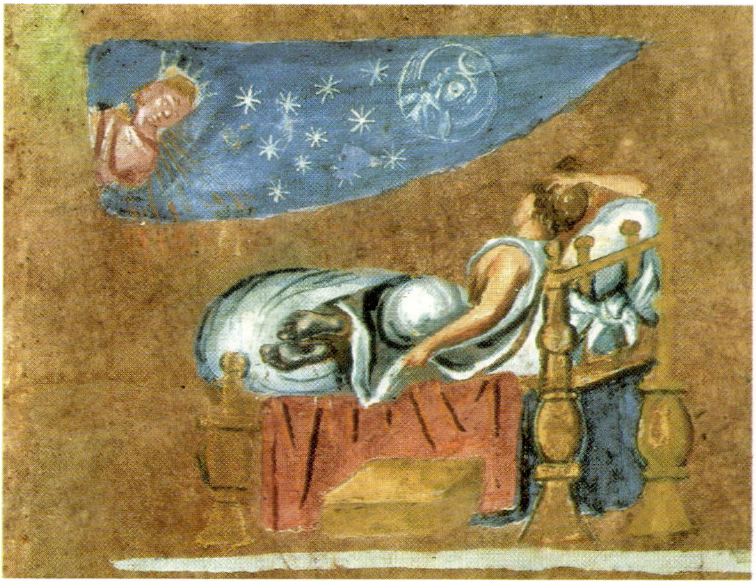

Josephs Traum. Wiener Genesis (um 550 nach Chr.), Österreichische Nationalbibliothek, Wien

35 ⊙⊙
Lesetext

Der Traum gehört zum Leben. Jeder Mensch träumt. Er träumt zeit seines Lebens. Er träumt regelmäßig und sogar mehrmals, wenn er schläft. Auch Babys träumen. Auch das Ungeborene träumt im Mutterleib.

In einer Nacht träumt der Schläfer drei- bis viermal. Die Traumphase ist kurz und dauert zwischen 1 und 10 Minuten. Wird eine Person auf längere Dauer am Träumen gehindert, treten anfänglich bei Tage Bewusstseinsstörungen und Halluzinationen auf. Dann kommt es zu Depressionen. Nach spätestens sieben Nächten mit andauerndem Traumentzug erfolgt ein totaler seelischer Zusammenbruch.

Da bei Traumentzug Bewusstseinsstörungen und Depressionen auftreten, muss das Träumen notwendig sein. Es ist notwendig für eine Bewusstseinsklarheit im Wachzustand. Allgemeiner: Wir brauchen die Träume zur Erhaltung des seelischen Gleichgewichts.

Friedrich W. Doucet

36
Textarbeit

a Auch das ungeborene Kind träumt. Was könnte es träumen?
b Ein Traum dauert maximal 10 Minuten. Ist das auch Ihr Eindruck? Wenn Sie einen anderen Eindruck haben – wie können Sie ihn erklären?
c Träume sind notwendig – warum? Finden Sie genauere Erklärungen, als sie unser Text gibt.
d Wenn unser Autor Recht hat: Welche Konsequenzen ergeben sich aus dem Text?

37
Studie

Bitte ergänzen Sie die Artikel.

__________ Traum gehört zu unserem Leben. Schon __________ kleine Kind, schon das Ungeborene träumt.

Während __________ Nacht träumen wir 3- bis 4mal. Die Dauer __________ Traums ist verschieden: 1 bis 10 Minuten. Wenn man __________ Menschen mehrere Tage am Träumen hindert, hat er zuerst während __________ Tages Störungen __________ Bewusstseins. Nach 6 bis 7 Tagen und Nächten ohne Traum tritt __________ psychische Zusammenbruch ein.

Das Träumen hat also eine große Bedeutung für __________ innere Balance. Es ist __________ Voraussetzung für __________ Klarheit __________ Bewusstseins.

12 Lösungen

38
Analyse

In diesem Text (Nummer 37) gibt es mehrere Nomen, die vom Verb kommen. Bitte ordnen Sie diese Nomen, finden Sie die dazugehörigen Verben und erklären Sie, warum die Nomen maskulin, feminin oder neutrum sind. (Ein Wort können Sie nicht erklären: die Dauer. Dieses Wort passt nicht in das Schema.)

39
Spiel

Spielen Sie ohne Worte:

Ich schlafe auf dem Schiff.
Ich schlafe während des Unterrichts.
Ich schlafe in den Tropen.
Ich schlafe im Schnellzug.
Ich schlafe in einem riesigen Bett.
Ich schlafe in einem harten Lastwagen.
Ein Baby schläft auf dem Arm des Vaters.
Ich schlafe in einer kalten Hütte, durch die der Wind bläst.
Ich schlafe im Konzert.
Ich schlafe unter einem Baum.

Ich schreibe im Zug einen Brief.
Ein Kind lernt schreiben.
Eine Sekretärin schreibt, was ihr Chef ihr diktiert.
Eine Polizistin schreibt einen Parksünder auf.
Ich bediene einen Computer.
Ein Name wird in Stein geschnitten.
Ich schreibe am Telefon mit, was mir der andere sagt.
Ein chinesischer Maler schreibt eine Kalligraphie.
Ich schreibe auf einer alten Schreibmaschine, die nicht recht funktioniert.
Ein Generaldirektor unterschreibt Briefe.

Die anderen Schüler raten, was Sie tun und wo Sie sind.

40
Spiel

Spielen Sie ohne Worte, jedes Detail genau:

Ich backe einen Obstkuchen. – Ich setze Pflanzen im Garten ein. – Ich repariere einen Ofen. – Ich beschäftige ein Kind, das eben laufen gelernt hat.

Die anderen Schüler beschreiben genau, was Sie tun (mündlich oder schriftlich).

41
Das richtige Wort

Was steckt hinter den Verben?

sich verspäten, vergleichen, verjüngen, sich erfrischen, erkranken, erneuern, vertiefen, erhöhen, vereinigen, verlängern, vermehren, sich betätigen, beruhigen, sich beeilen, berichtigen

42
Kontrolle

Die beiden Studenten Plisch und Plum wohnen im gleichen Zimmer. Aber Plum ist in allen Punkten das Gegenteil von Plisch:

a Plisch trägt Jeans. Plum trägt keine Jeans.

b Plisch trägt die Haare lang. ____________.

c Plisch lernt Auto fahren. ____________.

d Plisch liest Krimis. ____________.

e Plisch schreibt täglich an seine Eltern. ____________.

f Plisch erzählt Plum alles, was er erlebt hat. ____________.

g Plisch kocht nie. ____________.

h Plisch bringt seine Freundin ins Zimmer mit. ____________.

i Plisch isst gern Schokolade und Pralinen. ____________.

k Plisch hasst klassische Musik ____________.

l Plisch duftet manchmal nach dem Parfüm seiner Freundin. ____________.

m Plisch trägt einen 12 cm langen Bart. ____________.

n Plisch steht selten vor 9 Uhr auf. ____________.

12 Lösungen

Roman

TEIL 6

„Mutzinger!!"
„Jawohl, Herr Inspektor!"
„Die Bilder vom Labor sind da. Machen Sie sich auf die Socken und klappern Sie die Straßen ab, in denen dieser mysteriöse Typ aufgetaucht ist. Sie wissen selber, alle Anrufer, Gaststätten, Cafés, Kinos und Hotels."
„Jawohl, Herr Inspektor, ich bin schon unterwegs. Der sieht aber noch jugendlich aus, den schätze ich auf höchstens 35."
„Soll das ein Witz sein? Der ist doch mindestens in meinem Alter."
„Wie Sie meinen, Herr Inspektor."

*

Mutzinger, Polizeioberwachtmeister, entfernt sich leicht verärgert. Der Ärger nimmt von Besuch zu Besuch zu. Auch wenn die Befragten den Herrn auf dem Foto noch nie gesehen haben, so muss Oberwachtmeister Mutzinger feststellen, dass die Betrachter offensichtlich ganz verschiedene Personen auf der Fotografie erkennen. Mit Rücksicht darauf, dass es erst 17.30 ist, mag Mutzinger nicht annehmen, dass zu so früher Stunde eine so große Zahl von Leuten betrunken ist.
Leicht verstört begibt er sich aufs Revier und berichtet. „Herr Inspektor ... äh ... ich weiß nicht, was ich sagen soll ... mit diesen Bildern ist irgendwas nicht in Ordnung."
Mutzinger berichtet nun detailliert über seine Erlebnisse. Inspektor und Oberwachtmeister versuchen es nun selbst und kommen zu einem unglaublichen Ergebnis. „Mutzinger, Sie reden mit niemand darüber."
„Jawohl, Herr Inspektor."
„Pst."
„Jawohl, Herr Inspektor."

*

In allen Revieren der Stadt X. spielen sich Szenen ab wie in Revier 6. Niemand sagt die Wahrheit, man könnte sich ja lächerlich machen. Auch die „Opfer" sind leicht verwirrt. Bewegen wir uns zu Frau Platzke. „Also Frau Platzke! Sie erzählen mir heute etwas ganz anderes als das letzte Mal!"
„Sie wollen doch nicht sagen, dass ich lüge, Frau Michelhuber!"
„Nein, nein, natürlich nicht. Mich irritieren nur diese Unterschiede in den Personenbeschreibungen. Vielleicht haben Sie den Einbrecher damals nicht so richtig gesehen?"
„Aber ich bitte Sie, Frau Michelhuber, ich habe doch mit ihm mehrere Minuten gesprochen, mindestens."
„Wie erklären Sie sich dann zwanzig Jahre Unterschied und einmal hell und einmal dunkel?"
„Und trotzdem, es ist derselbe. Auch der Kommissar hat gesagt, das muss ein Verkleidungskünstler sein."
Gespräche ähnlichen Inhalts wiederholen sich überall, wo der Fremde direkten Kontakt zur Bevölkerung hatte. Freund-

schaften nehmen ein plötzliches Ende, Erbschaften werden gekündigt, Geliehenes wird zurückverlangt ... Auch im Labor der Polizei kann man sich über Aussehen, Alter, Kleidung des Gesuchten nicht einigen. Die Chefs der verschiedenen Polizeieinheiten greifen wie üblich zum letzten Mittel: sie berufen Sachverständige. Es marschieren in der Arena auf: Gerichtsmediziner, Psychologen, Soziologen, Futurologen ... Die Quintessenz ihrer Gutachten: der Täter existiert nur in der Phantasie der Opfer. Der Polizeipräsident ordnet sofortige Einstellung der polizeilichen Untersuchungen an.

Nehmen Sie Stellung zu dieser Geschichte. Urteilen Sie selbst.

Fortsetzung Seite 269

Prosodisches Zwischenspiel

1 ∞

Elemente (Wiederholung)

Die Prosodie – das Auf und Ab der Stimme beim Sprechen – erfüllt im Deutschen zwei Aufgaben: eine syntaktische und eine expressive Aufgabe.

Syntaktischer Akzent

Aussagesätze

So ist es.

Paul ist anderer Meinung.

Unsachliche Diskussion lehne ich ab.

Bitte und Aufforderung

Komm her, Alupwa!

Halt, keine Bewegung!

Ihre Rolle, bitte.

W-Fragen

Was halten Sie vom Fernsehen?

Wann soll ich kommen?

Wie viel Zeit hast du?

Alle diese Sätze haben einen Hauptakzent und am Ende einen fallenden Ton.

Aber die *Ja-Nein-Fragen*

Schreibst du mir?

Machen Sie Gymnastik?

Wollen Sie ein neues Nachthemd?

haben einen Hauptakzent, der meistens tiefer liegt und am Ende einen steigenden Ton. Der Hauptakzent ist immer tief, wenn die Frage sehr dringend, nachdrücklich gestellt wird. Wenn nicht, kann der Hauptakzent auch höher liegen.

2
Studie

Suchen Sie

drei Aussagesätze
drei Aufforderungssätze
drei W-Fragen
drei Ja-Nein-Fragen

aus den letzten drei Kapiteln heraus. Schreiben Sie die Sätze nieder und markieren Sie eine sinnvolle Hauptbetonung. Lesen Sie dann die Sätze

a) ruhig und sachlich
b) mit starker Emotion.

3 ⊙⊙
Elemente

Unabgeschlossene Sätze haben schwebende Betonung. Die Stimme bleibt immer auf der gleichen Höhe.

Er schiebt sein Fahrrad, auf das eine Decke,
ein Rucksack und ein verrosteter Fischkasten
geschnallt sind.

Als ein junger Mann, der allein in die Welt
hinauswanderte, in eine große Stadt kam, hörte
er, dass in der Stadt ein König wohnte, der eine
wunderschöne Tochter besaß.

Nachfragen haben zwar ein Fragewort, sind aber eigentlich gar keine echten Fragen, weil der Frager die Antwort schon kennt. Durch eine Nachfrage will er nur sein Erstaunen über das Gehörte ausdrücken. Er kann es kaum glauben und tut deshalb nachfragend so, als ob er nicht recht gehört habe.

Wen willst du heiraten?

Was ist er?

4
Studie

Wir wählen für diese Übung einen Teil unseres Romans. Bitte markieren Sie die Pausen im Satz (nicht das Satzende) mit einer senkrechten Linie. Markieren Sie auch die Hauptbetonung, die Sie für den Satzteil wählen wollen. Lesen Sie jetzt laut, aber achten Sie streng darauf, dass Ihre Stimmhöhe vor den Pausen im Satz nicht fällt oder steigt. Diese „weiterweisende Spannung" zeigt dem Hörer im Deutschen an, dass der Satz noch nicht zu Ende ist. Der Ton fällt erst am Satzende ab.
Formulieren Sie nun laut einige Nachfragen zu der Geschichte!

5 ⊙⊙
Elemente

Expressiver Akzent

Betonungen ändern die Grundbedeutung des Satzes nicht. Aber sie geben ihm einen speziellen Sinn. Die Betonung ist eine Interpretation des Satzes durch den Sprecher:

Unsere Tochter will Medizin studieren.

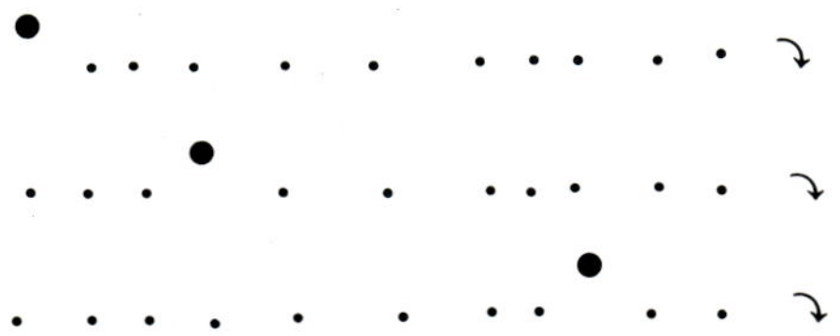

Brauchen Sie eine Schreibmaschine?

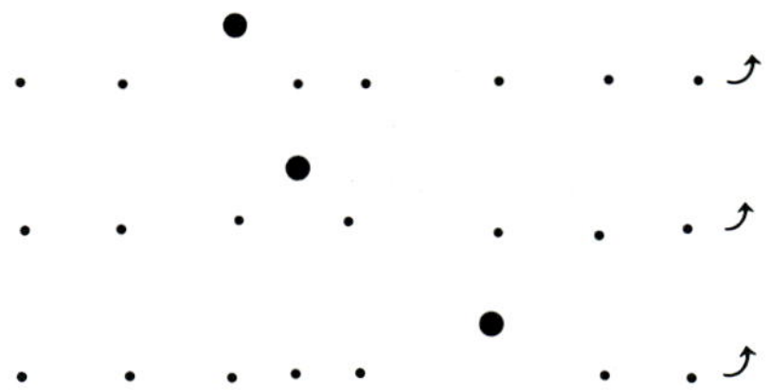

Kapitel 12

Kernprogramm
Weitere Materialien zur Auswahl
Roman

Kernprogramm

1
Elemente

DER, DIE, DAS

Warum ist *die Maus* feminin?

Warum ist *der Sprung* maskulin?

Warum ist *das Kätzchen* neutrum?

Das Nomen *der Sprung* kommt vom Verb *springen*. Wenn ein Nomen, das vom Verb kommt, keine Endung anhängt, ist es maskulin. Dieses Nomen folgt also einer Regel.

Das Nomen *das Kätzchen* endet mit *-chen* und bedeutet: kleine Katze. Alle Nomen mit *-chen* und *-lein* sind neutrum. Dieses Nomen folgt also einer Regel.

Für das Nomen *die Maus* gibt es keine Regel.

Sie sehen: es gibt Regeln. Aber nicht für alle Nomen! Wir geben Ihnen einige Regeln.

- Männer sind auch in der Sprache maskulin, Frauen sind auch in der Sprache feminin. Aber es gibt Ausnahmen.

- Sachen können nicht Mann oder Frau sein. Aber die deutsche Sprache (wie auch das Märchen) macht die Sachen lebendig, gibt den Sachen persönlichen Charakter. Wir verstehen heute nicht mehr, warum es *die Erde, der Himmel, das Wasser* heißt. Vor tausend Jahren haben das die Menschen vielleicht gewusst.

- Im zusammengesetzten Nomen entscheidet das Wort rechts:

  das Land + **die Karte** → **die Landkarte**
  der Sommer + **die Nacht** + **der Traum** → **der Sommernachtstraum**

Die folgenden Regeln gelten ungefähr (zu 90 bis 95%):

maskulin:

1) männliche Personen und Berufe: **der Freund, der Bote...**
   Im folgenden werden männliche Personen und Berufe nicht mehr genannt.
2) Zeit: **der Montag, der Januar, der Sommer...**
3) Wetter, Himmelsrichtungen: **der Schnee, der Norden...**
4) Alkohol: **der Cognac, der Wein...**
5) TYP „TRÄGER“ **der Körper...** — TYP „FRÜHLING“ **der Lehrling...** — **-er, -ling**
6) TYP „MOTOR“ **der Reaktor...** — TYP „RHYTHMUS“ **der Optimismus...** — **-or, -us**
7) Nomen, die vom Verb kommen und keine Endung anhängen:
   der Gang, der Verstand, der Augenblick...

feminin:

1) weibliche Personen und Berufe: **die Schwester, die Fotografin...**
   Im folgenden werden weibliche Personen und Berufe nicht mehr genannt.
2) TYP „GÄRTNEREI“ **die Malerei...** — TYP „FREIHEIT“ **die Klugheit...**
   TYP „MÖGLICHKEIT“ **die Einsamkeit...** — TYP „WISSENSCHAFT“ **die Freundschaft...**
   TYP „ERFINDUNG“ **die Meinung...**
   } **-ei, -heit, -keit, -schaft, -ung**

3) TYP „UNIVERSITÄT“ TYP „FAMILIE“
die Realität... **die Theologie...**

TYP „REPUBLIK“ TYP „NATUR“
die Musik... **die Kultur...**

TYP „AKTION“
die Religion...

-ät, -ie, -ik, -ur, -ion

4) Nomen, die vom Verb kommen und ein **t** anhängen: **die Sicht, die Tat...**

5) Nomen, die mit **e** enden: **die Messe, die Reise...**
(Ausnahme: die maskulinen Nomen der n-Deklination, siehe Seite 181/182)

neutrum:

1) Nomen mit *-chen* und mit *-lein*:
das Mädchen, das Büchlein... **-chen, -lein**

2) TYP „ELEMENT“ TYP „ZENTRUM“
das Dokument... **das Museum...**

-ment, -um

3) Nomen, die vom Verb kommen, im Infinitiv:
das Essen, das Vergnügen...

2
Analyse *der – die – das?*

3
Analyse *der – die – das?*

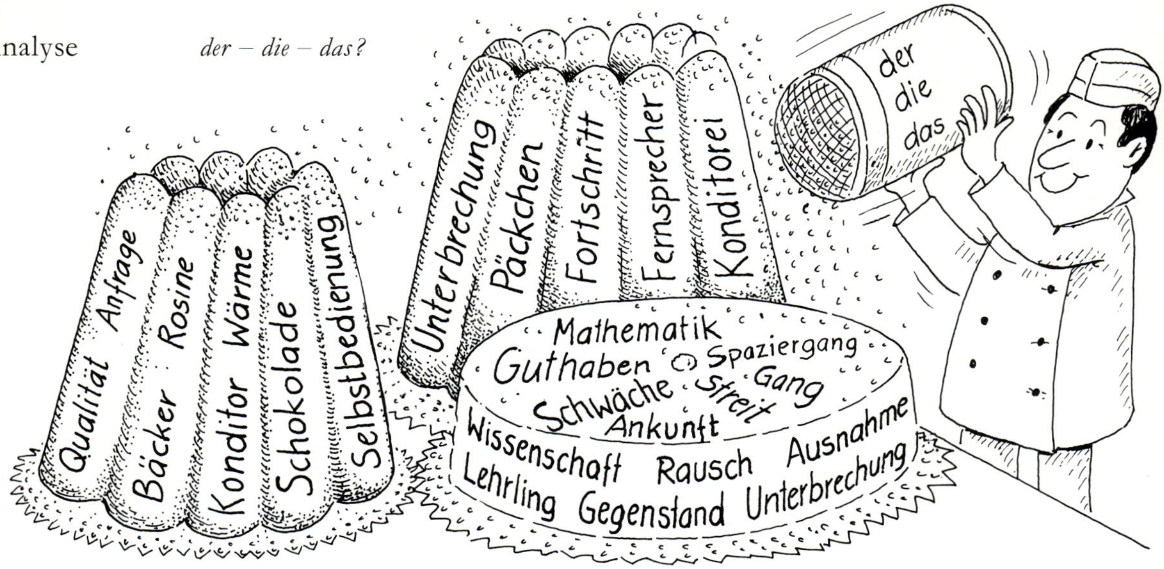

4
Analyse *Wie heißt der Singular?*

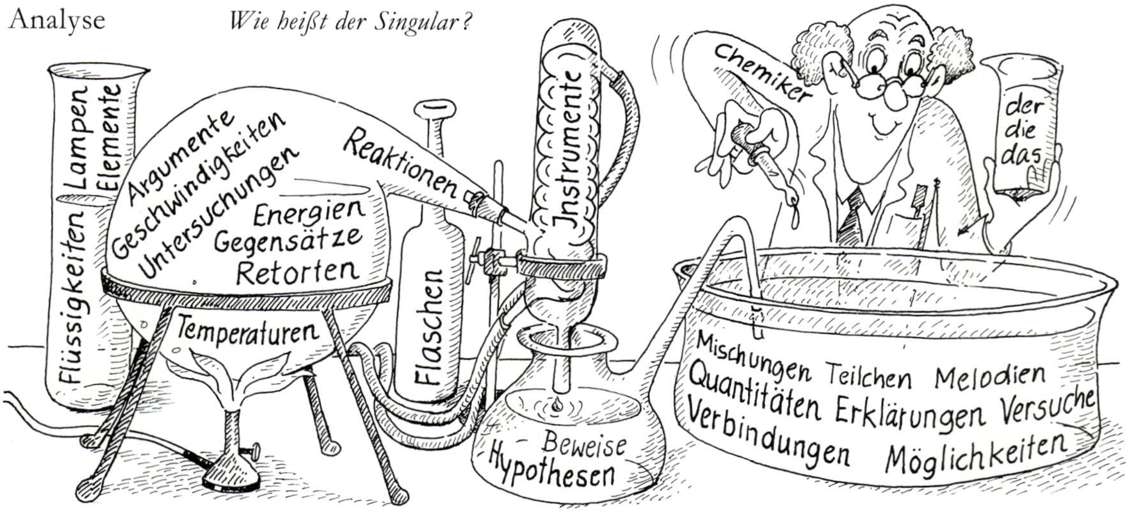

5
Studie *Bitte ergänzen Sie den bestimmten Artikel.*

__________ Begriff Pharmazie kommt vom griechischen pharmakon. __________ Bedeutung __________ Wortes ist eine doppelte: es bezeichnet __________ heilende und __________ tödliche Droge.

__________ Aufgabe __________ Pharmazie ist:

- die Kenntnis und __________ richtige Dosierung __________ richtigen Medikaments,
- __________ Erforschung und __________ Bekämpfung __________ Einflusses schädlicher Stoffe auf __________ Menschen.

Für jede Droge gilt __________ Satz: __________ falsche Anwendung schadet. __________ Missbrauch macht auch __________ beste Arznei zum Gift. __________ höchste Qualität hat ein Medikament, wenn __________ therapeutische Wirkung wesentlich größer ist als __________ schädliche Reaktion.

20 Lösungen

6
Studie

Bitte ergänzen Sie den bestimmten Artikel.

__________ Arzt und __________ Apotheker waren derselbe Beruf, als die beiden syrischen Ärzte Kosmas und Damian lebten. __________ älteste Bericht oder besser __________ Legende sagt, dass die beiden um 290 nach Chr. in Damaskus __________ Kunst oder __________ Magie beherrschten, wunderbare Heilungen an Menschen und Tieren zu vollbringen.

__________ erste Apotheke ist um 780 in Syrien eröffnet worden. In ausgezeichneten Krankenhäusern hatten die Ärzte __________ Möglichkeit neue Drogen zu erproben. __________ Versuch und __________ Beobachtung wurden glücklich verbunden mit __________ Studium __________ antiken Tradition.

Über die beiden Zentren __________ mittelalterlichen Wissenschaft, Cordoba und Salerno, kam __________ pharmazeutische Wissen __________ Araber nach Europa.

__________ arabische Herkunft der Worte Alkohol, Benzin, Droge, Elixier, Jasmin, Kaffee, Soda, Zimt, Zucker haben wir längst vergessen.

16 Lösungen

1

2

3

4

5

6

7

MORGEN?
DDT&CO
DIE GRÜNEN
ALTERNATIVE
DIE GRÜNEN
FÜR UNS ALLE
ZENTRUM
8

7 ⊙⊙
Bild-geschichte I

GOSLAR

1 Die christliche Medizin hat zwei Heilige aus dem Orient: Kosmas und Damian, Ärzte der Menschen und der Tiere. Das Glasfenster ist um 1250 gemalt worden.

2 Wir sind in Goslar. Im Mittelalter ist ein solches Haus in zehn oder zwanzig Jahren gebaut worden. (Wir können das heute natürlich schneller und lauter.)

3 Märchen und Wirklichkeit waren noch viel enger verbunden.

4 Der Turm rechts hat 6 m dicke Mauern. Stimmt das Wort: finsteres Mittelalter?

5 Der Herbst bringt mehr Licht, neue Durchblicke.

6 Der Kaiserpalast ist bei Nacht am schönsten. Denn leider ist das nicht der echte. Was Sie sehen, ist vor 150 Jahren wieder aufgebaut worden.

7 Fünf Kilometer vor Goslar stehen einige geheimnisvolle Fabriken. Nach den Worten der Fabrikanten und Bürgermeister ganz harmlose Fabriken.

8 Wie gefährlich sie sind, das sagen nur die Grünen laut.

8
Suchen und finden

Uralte Kirche!
→ Wann ist die gebaut worden?

Schönes Glasfenster!
Uralte Mauer!
Scheußlicher Bahnhof!
Uralter Turm!
Scheußliche Fabrik!
Uraltes Manuskript!
Schöner alter Schrank!
Idiotischer Brief!
Tolles Hotel!

9
Suchen und finden

Ein Plan für eine Kirche.
→ Die ist nie gebaut worden.

Ein Plan für ein Schulhaus.
Ein Manuskript für einen Roman.
Ein Plan für einen Bahnhof.
Ein Modell für ein Rathaus.
Eine Skizze für ein großes Bild.
Ein Theaterstück.
Ein Plan für eine Fabrik.
Ein Drehbuch für einen Film.
Ein Manuskript für eine Oper.

10 ⊙⊙

Bitte sprechen Sie

Informiert mich denn niemand?
→ Ich bin auch nicht informiert worden.

Fragt mich denn niemand?
Grüßt mich denn niemand?
Ruft mich denn niemand an?
Lädt mich denn niemand ein?
Holt mich denn niemand ab?
Besucht mich denn niemand?
Hört mich denn niemand?

11 ⊙⊙

Bitte sprechen Sie

Und jetzt zum Röntgen!
→ Danke, ich bin schon geröntgt worden.

Und jetzt zur Untersuchung!
→ Danke, ich bin schon untersucht worden.

Und jetzt zum Operieren!
Und jetzt zum Verbinden!
Und jetzt zum Massieren!
Und jetzt zum Testen!
Und jetzt zur Blutuntersuchung!
Und jetzt zur Rückenmassage!

Bleiskandal im Raum Goslar

Nach den Ermittlungen des Öko-Instituts überschreiten die Blei- und Cadmiumgehalte um ein Mehrfaches die „höchstzulässigen Mengen, wie sie gesetzmäßig festgelegt" seien. Nach medizinischen Erkenntnissen führen zuviel Blei und Cadmium im menschlichen Körper und in der Nahrung zu schweren gesundheitlichen Schäden und zu einer kräftigen Verkürzung der Lebensdauer.

1

Diese Tatsache rechtfertigt es, davon auszugehen, dass bisher eine akute Gesundheitsgefährdung der Bevölkerung durch Schwermetallbelastung nicht besteht.

Sozialministerium

4

Vom Genuss des in Goslar und Umgebung geernteten Salats, Grünkohls und der Beeren rät das Ministerium ab, da bei diesen Gemüse- und Obstarten die Richtwerte für den maximalen Gehalt an Blei und Cadmium überschritten werden.

Sozialministerium

5

Das Sozialministerium hält die Beurteilung der Umweltsituation im Harz durch das Öko-Institut für übertrieben.

2

Frage: Wie viele Stück Vieh haben Sie?
Antwort: Ich besitze zur Zeit 83 Kopf Rindvieh. Probleme gibt es schon seit 1966 Im Jahre 1966/67 sind mir an einem Tag fünf Rinder kaputt gegangen, die einwandfrei auf Bleivergiftung zurückzuführen sind.
Frage: Und bis zum heutigen Tag haben Sie wie viele Stück Vieh einbüßen müssen?
Anwort: Ca. 14 Tiere im Laufe meiner Wirtschaftszeit sind eindeutig durch Blei vergiftet worden.

3

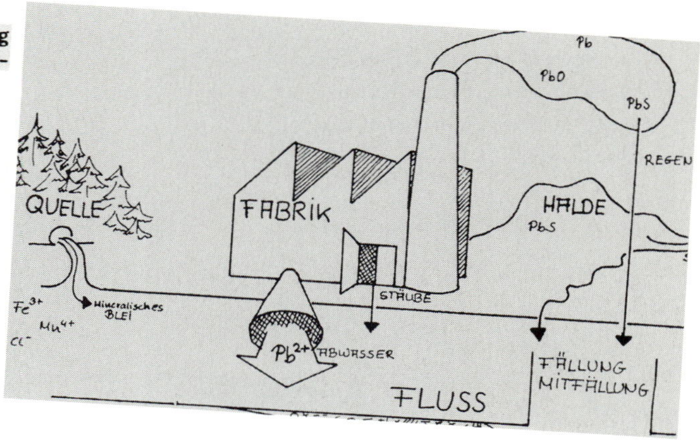

12
Textarbeit

(1) Bitte bilden Sie kleine Gruppen. Jede Gruppe liest zusammen zwei Artikel und löst die folgende Aufgabe.

Finden Sie heraus, welcher Satz in welchem Text steht:

a Die Umwelt enthält viel mehr Blei und Cadmium, als das Gesetz erlaubt.
b Das Leben der Bevölkerung ist nicht in Gefahr.
c Das Ministerium meint, das Öko-Institut habe unrecht. Die Lage ist nicht so gefährlich.
d Mehrere Tiere sind gestorben, weil sie zu viel Blei aufgenommen haben.
e Die Ärzte sagen, dass zu viel Blei das Leben verkürzen kann.
f Man soll dort keine Beeren essen, weil sie zu bleihaltig sind.
g Die Menschen sind durch die Bleibelastung nicht in Gefahr.
h Das Öko-Institut sieht die Lage zu negativ.

(2) Prüfen Sie jeden der Texte:
– Wofür tritt der Text ein?
– Aus welchem Grund wurde der Text geschrieben?

„Entschuldigung, ich müsste mal einen Moment frische Luft schnappen, bin gleich wieder da …"

Umweltverschmutzung

Die Bayerwerke in Leverkusen
kennen unsere Bedürfnisse.
Nicht nur Aspirin produzieren sie,
sondern auch das Kopfweh.

Arnfrid Astel

Arnfrid Astel, geb. 1933, lebt in Saarbrücken.

Holz

Vorbildliches Umweltbewusstsein

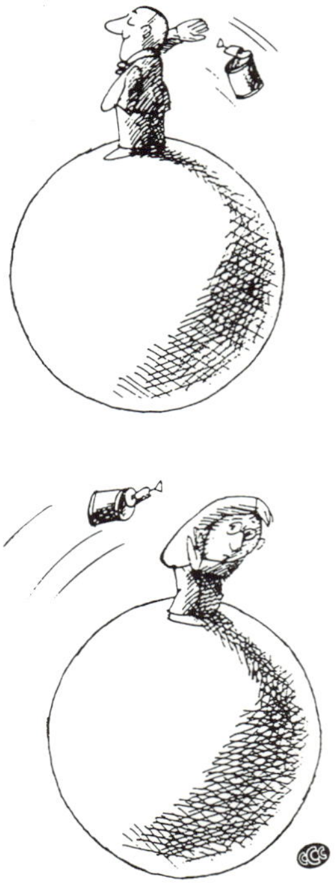

RECYCLING

Ein Baum ist gestürzt,
den ich gut kannte.
Letzten Winter
lebten noch viele Vögel in ihm.

Niemand hat ihn gemalt.
Wir wissen
schon nicht mehr genau,
wie er aussah.

Diese klare Sicht
dort, wo er stand –
ich seh, wie man sieht,
wovon nichts mehr zu sehen ist.

Karl Alfred Wolken

Karl Alfred Wolken, geb. 1929, lebt in Rom.

(1) Warum werden in dem Gedicht die Vögel genannt?
(2) „Klare Sicht" – der Ausdruck hat wahrscheinlich zwei Bedeutungen. Welche?
(3) Beschreiben Sie die Stimmung, die das Gedicht hinterlässt.
(4) Wie könnte die Überschrift heißen?

13 Werkstatt

Gibt es in der Nähe des Instituts, wo Sie Deutsch lernen, oder in Ihrem Land besonders aktuelle Umweltprobleme?

Wie könnte / sollte man sie bekämpfen?

Wie könnte man ein gutes Plakat für Umweltschutz machen: Schreiben und malen Sie Plakate (in kleinen Gruppen)!

DIE GRÜNEN suchen neue, unkonventionelle Antworten auf die alarmierenden Fragen der Gegenwart. Die Grünen setzen sich ein
für Ökologie
gegen Atomkraftwerke
für Frieden und Abrüstung
für Frauenfragen
für Basisdemokratie.

14
Lesetext

... aus der Umgebung des Herrn Geheimrats wird nämlich berichtet, Herr von Goethe habe sich zwei ganze Jahre lang über seine Köchin geärgert – eine passionierte Pfeifenraucherin, die sein Rauchverbot höflich angehört, aber um so mächtiger in der Küche weitergeraucht habe. Endlich habe er ihr gekündigt und ins Zeugnis geschrieben: „Sie hat mir das Leben sauer und zuletzt ganz unerträglich gemacht.“ Ihre Antwort: sie habe gewartet, bis Herr von Goethe ausgegangen sei, dann sei sie in sein Arbeitszimmer gegangen und habe dort eine Stunde lang ihre Pfeife geraucht, bis man die Hand nicht mehr vor den Augen gesehen habe.
Es gab für Goethe keine schlimmere Unhöflichkeit als das Rauchen. Ein Raucher – bemerkte er – müsse jeden anständigen Menschen ersticken, der nicht zu seiner Verteidigung ebenfalls rauchen könne.

15
Analyse

a Suchen Sie in dem Text die wenigen Verbformen, die nicht im Konjunktiv stehen. Können Sie sagen, warum nicht?
b Erzählen Sie die Geschichte aus der Perspektive der Köchin. Sie benutzen dabei nicht den Konjunktiv, denn sie (die Köchin) hat das ja selber erlebt.

16
Elemente

REFERIEREN

Wenn wir referieren (berichten, was gesagt wurde), können wir wählen zwischen drei grammatischen Möglichkeiten:

Indikativ:	**Man erzählt, er hat sich geärgert.**
Konjunktiv I:	**Man erzählt, er habe sich geärgert.**
Konjunktiv II:	**Man erzählt, er hätte sich geärgert.**

In der privaten Sphäre benutzen wir meist den Indikativ. In der Umgangssprache hört man alle drei Formen – weil viele Deutsche die Konjunktiv-Regeln nicht kennen und alles bunt durcheinander mischen.

Für offizielle Texte ist der Konjunktiv I die korrekte Form. Aber der Konjunktiv I ist leider defekt. In vielen Fällen unterscheidet er sich nicht vom Indikativ. In diesen Fällen müssen wir den Konjunktiv II nehmen.

Formen des Referierens

Gegenwart

ich ~~habe~~→**ich hätte** Sie ~~haben~~→**Sie hätten** **du habest** **er** **sie } habe** **es**	**ich sei** **Sie seien** **du seist** **er** **sie } sei** **es**	**ich müsse** Sie ~~müssen~~→**Sie müssten** **du müssest** **er** **sie } müsse** **es**	ich ~~komme~~→**ich käme** Sie ~~kommen~~→**Sie kämen** **du kommest** **er** **sie } komme** **es**
wir ~~haben~~→**wir hätten** Sie ~~haben~~→**Sie hätten** **ihr habet** sie ~~haben~~→**sie hätten**	**wir seien** **Sie seien** **ihr seiet** **sie seien**	wir ~~müssen~~→**wir müssten** Sie ~~müssen~~→**Sie müssten** **ihr müsset** sie ~~müssen~~→**Sie müssten**	wir ~~kommen~~→**wir kämen** Sie ~~kommen~~→**Sie kämen** **ihr kommet** sie ~~kommen~~→**Sie kämen**

Ebenso wie *ich müsse* auch:

ich dürfe, ich könne, ich solle, ich werde, ich wisse, ich wolle.

Vergangenheit

ich ~~habe~~ →**ich hätte** Sie ~~haben~~→**Sie hätten** **du habest** **er** **sie } habe** **es** wir ~~haben~~→**wir hätten** Sie ~~haben~~→**Sie hätten** **ihr habet** sie ~~haben~~→**sie hätten**	} **gelesen**	**ich sei** **Sie seien** **du seist** **er** **sie } sei** **es** **wir seien** **Sie seien** **ihr seiet** **sie seien**	} **gekommen**

Gebrauch dieser Formen

Wir benutzen die Formen des Referierens meistens dann, wenn wir sagen wollen: „Der andere hat es gesagt. Ich habe es nicht nachgeprüft.“

Für den Studierenden der Grundstufe ist es nicht unbedingt nötig, diese Formen zu gebrauchen. Man kann im Indikativ referieren (natürlich weist man dann darauf hin, dass es ein Zitat ist: **„er sagte“, „sie schrieb“, „im Radio habe ich gehört“...**)

Aber man sollte diese Formen verstehen, wenn man sie liest oder hört.

17
Vorbereitung
auf Text Nummer 18

Artikel in Zeitungen und Zeitschriften sind häufig gebaut nach dem Schema

1. Thema
2. Quelle
3. Hauptinformationen
4. Detailinformationen

Bitte bringen Sie den folgenden Lesetext (18) in die richtige Ordnung und finden Sie eine Überschrift für den Artikel.

18
Lesetext

Das behaupten H. Froeb und J. White von der Universität San Diego. Zwanzig Jahre lang haben die beiden Forscher die Werte bei 520 Erwachsenen gemessen.

Nichtraucher, die mit Rauchern zusammenleben oder zusammenarbeiten müssen, seien ebenso nikotingeschädigt wie Raucher mit einem Verbrauch von 11 Zigaretten täglich.

Wie die Studie im einzelnen berichtet, seien die besten Werte bei Nichtrauchern gemessen worden, die nicht mit Rauchern zusammenleben. Schlechter seien die Ergebnisse bei Passivrauchern und leichten Aktivrauchern. Deutlich schlechte Werte beim Lungentest hätten die starken Raucher.

Raucher seien schuld an schweren Erkrankungen ihrer nichtrauchenden Mitmenschen.

19
Analyse

a Welche Verbformen stehen nicht im Konjunktiv? Warum nicht?
b Dr. H. Froeb hält einen Vortrag über seine Untersuchungsergebnisse. Er benützt natürlich nicht den Konjunktiv. Bitte übernehmen Sie seine Rolle.

20
Gespräch

Bilden Sie kleine Gesprächsgruppen und unterhalten Sie sich in jeder Gruppe über einen der folgenden Themenbereiche. Tragen Sie am Ende Ihre Gesprächsergebnisse im Plenum vor.

(1) a Ist das Rauchen in Ihrem Land überall erlaubt?
b Gibt es in Ihrem Land Reklame für Zigaretten, Tabak, Zigarren?
c Sich das Rauchen abgewöhnen ist schwer. Kann jemand etwas darüber erzählen?

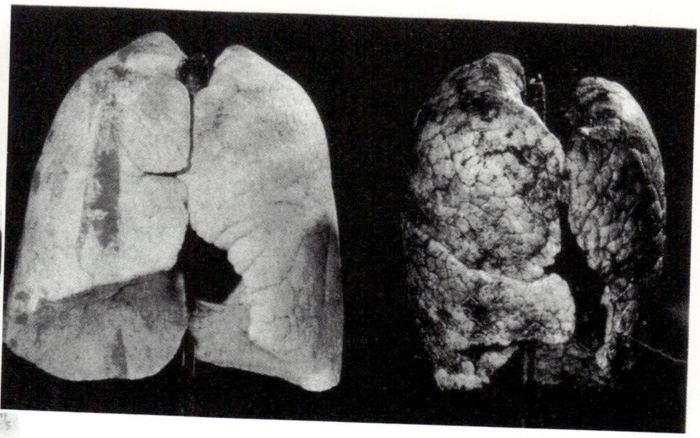

(2) Die Schweden wollen das Rauchen in ihrem Land vom Jahr 2000 an verbieten. Wo sehen Sie die Chancen und die Probleme dieses Verbots?

(3) Das Passivrauchen (Mitrauchen) ist ein Problem, über das man sich erst seit kurzer Zeit unterhält. Warum? Gibt es – ungeschriebene oder geschriebene – Gesetze, die es verbieten andere zum Mitrauchen zu zwingen?

21
Schreibschule

Bitte benützen Sie die folgenden Stichworte zu einem Essay über das Passivrauchen.

Hauptstrom: der Rauch, den der Raucher selbst einatmet
Nebenstrom: der Rauch, den die Passivraucher einatmen
  während des Rauchens:
    $^1/_4$ aller giftigen Teile → Hauptstrom
    $^3/_4$ aller giftigen Teile → Nebenstrom
  während der Rauchpausen:
    $^4/_4$ aller giftigen Teile → Nebenstrom
(Passivrauchende) Kellner erkranken wesentlich häufiger an Bronchialkrebs als die übrige Bevölkerung.

Symptome bei Nichtrauchern, die häufig passiv rauchen müssen: Augenentzündungen, Kopfschmerzen, Übelkeit, Schwindel.

Daten aus: Meyer-Nachschlagewerk: Die Umwelt des Menschen.
Mannheim, Wien, Zürich: Bibliographisches Institut 1975. S. 394

22
Elemente

WOFÜR? – DAFÜR
WORÜBER? – DARÜBER ...

Beispiele:

Worüber ärgerst du dich? – Über den Rauch.
Über wen ärgerst du dich? – Über den Chef.

Das Theater? Natürlich interessiere ich mich dafür!
Helene? Natürlich interessiere ich mich für sie!

Sachen

wobei?	**dabei**
wofür?	**dafür**
womit?	**damit**
woran?	**daran**
worüber?	**darüber**
wovon?	**davon**
wovor?	**davor**
wozu?	**dazu**

Personen

bei wem?	**bei** dir
für wen?	**für...**
mit wem?	**mit...**
an wen?	**an...**
über wen?	**über...**
von wem?	**von...**
vor wem?	**vor...**
zu wem?	**zu...**

23
Suchen und finden

Interessieren Sie sich für Literatur?
→ Ja, ich interessiere mich sehr dafür!
→ Nein, ich interessiere mich nicht dafür.
Interessieren Sie sich für meine Schwester?
→ Ja, ich interessiere mich sehr für sie.
→ Nein, ich interessiere mich nicht für sie.
Interessieren Sie sich für Musik?
Interessieren Sie sich für Herrn Goethe?
Interessieren Sie sich für Schach?
Interessieren Sie sich für Politik?
Interessieren Sie sich für Frau Schuh?
Interessieren Sie sich für Weimar?
Interessieren Sie sich für Kunst?
Interessieren Sie sich für Autorennen?

24
Studie

a Das deutsche Fernsehprogramm! Täglich ärgere ich mich ______________ !

b Ein Programm für Analphabeten! Ich interessiere mich nicht ______________ .

c Aber heute um 23.50 kommt ein guter Film: „Faust". Ich freue mich ______________ .

d Haben Sie Zeit? Kann ich mal kurz ______________ sprechen?

e Uralte Kutsche! Und ______________ wollen Sie nach Italien reisen?

f Eine arme alte Frau, ich sollte mich mehr ______________ kümmern.

g Herr Schiller, Sie fahren ins Theater? Darf ich ______________ kommen?

h Ach ja, meine Köchin. Dauernd muss ich mich ______________ ärgern.

8 Lösungen

25 ⊙⊙
Bitte sprechen Sie

Ich warte auf die U-Bahn.
→ Ja, ich warte auch darauf.

Ich warte auf den Doktor.
→ Ja, ich warte auch auf ihn.

Ich warte auf den Ober.
Ich warte auf das Frühstück.
Ich warte auf den Gong.
Ich warte auf die Ärztin.

Ich warte auf den Bus.
Ich warte auf Veronika.
Ich warte auf den Kaffee.
Ich warte auf die Pause.

26
Suchen und finden

Können Sie nicht warten?
→ Worauf soll ich denn warten?
Bitte fangen Sie an!
→ Womit soll ich denn anfangen?
Du musst dich bedanken.
Haben Sie keine Angst?
Freust du dich nicht?
Erzählen Sie doch mal!
Sind Sie einverstanden?
Du wirst dich vielleicht ärgern.

27
Studie

a Fahren Sie noch mit dem alten Wagen?

– Nein, ________________ kann man nicht mehr fahren.

b Interessieren Sie sich für Briefmarken?

– Früher habe ich mich mal ________________ interessiert.

c Verstehst du was vom Fotografieren?

– Nein, ________________ verstehe ich nichts.

d Freuen Sie sich auf Spanien?

– Klar! ____

e Du wirst an Lena denken.

– Natürlich ____

f Bist du immer noch mit dem alten Idioten verheiratet?

____

g Träumst du noch von einem Bauernhaus?

____

h Möchten Sie sich nicht um die Stelle bewerben?

____

28

Suchen und finden

nur mündlich (Vorbereitung auf Nummer 29)

Er bezahlt die Rechnung nicht.
→ Er wird kein Geld mehr haben.
(= Ich vermute, er hat kein Geld mehr.)

Er kommt nicht mit dem Auto, sondern zu Fuß.
Er macht so ein trauriges Gesicht.
Monika ist ganz braun.
Monika kommt abends nie vor elf heim.
Monika hat ein neues Abendkleid.
O Gott! Die Kasse ist leer!
Der Kassier ist verschwunden.
Der Kassier hat eine Postkarte aus der Schweiz geschrieben.
Der Kassier lebt jetzt im Tessin.

29

Elemente

WERDEN *ALS MODALVERB (VERMUTUNG, ERWARTUNG)*

(*wohl bedeutet: „ich vermute“*)

werden + Infinitiv

↗ Vermutung in der
- Gegenwart → **Sie wird kein Geld mehr haben**
  = Sie hat *wohl* kein Geld mehr.
- Vergangenheit → **Du wirst zu viel getrunken haben**
  = Du hast *wohl* zu viel getrunken.
- Zukunft → **Er wird *wohl* den ersten Preis gewinnen**
  = Er gewinnt *wohl* den ersten Preis.

↘ Erwartung für die / Aussicht in der / Versprechung für die
- Zukunft → **Ich werde dich nie vergessen** *
  = Ich vergesse dich nie.
  Bald wird der Frühling kommen *
  = Bald kommt der Frühling.

* Diese Form klingt formell. Wir benützen sie bei offiziellen Anlässen, zum Beispiel in der Politik, bei feierlichen Versprechungen usw. Um zukünftige Dinge auszudrücken, verwenden wir im allgemeinen das Präsens meist mit einer Zeitangabe: ***Bald* kommt der Frühling.**

30
Suchen und finden

Ist das eine Agentin?
→ Sie wird wohl eine Agentin sein.
Ist sie verheiratet?
→ Sie wird kaum verheiratet sein.
Spricht sie Englisch?
→ Sie wird sicher Englisch sprechen.
Spielt sie Tennis?
Hat sie Geld?
Spricht sie Chinesisch?
Hat sie Diamanten?
Spielt sie Karten?

Bekannteste deutsche Agentin: Mata Hari (eigentlich Margarete Zelle), 1876–1917. Tänzerin

31
Studie
mündlich oder schriftlich (in kleinen Gruppen vorbereiten)

Antworten Sie: äußern Sie Vermutungen und benutzen Sie werden *als Modalverb.*

a Heute Nacht habe ich 14 Stunden geschlafen.
→ Du wirst müde gewesen sein.
b Er besitzt fünf echte Picassos.
c Sie hat die Villa nicht gekauft.
d Familie Müller ist in Urlaub gefahren. Sie haben Taucherbrillen mitgenommen.
e Das Barometer zeigt „trocken".
f Die Maschine fliegt heute nicht.
g Peter hat den ganzen Abend kein Wort gesagt.
h Hugo hat drei Monate nicht geschrieben.
i Unser Papagei ist verschwunden.
k Heute muss ich den ganzen Tag weinen.

32
Ihre Rolle, bitte

a Hund hat Gast gebissen. Personen: Gäste, Gastgeber
b Kind will nicht zum Zahnarzt. Personen: Kind, Eltern, später Zahnarzt
c Feund(in) bittet, ihm (ihr) die Schreibmaschine (Kamera, Auto, Kassettenrekorder) zu leihen.
d Mutti kommt ohne Auto nach Hause, war's ein Unfall? Personen: Mutti, übrige Familie
e Zwei Todfeinde (Nachbarn) treffen sich zufällig bei mir.
f Neugieriger Ober möchte alles über mich wissen und fragt ohne Ende.

33 ◎◎ Hören und verstehen

Sie hören vier kurze Texte: Teil A, Teil B, Teil C und Teil D.
Bitte finden Sie heraus: Was genau habe ich in dem Text gehört?
Markieren Sie die richtige Lösung.

Sie hören jeden Text zweimal.

Teil A

a ☐ Am Morgen scheint die Sonne.
b ☐ Am Morgen ist es neblig.
c ☐ Den ganzen Tag ist es neblig.
d ☐ Vormittags regnet es.

Teil B

a ☐ Der Zug kommt heute nicht von Berlin.
b ☐ Der Zug fährt um 17.15 ab.
c ☐ Der Zug fährt in 40 Minuten ab.
d ☐ Der Zug kommt 40 Minuten später an.

Teil C

a ☐ Die Wohnung ist 2 km vom See entfernt.
b ☐ Die Wohnung ist 4 km vom See entfernt.
c ☐ Die Wohnung liegt am See.
d ☐ Die Wohnung hat einen Balkon direkt am See.

Teil D

a ☐ Dr. Brosig ist im August nicht da.
b ☐ Dr. Leidenener ist im August nicht da.
c ☐ Dr. Leidenener ist gestorben.
d ☐ Das Telefon von Dr. Brosig ist im August gesperrt.

Weitere Materialien zur Auswahl

34 ⊙⊙
Bild-
geschichte K

GOETHE

1 Eine saubere, gekonnte anatomische Zeichnung. Der Zeichner: Goethe.

2 Sie können hier die Beziehung zwischen Wissenschaft und Kunst studieren. Botaniker und Künstler: wiederum Goethe.

3 Der Vesuv 1787. Reporter: Goethe.

4 Goethe – zwischen Wissenschaft und Kunst – hat eine Theorie der Farbe entwickelt. Die Theorie war ganz originell und ganz falsch.

5 Vollmondnacht am Fluss. Diese Goethe-Skizze erinnert an viele seiner Gedichte.

6 Goethe, ein universales Genie. Nicht ohne Eitelkeit.

7 Faust. Mephisto tritt auf.

8 Aus dem Faust: die Nacht der Dämonen und Hexen. Fast modern.

GOETHE: LEBENSDATEN

1749	Johann Wolfgang Goethe in Frankfurt/Main geboren
1770–71	Studium in Straßburg
1771	Götz von Berlichingen
1773–1806	Faust I
ab 1775	in Weimar
1775–88	Egmont
ab 1776	Regisseur im Weimarer Liebhabertheater
1777–1829	Wilhelm Meister
1779–86	Iphigenie
ab 1780	mineralogische Studien
1781–82	Vorträge über Anatomie
ab 1785	botanische Studien
1790	Die Metamorphose der Pflanzen
1790–1810	Farbenlehre
1800–1831	Faust II
1832	Goethes Tod in Weimar

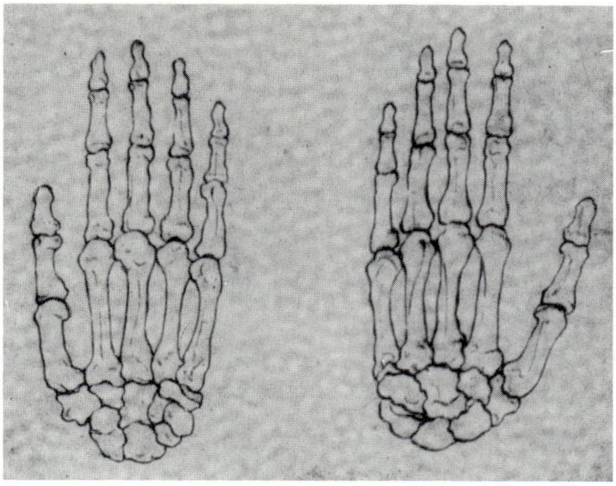
1

2

3

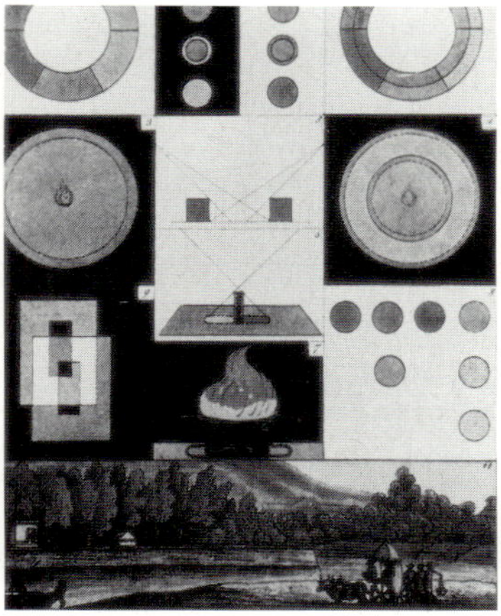
4

5

6

7

8

Mondbeschwörung. Handzeichnung von Goethe

35
Kontrolle

A *Bitte ergänzen Sie* daran / an ihn, damit / mit ihm *usw.*

a Hier, Goethes Gedichte. Interessieren Sie sich ________________ ?

b Die kleine Evi! Ich kann mich noch gut ________________ erinnern.

c Danke für deinen Brief. Ich habe mich sehr ________________ gefreut!

d O Gott, diese Katzenmusik! Könnt ihr nicht endlich ________________ aufhören?

e Ihr fahrt nach Wien? Darf ich ________________ kommen?

f Ach, das Visum habe ich vergessen, ________________ habe ich nicht gedacht.

B *Bitte ergänzen Sie das Passiv Perfekt.*

g Der Teppich ist schmutzig. Warum ist er noch nicht gereinigt worden?

h Das Theaterstück gefällt mir. Warum ist es noch nicht aufgeführt worden?

i Der Motor ist defekt. Warum ist ________________________________?

k Die Tassen sind schmutzig. Warum ________________________________?

l Unglaublich fotogenes Mädchen! ________________________________?

m Gute Idee! ________________________________?

n Sein Auto verpestet die Luft. ________________________________?

o Das Manuskript ist gut. ________________________________?

12 Lösungen

Roman

TEIL 7

In der Villa des Polizeipräsidenten. Zur Feier des Tages und der Auflösung des mysteriösen Kriminalfalles hat der Polizeipräsident einige hervorragende Bürger zu einem kleinen Umtrunk eingeladen.
„Prost, meine Herren! Der Unfug ist zu Ende!“
Die Herrenparty stimmt lauthals dem Polizeipräsidenten zu. Alle?

*

Nein. Links hinten in einer Ecke steht ein Herr und nippt an einem Glas Sprudel. Er betrachtet die Versammlung der durch den Alkohol stark inspirierten Herren und nähert sich langsam dem Polizeipräsidenten, um ein Gespräch mit ihm zu suchen.
„Sie sind neu im Amt?“
„In dieser Gegend, Herr Polizeipräsident.“
„Wo waren Sie früher tätig?“
„Man könnte sagen, hahaha, einige Lichtjahre, hahaha, von hier.“
„Hahaha, Sie sind ein lustiger Vogel, ein echter Gewinn für unser Städtchen.“
„Herzlichen Dank, Herr Präsident!“
„Trinken Sie denn nichts Besseres?“
„Danke, es ist genau das, was ich jetzt brauche.“
„Was sagen Sie denn zu dieser verrückten Geschichte hier mit diesem Phantom? Da haben wir uns ganz schön lächerlich gemacht, nicht wahr? Das kommt eben davon, wenn man auf alte Tanten hört.“
„Da bin ich ganz Ihrer Meinung, Herr Präsident, das ist wohl eine Art Psychose, die sich hier breitgemacht hat. Man sollte ihr keine Bedeutung beimessen.“
„Da freue ich mich aber, dass Sie das sagen. Es sind natürlich nicht alle der gleichen Meinung.“
„Aber Herr Präsident, das ist doch lächerlich.“
„Klar. Aber einige brauchen eben ihre Schauergeschichten. Ich habe auch angeordnet, dass die Polizeikräfte sich nicht weiter mit diesem Quatsch beschäftigen.“
„Ich danke Ihnen, Herr Präsident.“
„Wie bitte?“
„... äh ... im Namen der Bürger der Stadt danke ich Ihnen, dass Sie die geringen Kräfte der Polizei freigemacht haben für wichtigere Aufgaben.“
„O, mein Lieber, wissen Sie, ich bin ein ganz nüchterner Mensch.“
„Übrigens, Herr Präsident, Sie gehören wohl auch zu den Wissenden?“
„Entschuldigen Sie ... wie meinen Sie das?“

Fortsetzung Seite 293

Kapitel 13

Wiederholungskurs
Kernprogramm
Weitere Materialien zur Auswahl
Schwerpunkt Wirtschaftsdeutsch (D)
Roman

Wiederholungskurs

1
Schüttelkasten

DIE KUNST

– das ist

eine unnötige Beschäftigung
Freude bringen
eine gute Therapie für Verrückte
der unmögliche Versuch, Träume festzuhalten
ein nettes Hobby
ein Ausdruck geistigen Suchens
Dialog
eine Realisierung großer Ideen
Spaßmachen

Wählen Sie die Antworten, die Ihnen gefallen, und begründen Sie Ihre Wahl.

Formulieren Sie Ihre eigene Antwort: Was ist Kunst?

Alle Zeichnungen auf den Seiten 270–282 stammen von Paula Modersohn-Becker

2
Suchen und finden

Ein gutes Bild.
→ Ich male keine schlechten Bilder.

Ein schönes Haus.
Ein ausgezeichnetes Buch.
Eine gute Torte.
Ein interessantes Theaterstück.
Ein schönes Kostüm.
Ein gutes Aquarell.
Eine intelligente Tochter.

3
Suchen und finden

Ein schlechtes Bild
→ in einer so guten Galerie!

Ein hässliches Haus
Eine schlechte Verkäuferin
Eine schöne Kirche
Eine miserable Oper
Ein riesiges Schloss
Ein schlechter Portier
Eine dumme Tante

4
Studie

a Auch ein guter Maler malt mal ein schlechtes Bild.

b Auch ein guter Architekt ______.

c Auch ein guter Koch ______.

d Auch eine gute Schriftstellerin ______.

e Auch ein guter Arzt ______.

f Auch eine gute Professorin ______.

g Auch ein guter Journalist ______.

5 ⊙⊙
Bitte sprechen Sie

Ein Kleid suche ich.
→ Was für eins?

Die Postkarte möchte ich.
→ Welche?

Das Bild nehme ich.
Die Zeitung hätte ich gern.
Eine Lampe brauchen wir.
Den Ring nehme ich.
Einen Gürtel suche ich.
Das Hemd nehme ich.
Eine Mütze brauche ich.
Den Hut hätte ich gern.

6
Suchen und finden

mündlich oder schriftlich

Welches Plakat möchten Sie?
→ Das kleine.

Was für einen Ring suchen Sie?
→ Einen silbernen.

Was für einen Atlas suchen Sie?
Welche Zeitung nehmen Sie?
An was für ein Buch haben Sie gedacht?
Welche Bibel nehmen Sie?
Für welchen Globus haben Sie sich entschieden?
Was für einen Roman suchen Sie denn?
Welche Illustrierte nehmen Sie?
Welche Postkarte möchten Sie nehmen?

7
Kombination

Was für eine Zeitung suchen Sie?	Das „Handelsblatt".
Welchen Forscher meinen Sie?	Einen Jägerhut.
Für was für ein Buch würden Sie sich interessieren?	Einstein.
Welche Zeitung nehmen Sie?	Das, das Sie mir empfohlen haben.
Haben Sie schon ein Buch gewählt? Welches?	Einen Physiker.
Nun, welchen Hut nehmen Sie?	Den, den ich zuerst probiert habe.
Was für einen Forscher meinen Sie?	Eine Wirtschaftszeitung.
Was für einen Hut haben Sie sich vorgestellt?	Für einen Sciencefiction-Roman.

8
Studie

Die Frau als das ____________ (hoch – Superlativ) Idol der Kunst ist zwar seit dem ____________ (spät) Mittelalter das ____________ (bedeutend – Superlativ) Thema des ____________ (künstlerisch) Schaffens. Aber die Frau als ____________ (aktiv) Künstlerin hat bis vor fünfzig Jahren eine wenig ____________ (bekannt), eher ____________ (heimlich) Rolle gespielt.

„Künstlerinnen" heißt ein ____________ (neu), ____________ (wichtig) Buch, in dem die

Verfasser zeigen, dass Frauen seit der Antike die ____________ (künstlerisch) Entwicklung aller Zeiten mitformten. Die ____________ (viel – Superlativ) Künstlerinnen der Geschichte wurden zwar von ihren Zeitgenossen ____________ (hoch) geachtet und bewundert. Die Kunstwissenschaft hat aber nur selten ihren ____________ (wirklich) ____________ (künstlerisch) Rang richtig gesehen.

14 Lösungen

Kernprogramm

9

Unterhaltung

- Warum geht man in eine Kunstausstellung?
  Was erwarten Sie von einer guten Ausstellung?
- Wie sollte man Bilder ansehen?
  Muss man den Titel kennen? Muss man etwas über den Maler wissen?
  Muss man etwas von Kunst und Kunstgeschichte verstehen um ein Bild anzuschauen?
- Gibt es Kriterien für ein „gutes Bild“, d.h. für „Kunst“?
- Muss Kunst schön sein? Darf sie auch hässlich sein?
- Von welchem Verb kommt das Wort Kunst?

10 ◎◎
Bild-
geschichte L

WORPSWEDE

1 Das Land zwischen Hamburg und Bremen ist vollkommen flach. Die Wege führen bis an den Horizont. Vor dem Himmel stehen durchsichtige Birken.

2 Himmel und Wasser wechseln jede Stunde die Farbe. Das Meer ist nur dreißig Kilometer entfernt.

3 Hier in Worpswede haben viele Maler gelebt; bedeutender als sie alle war eine Frau: Paula Modersohn-Becker. In diesem Haus wohnte sie.

4 Sie hat nur 31 Jahre gelebt und nur 10 Jahre gearbeitet. In diesen 10 Jahren schuf sie ein wichtiges Werk.

5 Ihre Handschrift ist eigenwillig. Ihre Bilder sind groß und kühn gebaut.

6 So sieht sie sich selbst, offen und zurückhaltend zugleich.

7 Auch die Szene der Verkündigung (rechts Maria) trägt dieselben schweren Erdtöne wie ihre anderen Arbeiten.

8 Am Ende ihres Schaffens erreichte sie eine Einfachheit, die an archaische Kultbilder erinnert.

1

2

3

4

5

6

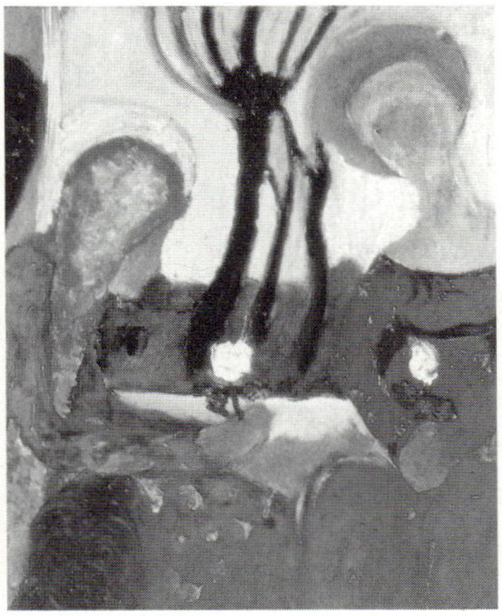
7

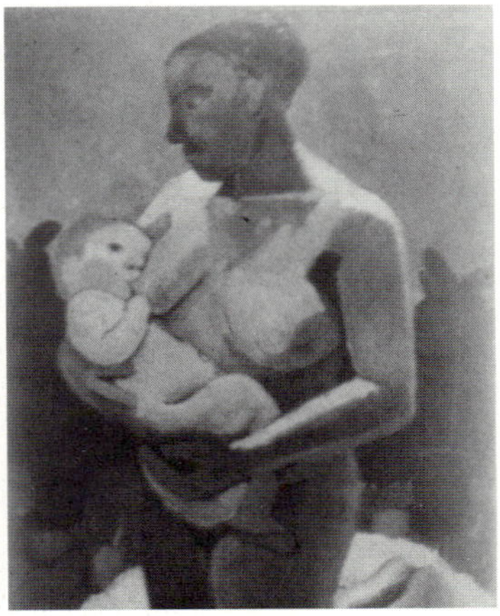
8

11

Studie

fakultativ
(schwer)

Ergänzen Sie das Relativpronomen (der die das, wo, was)[1]*:*

Die Luft und die Wolken spiegeln das Meer, ___das___ nur 30 km entfernt ist. Das Licht, __________ durch die Birken fällt, wechselt ständig die Farben. Endlose Birkenalleen: so sind alle Straßen, ________ nach Worpswede führen. Hier, ________ viele bekannte Maler lebten, galt Paula Modersohn-Becker stets als Außenseiterin. Die Worpsweder Maler, ______________ Schülerin sie zunächst war, pflegten einen sentimentalen, romantischen Stil. Paula Modersohn-Becker fühlte sich fremd in dieser Umgebung.

In einer Zeit, als die Emanzipation der Frau gerade erst diskutiert wurde, setzte sie sich hinweg über alle gesellschaftlichen Barrieren, __________ damals unüberwindlich schienen. In Paris, ________ sie die Arbeiten von Cézanne, Gauguin, Matisse sah, entwickelte sie ihren künstlerischen Mut, __________ sich von allem Traditionellen freimacht. Rasch fand sie ihre eigene große Handschrift, durch __________ sie sich von allen Zeitgenossen unterscheidet. Kein Zufall, dass ihre Kunst während des „Dritten Reiches" verboten war. Der revolutionäre Stil, __________ sie fand, passte nicht in das konformistische Schema.

Nichts, ________ sie gemalt hat, ist Routine. In jedem Bild steckt sie selbst mit ihrer Ehrlichkeit.

10 Lösungen

[1] Der Relativsatz wurde eingeführt in SPRACHKURS DEUTSCH 2, Kapitel 14.

12

Suchen und finden

Das ist der Pianist, den ich am liebsten höre.
Das ist das Café, wo ich am liebsten sitze.
Das ist die Platte
Das ist der Tee
Das ist der Filmschauspieler
Das ist die Zeitung
Das ist der Strand
Das ist das Eis
Das sind die Jeans
Das ist die Stadt

13
Suchen und finden

Schöne Villa!
→ Kennst du die Leute, denen die Villa gehört?

Teure Kamera!
→ Kennst du den Mann, dem die Kamera gehört?

Tolle Trompete!
Nette Kinder!
Bankrotte Firma!
Riesiges Auto!

Schönes Haus!
Teure Violine!
Toller Computer!
Gutes Boot!

14
Kombination

Bauen Sie Sätze nach dem Muster:

Sind Sie die Malerin, die das Aquarell gemalt hat?

Aquarell	Journalistin
Buch	Komponist
Fotos	Architekt
Oper	Koch
Häuser	Malerin
Gedichte	Schriftstellerin
Film	Regisseur
Pastete	Baumeister
Bild	Dichter
Symphonie	Küchenchef
Menü	
Roman	

15
Schüttelkasten

Kunsthändlerin · Kunststoff · Baukunst · künstlich · künstlerisch · Kochkunst · Lebenskünstler · Heilkunst · Kunststück · Tonkunst · Kunstwerk · Zauberkunst

Setzen Sie das richtige Wort ein:

a Oberon, der berühmte Magier, zeigte Proben seiner ________________ .

b Diese raffinierte Pastete ist das Werk allerhöchster ________________ .

c Schauspielerin ist ein ________________ Beruf.

d Van Goghs „Sonnenblumen“, ein bedeutendes ________________ .

e Der Akrobat im Zirkus zeigte seine tollen ________________ .

f ________________ , eine deutsche Bezeichnung für „Musik“.

g Die meisten Teile dieser billigen Karosserie bestehen aus ________________ .

h Eine Frau, die Bilder kauft und verkauft, ist eine ________________ .

i Nürnberg, ein einziges Museum altdeutscher ________________ .

k Leo ist nicht reich, aber glücklich. Er ist wirklich ein ________________ .

l Eine Tasche aus ________________ Leder.

m Ein altes deutsches Wort für Medizin ist: die ________________ .

16
Lesetext

Nicht jeder, der ein Kunstmuseum besucht, sieht auch die Bilder, die da ausgestellt sind. Im Gegenteil, die meisten Besucher gehen oder rennen durch eine Kunstausstellung so, wie man durchs kalte Wasser rennt: eilig. Je schneller sie wieder draußen sind, desto leichter ist ihnen.

Sie haben jetzt „einen Eindruck“. Aber wie tief ist der Eindruck?

Der Eindruck könnte den Besucher womöglich in seinem normalen Leben stören. Man könnte nachdenklich werden, vielleicht sogar still. Fragen könnten auftauchen, womöglich unbequeme. Man könnte sich – nach dem Verlassen des Museums – in seinem normalen Leben nicht mehr so bequem zurechtfinden.

Kunstgenuss, wenn man muss, ist kein Genuss, das schafft nur Aggressionen gegen Kunst. Der Besucher, der nur sein Wissen vermehren will, kann nicht aufnehmen, nur zusammenzählen, addieren. Je mehr Objekte, um so oberflächlicher das Verstehen.

Zum Genießen, zum Schmecken braucht man Zeit, so wie man zu einer Weinprobe Zeit braucht. Je offener man ein Bild, seine Farben, seine Ideen, seine Sprache aufnimmt, desto reicher wird es, desto vielfältiger beginnt es zu sprechen. Lieber in einem Museum drei, vier, fünf Kunstwerke lange und sorgfältig anschauen, das Gespräch mit ihm suchen. Nur so wird Kunst lebendig, ohne diesen Dialog bleibt ein Museum tot.

17
Textarbeit

Welche Antwort ist richtig? (Zu jeder Aufgabe ist nur eine Antwort richtig.)

1 *Das Thema des Lesetextes ist:*
- a Museen und wie man sie benutzen sollte.
- b Museen und für wen sie da sind.
- c Museen und wie man ihre Objekte zeigen sollte.
- d Museen und wie man Kunstwerke kaufen sollte.

2 *Zeile 7*
- a Ein Kunstwerk kann einen Menschen weltfremd machen.
- b Ein Kunstwerk kann einen Menschen zum Nachdenken bringen.
- c Ein Kunstwerk kann einen Menschen krank machen.
- d Ein Kunstwerk kann einen Menschen isolieren.

3 *Zeile 10–13*
- a Die Absicht, möglichst viele Kunstwerke kennen zu lernen, stört den Kunstgenuss.
- b Die Absicht, möglichst viele Kunstwerke kennen zu lernen, verstärkt den Kunstgenuss.
- c Oberflächlicher Kunstgenuss stört die anderen Besucher.
- d Oberflächlicher Kunstgenuss ist ungesund.

4 *Zeile 14/15*
- a Man sollte lernen, rasch über Kunstwerke zu urteilen.
- b Man darf Kunstwerke nicht so genießen wie Wein.
- c Man darf Kunstwerke so genießen wie Wein.
- d Man kann Kunstwerke nicht genießen, wenn man sie versteht.

5 *Noch einmal zurück zu Zeile 2–4*
- a Viele Besucher hassen die Kunst.
- b Die Museumsluft ist oft schlecht.
- c Viele Besucher sind nicht offen genug um sich im Museum wohl zu fühlen.
- d Viele Besucher haben keine Zeit, also haben sie auch keine Zeit im Museum.

18
Elemente

je – desto / um so

Je schneller ich draußen bin,	**desto glücklicher bin ich.**
Je älter der Wein ist,	**um so besser ist er.**

Die Konjunktionen *je* – *um so* / *desto* verbinden zwei Komparative.

Nebensatz	Hauptsatz
A … E	I … II
Je älter der Wein wird,	**desto besser wird er.**

19
Suchen und finden

Je früher ich im Freien bin, desto besser geht es mir.
Je früher wir landen, desto besser geht es uns.
Je länger ich arbeiten muss, desto schlechter geht es mir.
Je öfter du mich besuchst
Je mehr ich zahlen muss
Je länger unser Urlaub ist
Je besser ich malen kann
Je netter du zu mir bist
Je früher der Winter kommt
Je mehr Briefe du mir schreibst

20

Suchen und finden

Je mehr du isst, um so dicker wirst du.
Je älter das Brot wird
Je länger der Wein im Keller liegt
Je früher der Frühling kommt
Je mehr du fernsiehst
Je schneller er fuhr
Je mehr du lügst
Je schlechter seine Vorlesungen wurden
Je höher wir steigen
Je älter sie wurde

21

Studie

a Je länger wir uns kennen, desto besser verstehen wir uns.
b ________________, desto dünner wird die Luft.
c ________________, desto schöner blühen sie.
d ________________, desto höher steht die Sonne.
e ________________, desto weißer wurden seine Haare.
f ________________, desto mehr Früchte tragen sie.
g ________________, desto besser spricht sie Spanisch.
h ________________, desto süßer werden sie.

22

Lesetext

Paula Becker wurde am 8. Februar 1876 in Dresden geboren. Eine ihrer frühen Erinnerungen war, dass sie, zehnjährig, beim Spielen im Sand begraben wurde. Sie wurde gerettet. Ein anderes Kind starb. Das war, wie sie erzählt, ihr Schritt ins klare Bewusstsein – durch die Erfahrung des nahen Todes.

Mit sechzehn Jahren erhielt sie (in London) ihren ersten Zeichenunterricht, und zwar vier bis fünf Stunden täglich. Zwei Jahre dauerte die Ausbildung im Lehrerinnenseminar in Bremen, dann ging sie, zwanzigjährig, nach Berlin. Dort besuchte sie die Malschule der Berliner Künstlerinnen, denn Frauen durften damals noch nicht mit Männern zusammen an der Kunstakademie studieren.

Im Sommer 1897 lernte sie Worpswede kennen, die dunklen Farbtöne, die leuchtenden Stimmungen der meernahen Landschaft. Ihre Beziehung zu den Worpsweder Malern war eher zurückhaltend. Von nun an spielte sich ihr Leben zwischen Worpswede und Paris ab – sie liebte den ruhig wechselnden Arbeitsrhythmus zwischen dem Leben nach innen und dem Leben nach außen. In Paris studierte sie intensiv die Werke der großen Franzosen, vor allem Cézanne und Gauguin.

Ihre 1901 geschlossene Ehe mit dem Maler Modersohn war nicht glücklich. Vor ihrem dritten Parisaufenthalt, 1906, trennte sie sich von ihm. Doch man kann sich heute nicht vorstellen, wie schwer das ungeschützte Allein-Leben für eine Frau in dieser Zeit war. Nach schwierigen inneren und äußeren Kämpfen kehrte sie 1907 nach Worpswede zurück. Am 2. November 1907 brachte sie ein Mädchen zur Welt, achtzehn Tage später starb die Einunddreißigjährige an den Folgen der Geburt.

Bekannt wurde sie zunächst durch ihren Tod. Ein Mythos wurde um sie herum gewoben. Erst heute, über achtzig Jahre später, erkennen wir ihre außerordentliche geistige Kraft und Bedeutung.

Paula, Glocke läutend (1900)

Paula mit ihrem Mann und Heinrich Vogeler auf der Reise nach Westfalen (1905)

Paulas Mann bei der Petroleumlampe (1901)

23

Textarbeit *Jeweils eine Lösung ist unrichtig. Welche?*

a Unser Text (Nummer 22) ist
- ein Lebenslauf.
- eine Karriere.
- eine Kurzbiographie.

b Die zehnjährige Paula wäre fast
- umgekommen.
- vernichtet worden.
- gestorben.

c Die Erfahrung des nahen Todes
- verdunkelte
- schärfte
- erhellte

ihr Bewusstsein.

d Dresden wurde im Jahr 1945 durch Bomben
- verwundet.
- vernichtet.
- zerstört.

e
- Ihre Ausbildung
- Ihr Studium
- Ihre Erziehung

genoss Paula in London, Bremen und Berlin.

f Nach der Trennung von Modersohn entschloss sich Paula, nach Paris
- zurückzukehren.
- einzukehren.
- zurückzugehen.

g Paula starb an den
- Resultaten
- Konsequenzen
- Folgen

der Geburt.

h Ihre wirkliche künstlerische Bedeutung wird erst heute richtig
- verstanden.
- erkannt.
- sichtbar.

8 Lösungen

24

Studie

Fügen Sie Nebensätze mit als, wenn, während, bevor, nachdem, seit *und Hauptsätze ein*:

a Im Jahr 1945 wurde Dresden zerstört. Paula Becker erlebte Dresden, bevor ____________________

____.

b Ihre erste starke Erinnerung war ein Unfall beim Spielen. Das passierte, als ____________________

____.

c Sie erzählte, sie hatte ein klareres Bewusstsein, seit ____________________

____.

d Ihren ersten Zeichenunterricht nahm sie, ____________________

____.

e Sie ging nach Berlin, nachdem ____________________

____.

f Als sie 21 war, ____________________.

g Während ____________________,

hatten Frauen noch keinen Zutritt zur Kunstakademie.

h Nachdem ____________________,

lebte sie fast nur noch in Worpswede und Paris.

i ____________________,

fuhr sie zum drittenmal nach Paris.

k Paula Modersohn-Becker wurde erst bekannt, ____________________.

25

Elemente *UNTERORDNENDE KONJUNKTIONEN (ZEIT)*

Sie stehen links vom Nebensatz und zeigen auf den Nebensatz:

Nebensatz

I E

Als sie sechzehn Jahre alt war, nahm sie den ersten Zeichenunterricht.

Wir unterscheiden drei Gruppen:

- Diese Konjunktionen zeigen die Gleichzeitigkeit an:

  als
  wenn
  während

- Diese Konjunktionen zeigen die Nicht-Gleichzeitigkeit an:

  bevor / ehe
  nachdem

- Diese Konjunktionen zeigen die Dauer an:

  bis
  seit / seitdem

- Gleichzeitigkeit

als Gleichzeitiges Ereignis in der Vergangenheit:

Als ich erwachte, schien die Sonne.

Gleichzeitiger Zustand in der Vergangenheit:

Als ich sechzehn Jahre alt war, nahm ich den ersten Zeichenunterricht.

wenn Gleichzeitigkeit in der Gegenwart und Zukunft:

Wenn die Sonne aufgeht, sind wir schon auf dem Gipfel.

Gleichzeitigkeit in der Vergangenheit: nur Wiederholung derselben Situation:

(Immer) wenn ich ins Museum ging, blieb er zu Hause.

	Gegenwart und Zukunft	Vergangenheit
nur einmal { Ereignis	**wenn**	**als**
nur einmal { Zustand	**wenn**	**als**
immer wieder (häufige Wiederholung derselben Situation)	**wenn**	**wenn**

während Zwei Abläufe, die eine Zeitlang parallel gehen:

Während sie in Berlin studierte, schuf sie mehr als 130 Arbeiten.

- Nicht-Gleichzeitigkeit

bevor / ehe Diese Konjunktionen bezeichnen ein zeitliches Nacheinander: Hauptsatz (zuerst) → Nebensatz (dann):

Bevor sie nach Paris ging, trennte sie sich von ihrem Mann.

nachdem* Diese Konjunktion bezeichnet ein zeitliches Nacheinander: Nebensatz (zuerst) → Hauptsatz (dann):

Nachdem sie sich von ihrem Mann getrennt hatte, ging sie nach Paris.

*Nebensatz und Hauptsatz müssen in verschiedenen Zeitformen stehen.

- Dauer

bis Die Konjunktion *bis* bezeichnet einen zeitlichen Endpunkt:

Ich bleibe hier, bis du zurück bist.

seit / seitdem Die Konjunktionen *seit* oder *seitdem* nennen eine Dauer mit Anfangspunkt in der Vergangenheit:

Seit sie malte, stand ihre Arbeit im Mittelpunkt ihres Lebens.

> Kunst ist eine Lüge,
> durch die wir die Wahrheit sehen.
> PABLO PICASSO

> Künstler ist, wer die Welt immer neu sieht,
> wie zum ersten Mal.
> RENÉ SCHICKELE

26
Studie

Bitte ergänzen Sie als, bevor *oder* nachdem:

a Am besten ist es, du liest deinen Brief noch einmal ganz genau durch, ________ du ihn wegschickst.

b ________ wir uns das erste Mal sahen, wussten wir, Gott hat uns füreinander geschaffen.

c ________________ ich mich von ihm getrennt hatte, fühlte ich mich endlich frei.

d ________________ ich dieses Bild gemalt hatte, war mir klar: Malen ist mein Lebensberuf.

e Heiraten Sie nicht, ________________ Sie einander richtig kennen gelernt haben!

f ________________ ich reise, muss ich mir zwei Pyjamas kaufen.

g ________________ ich ihr einen Kuss geben durfte, musste ich ihr ewige Treue schwören.

h Bitte werfen Sie den Brief erst ein, ________________ Sie die Marke aufgeklebt haben!

i Ich war sehr glücklich, ________________ ich merkte, dass ich wirklich Talent habe.

k Sag nie ja, ________________ du es genau geprüft hast!

27

Suchen und finden

Die kleine Susi isst gern Bananen.
→ Wenn sie Bananen kriegt, ist sie glücklich.

Die kleine Susi fährt gern spazieren.
Die kleine Susi sitzt gern im Gras.
Die kleine Susi isst gern Pralinen.
Die kleine Susi spielt gern mit der Katze.
Die kleine Susi trinkt gern Kakao.
Die kleine Susi möchte gern fotografiert werden.
Die kleine Susi will gern immer neue Puppen.
Die kleine Susi badet gern.
Die kleine Susi möchte getragen werden.

28

Suchen und finden

Pech!

Als ich den Brief lesen wollte, fand ich die Brille nicht.
Als ich mich frisieren wollte
Als ich mir die Nase putzen wollte
Als ich mich schminken wollte
Als ich dich anrufen wollte
Als ich das Haus zuschließen wollte
Als ich dir einen Brief schreiben wollte
Als ich rauchen wollte
Als ich zahlen wollte
Als ich mich erschießen wollte

29 ⊙⊙

Hören und verstehen

a Was ist das Thema der Diskussion?

b Was denken die Männer über das normale Publikum?

c Was will das Publikum vom Kritiker haben?

d Was sagt Kritiker Kunze über den Goethe-Film?

Weitere Materialien zur Auswahl

30

Studie

Bitte ergänzen Sie als *oder* wenn:

a __________ wir in Hamburg ankamen, stand die ganze Familie Blum auf dem Bahnhof und begrüßte uns.

b __________ ich diese Bilder sah, war ich begeistert.

c __________ ich male, brauche ich Ruhe.

d __________ wir heirateten, sahen wir alles in einem rosa Licht.

e __________ man mit ihm sprach, hörte er nie zu.

f __________ ich nach Paris kam, lernte ich Rilke kennen.

g Ich vergesse alles, __________ ich ihr begegne.

h Ich kann mich genau an den Abend erinnern, __________ du mir diesen Ring schenktest.

31

Kontrolle

Ergänzen Sie das Relativpronomen und – wenn nötig – die Präposition:

a Das ist das Buch, __________________ ich schon seit Wochen warte.

b Hier ist der Spielautomat, __________________ man niemals etwas gewinnt.

c Das ist der Dichter, __________________ ich die Englandreise gemacht habe.

d Wer ist die Flötenspielerin, ________________ durch den Birkenwald geht?

e Könnt ihr mir mal das Thema sagen, ________________ ihr diskutiert?

f Wo ist die Frau geblieben, ________________ die Koffer gehören?

Ergänzen Sie als, bevor, nachdem, wenn:

g ________________ ich wiederkomme, bringe ich dir einen Ring mit.

h ________________ ich mein Studium beendet hatte, ging ich für ein Jahr nach Prag.

i Wir erreichten den Bahnhof, fünf Minuten ________________ der Zug abgefahren war.

k ________________ Sie wählen, müssen Sie mindestens 30 Pfennig einwerfen.

l Wir hatten schon fast keine Hoffnung mehr, ________________ er plötzlich zur Tür hereintrat.

m Er schaute einem nie ins Auge, ________________ man sich mit ihm unterhielt.

12 Lösungen

Paula Modersohn-Becker: Blasendes Mädchen

Schwerpunkt Wirtschaftsdeutsch (D)

32

Schüttelkasten

Wer sich um eine Arbeit bewirbt, sitzt eines Tages im Büro einer leitenden Persönlichkeit des Hauses, wo er gerne arbeiten würde, zum Vorstellungsgespräch. Was passiert bei diesem Vorstellungsgespräch? Wie soll man sich vorstellen? Was sollte man nicht tun? Wie möchte man wirken? Hier folgen Vorschläge. Verteilen Sie Punkte von +3 bis −3 (−3 = sehr schlecht):

Man sollte

viel vom Privatleben erzählen

zuverlässig wirken

ruhig und sachlich wirken

außerordentlich höflich sein

sagen, dass man eine besonders exzellente Ausbildung gehabt hat

bescheiden wirken

klare Forderungen stellen

ehrlich und genau informieren

besonders schön und attraktiv wirken

nichts vom Privatleben erzählen

Fragen exakt hören und exakt beantworten

einen unvergesslichen Eindruck machen

hohe Forderungen stellen

sagen, dass man aus einer ganz besonderen Familie kommt

möglichst viele Erfolge nennen

33

Lesetext

Vorstellungsgespräch

Zurückhaltung ist beim Thema Entlohnung ratsam. Personalleiter Urban: „Der Bewerber darf nicht den Eindruck erwecken, dass für ihn Geld das entscheidende Kriterium ist. Nach dem Einkommen lieber erst fragen, wenn man glaubt im bisherigen Verlauf einen guten Eindruck hinterlassen zu haben.“

Die solide Vorbereitung auf den wichtigen Gesprächstermin ist eine Erfolgsbedingung. Denn bei vielen Unternehmen spielt das Vorstellungsgespräch eine große Rolle. „Das Vorstellungsgespräch ist das Entscheidende. Noten sind nur für die Einladung zum Gespräch wichtig“, sagt auch Klaus Urban, Personalleiter bei der Wirtschaftsprüfungsgesellschaft KPMG Frankfurt.

So unterschiedlich die Berufe und Unternehmen auch sind, der Verlauf der Bewerbungsgespräche folgt oft einem Schema: Zu Beginn versucht der Interviewer, die Atmosphäre aufzulockern, indem er belanglose Fragen stellt, etwa: „Haben Sie gut hierher gefunden?“ Danach muss der Kandidat häufig seinen Werdegang schildern.

Übrigens: Es ist sinnvoll, vor dem Gespräch noch einmal seinen Lebenslauf in Gedanken zu rekapitulieren. Wenn nämlich die Aufforderung kommt: „Erzählen Sie mal was von sich“, wirkt langes und ratloses Grübeln nicht sehr günstig. Über wichtige Stationen, wie etwa Auslandsaufenthalte und Praktika, darf man ruhig etwas ausführlicher berichten.

Wer eine gute Figur machen will, sollte sich angemessen kleiden. „Signalisieren Sie, dass Sie bereit sind, sich in das spätere Umfeld auch äußerlich einzufügen“, empfiehlt Personalleiter Urban. Bei Unilever in Hamburg heißt das für die männlichen Bewerber: Nicht in Turnschuhen und im karierten Sporthemd kommen, sondern in der Kombination oder im schlichten Graumann.

Christian Schubert

34
Textarbeit

a Der Text ist sehr klar gegliedert. Die fünf Themen sind:

b Versuchen Sie, die fünf oder sechs Empfehlungen, die der Text gibt, in Schlagworten zu formulieren. Welche Qualitäten gelten als die wichtigsten?

c Ihre persönliche Meinung: Welche Qualitäten hat der Textautor vergessen? Ergänzen Sie den Text.

d Unser Text ist von einem Deutschen für Deutsche geschrieben. Wie würde er in Ihrem Land aussehen?

35
Textarbeit

Die folgenden Wörter aus unserem Text haben Sie wahrscheinlich schon ungefähr verstanden. Hier noch eine kleine Übung, damit Ihnen die Bedeutung noch klarer wird. Die Wörter rechts erklären die Wörter links. Welche Wörter gehören zusammen?

das Einkommen	Vorsicht
die Zurückhaltung	Bewerber
der Werdegang	Hose und Sakko
das Grübeln	Umgebung; Kreis der Menschen, die mich umgeben
die Entlohnung	beruflicher Lebenslauf
der Kandidat	langes Nachdenken
das Umfeld	Gehalt, Lohn
die Kombination	

36
Werkstatt

Teilen Sie Ihre Gruppe in Personalleiter(innen) und Beweber(innen). Die Personalleiter(innen) entwickeln ein Papier: Kriterien für die Anstellung. Die Bewerber(innen) entwickeln ein Merkblatt: Empfehlungen für die Bewerbung.

Dann führen Sie Vorstellungsgespräche. Treffen Sie Entscheidungen über Anstellung oder Nichtanstellung.

Roman

TEIL 8

Erinnern Sie sich an den letzten Abschnitt.
Wo sind wir?
Wer sind die Gäste? Was wird gefeiert?

„Moritz, wer ist denn der Neue?“

„Keine Ahnung. Den habe ich noch nie gesehen.“

„Ich habe mich gerade mit ihm unterhalten. Der trinkt nur Sodawasser und hat auch sonst noch einige merkwürdige Dinge gesagt.“

„Für einen jungen Mann ist er also schon etwas exzentrisch.“

„Was heißt: junger Mann? Der ist doch in unserem Alter!“

„Du hast wohl Tomaten auf den Augen!“

„Ach ihr Intelligenzler, ihr habt keinen Blick für die Tatsachen. Und du überhaupt, mit deinen römischen Mummelgreisen.“

„Römisches Recht hat mit Mummelgreisen nichts zu tun. Ich glaube, es ist schon spät, einen schönen Abend noch, tschüs.“

„Was hast du denn? Na, dann bis zum Stammtisch morgen im Rathauskeller.“

*

„Wenn ich ehrlich sein soll, Herr Präsident, ich fühle mich auch nicht ganz wohl. Ich bin nämlich Fotoamateur; die Geschichte mit diesem Film lässt mich nicht schlafen. Ich kann mir nicht erklären, welche Lichtquelle so stark ist, dass sie durch die geschlossene Kamera den gesamten Film belichtet.“

„Sie sind ein Witzbold; da stand eben einfach jemand vor dem Objektiv.“

„Herr Präsident, das ist technisch nicht möglich.“

„Ach Quatsch, dann ist es eben etwas anderes; aber ich bitte Sie, sagen Sie nicht: unser Atomkraftwerk. Da würden Sie Schwierigkeiten bekommen!“

„Nein, nein, Herr Präsident, es ist der Geist aus der Flasche.“

Beide wiehern und blicken sich automatisch nach dem Neuen um.

„Wo ist der Neue?“

Die Alkoholnebel verschwinden. Der Sinn, der Geist, der Verstand, das Gehirn des Präsidenten schärfen sich. Der Neue hat das Fest verlassen.

Fortsetzung Seite 316

Kapitel 14

Materialien zur Auswahl
Kernprogramm
Weitere Materialien zur Auswahl
Roman

Materialien zur Auswahl

1

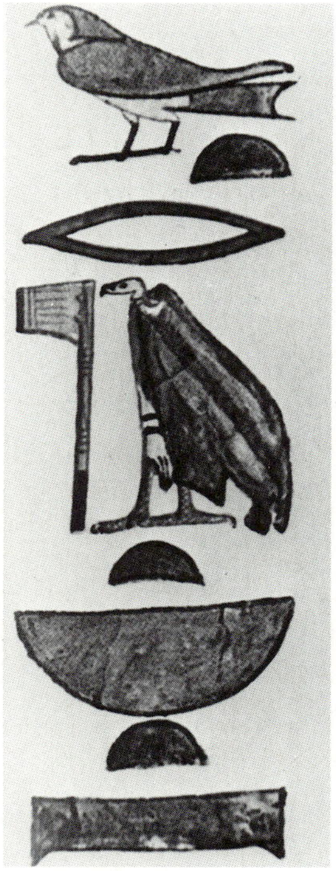

2

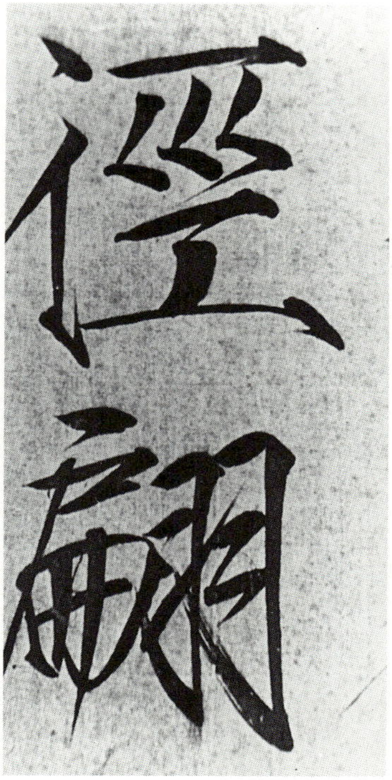

3

1 Die ägyptische Hieroglyphenschrift besteht aus 3000 Bildzeichen. Das abgebildete Dokument ist im 13. Jahrhundert vor Chr. entstanden.

2 Schriftzüge des chinesischen Kaisers Hui Tsung (12. Jahrhundert nach Chr.)

3 Fragment aus einer Schriftrolle von Qumran (250 vor Chr.) in aramäischer Schrift. Aus ihr entwickelten sich die arabische und die hebräische Schrift.

1
Unterhaltung

Fragen Sie einander.

- Was ist Ihre Muttersprache? Hängt diese Sprache mit der deutschen zusammen (ist sie eine indoeuropäische)?
- Welche Schrift benützen Sie in Ihrer Sprache? Welche Zahlen?
- In welchen Ländern spricht man Ihre Muttersprache?
- Welche Fremdsprachen sprechen Sie?
- Zählen Sie zusammen, wie viele Sprachen in Ihrer Klasse gesprochen werden.

2
Lesetext

I

935 Millionen Menschen sprechen Chinesisch als Muttersprache, 409 Millionen sprechen Englisch, 280 Millionen Russisch, 275 Millionen Spanisch. 166 Millionen Menschen sprechen arabische Sprachen.

Italienisch wird (in Italien, der Schweiz, in Korsika und Südamerika) von 162 Millionen Menschen gesprochen, Bengali von 160 Millionen, Portugiesisch von 157 Millionen (in Portugal, Spanien, Brasilien), Hindustani von 122 Millionen Menschen.

122 Millionen Menschen sprechen Malaiisch-Indonesisch, 121 Millionen Japanisch und 118 Millionen Deutsch – in Europa, Brasilien und den USA. 110 Millionen Menschen sprechen Französisch – in Frankreich, Belgien, der Schweiz, in Kanada, Afrika und Haiti.

II

Weltsprachen sind Sprachen, die nicht nur national, sondern auch international, zwischen den Völkern gesprochen werden – in der Diplomatie, Wissenschaft, Religion, Wirtschaft.

In Ostasien galt viele Jahrhunderte lang Chinesisch als Weltsprache. Rund um das Mittelmeer war zur Zeit um Christi Geburt Griechisch die Weltsprache, dann bis ins 17. Jahrhundert Lateinisch. In Afrika, Westasien und Südasien war seit dem 8. Jahrhundert das Arabische führend.

In Europa hat im 17. Jahrhundert das Französische das Erbe des Lateinischen übernommen. Seit dem 19. Jahrhundert ist das Russische Weltsprache in Osteuropa, Nord- und Mittelasien. Alle hat im 20. Jahrhundert das Englische überholt, das zu einer in der ganzen Welt gültigen Verkehrssprache wurde.

III

Die Schrift wurde mindestens siebenmal, völlig unabhängig voneinander, erfunden: am Huangho, am Indus, am Nil, auf Kreta, in Anatolien. Die abendländischen Schriften sind aus der phönizischen Schrift (um 1000 vor Chr.) zu erklären, die aus 22 Konsonantenzeichen besteht. Aus ihr entwickelten sich unter anderem die aramäische und die griechische Schrift (die Griechen fügten die Vokalzeichen hinzu); aus der griechischen sind alle europäischen Schriften entstanden.

3
Textarbeit

a Bitte finden Sie eine Überschrift für jeden Text.
b Gibt es Informationen, die in den Texten fehlen? Ergänzen Sie die Texte.
c Stimmt der Satz: Gesprochene und geschriebene Sprache haben ganz verschiedene Funktionen? Wenn ja, finden Sie Erklärungen.
d Zählen Sie die Sprachen auf, die heute nicht mehr gesprochen werden (soweit Sie sie kennen).

4
Unterhaltung

Fragen Sie einander.

Warum lernen die Menschen Fremdsprachen?

a Warum lernen Sie selbst Deutsch? (Vielleicht haben Sie mehrere Gründe?)
b Sammeln Sie alle möglichen Gründe, Fremdsprachen zu lernen!
c Machen Sie eine Umfrage in Ihrem Institut, stellen Sie eine Zahlenstatistik auf!

Kernprogramm

5
Lesetext

„Ich muss mal schnell nach London, ich brauche dringend ein paar neue Hüte“, sprach er zu seiner Frau, „Hüte, wirkliche Hüte gibt es nur in London.“ – „Da bin ich ja gespannt, wann du wiederkommst“, sagte sie. Tatsächlich kam er erst nach vier Monaten zurück, er hatte einen kleinen Umweg über Kuba genommen. Nämlich Heinrich Schliemann, der bekannte und gefürchtete

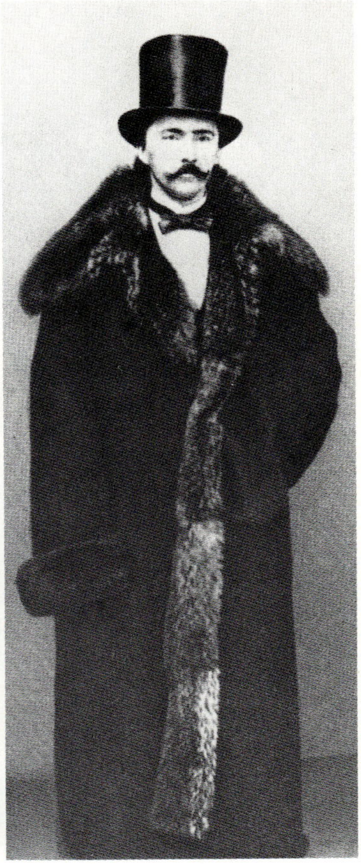

oben: Der Gräberring von Mykene 1880 und 1980

rechts: Heinrich Schliemann, geb. 1822 in Mecklenburg, kaufmännische Lehre in einem kleinen Laden, Büroangestellter in Amsterdam, später außerordentliche kaufmännische Erfolge, Bankdirektor, Bergwerksbesitzer, Multimillionär. Mit 44 Jahren Studium der Archäologie. Heiratete die um 30 Jahre jüngere Griechin Sophia Engastromenos, entdeckte Troia, Mykene. 1890 Tod in Neapel.

Großkaufmann, zugleich Gelehrter, Weltreisender und Archäologe (er entdeckte 1873 das antike Troja, 1876 Mykene, 1884 Tiryns).
So ungewöhnlich wie er lebte, lernte er. Durch konzentrierte Übung entwickelte er sein Sprachtalent so, dass er Französisch, Holländisch, Spanisch, Italienisch, Portugiesisch, Russisch, Schwedisch, Polnisch, Türkisch, Arabisch,

Persisch, Griechisch wie spielend lernte und jede dieser Sprachen nach sechs bis acht Wochen fließend sprach. Seine Methode (so schreibt er) war, „dass man sehr viel laut liest, keine Übersetzungen macht, täglich eine Stunde nimmt, immer Ausarbeitungen über uns interessierende Gegenstände niederschreibt. Überall trug ich, auch wenn es regnete, ein Buch in der Hand, aus dem ich etwas auswendig lernte; auf dem Postamte wartete ich nie ohne zu lesen. So stärkte ich allmählich mein Gedächtnis und konnte täglich zwanzig gedruckte Seiten wörtlich hersagen, wenn ich sie dreimal aufmerksam durchgelesen hatte.“ Seine Tagebücher sind abwechselnd in allen Sprachen geschrieben, seine Doktorarbeit ist in altgriechisch verfasst.

Obwohl Schliemann von seiner Größe durchaus überzeugt war, wunderte er sich doch immer wieder über seinen Erfolg. „Ich habe im Leben immer mehr Glück als Verstand gehabt“, schrieb er an einen Freund, „aus den größten von mir gemachten Dummheiten entstand mein größtes Glück.“

6
Analyse

a Bitte unterstreichen Sie alle in unserem Text vorkommenden Partizipien.

b Bitte machen Sie eine Liste:

Partizip I	Partizip II
dringend	gespannt
der Weltreisende	konzentriert

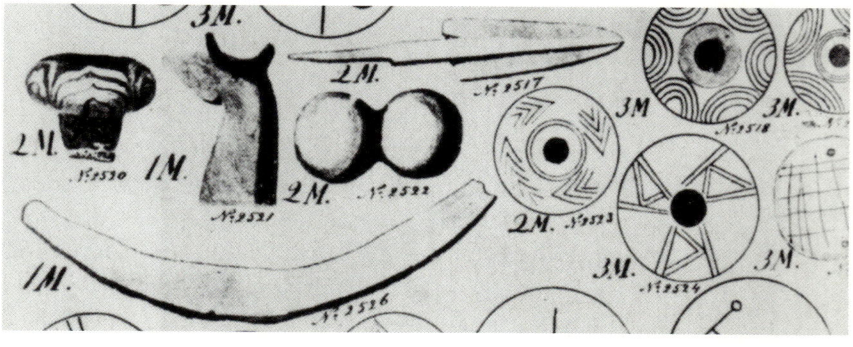

aus Schliemanns Tagebuch

7 Elemente

PARTIZIP I

Das Partizip I bilden wir aus Infinitiv +d:

Infinitiv	Partizip I
spielen	**spielend**

Ausnahmen: seiend, tuend

Das Partizip können wir deklinieren wie ein Adjektiv:

NOM	**ein kleines Kind**	**ein spielendes Kind**
AKK	**ein kleines Kind**	**ein spielendes Kind**
DAT	**einem kleinen Kind**	**einem spielenden Kind**
GEN	**eines kleinen Kindes**	**eines spielenden Kindes**

Mehr dazu: Grundgrammatik Deutsch auf Seite 45

8 Studie

Erklären Sie die Bedeutung des Partizips I:

a ein Reisender ist ein Mann, der reist.
b ein fahrendes Schiff ist
c ein denkender Mensch ist
d fließendes Wasser ist
e steigende Preise sind
f lachende Kinder
g ein Lernender
h die wartenden Leute
i eine Schlafende
k schimpfende Patienten
l ein Zuspätkommender
m brennende Lichter

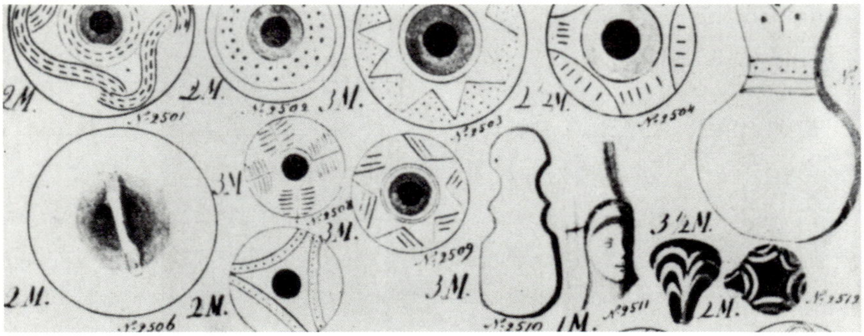

9
Schüttelkasten

Bitte verbinden Sie immer ein Verb und ein Nomen.

Beispiel: Die lachenden Diebe.

Dieb | Maschine | kochen | weinen | schlafen
träumen | warten | Kunde | Hund
Sekretärin | Poet | lachen | donnern | Sieger | Wasser

10
Studie

Bauen Sie kleine Nomengruppen mit dem Partizip I.

Die Kunden protestieren — protestierende Kunden.

Der Kaufmann lächelt immer — ein immer lächelnder Kaufmann.

Die Drogerie geht gut ____________________

Die Preise steigen ____________________

Der Kunde zahlt ____________________

Die Tür öffnet sich von selbst ____________________

Die Lampe brennt hell ____________________

Der Dieb kommt herein ____________________

Eine Frau weint laut ____________________

Der Kaufmann zittert ____________________

Der Hund bellt ____________________

Die Leute schweigen ____________________

11
Schreibschule

individuell oder in kleinen Gruppen

Lesen Sie noch einmal die Beispiele in Übung 10. Versuchen Sie daraus eine kleine Geschichte zu entwickeln. Nicht alle Beispiele brauchen zu erscheinen; schreiben Sie ganz frei.

12
Elemente

PARTIZIP II

Sie wissen längst, wie das Partizip II gebaut wird – wir benützen es für das Perfekt und für das Passiv. Aber wir können es auch wie ein Adjektiv gebrauchen.

Ebenso wie das Partizip I können wir auch das Partizip II deklinieren, genau wie ein Adjektiv:

NOM	**die breite Spur**	**die frisch getretene Spur**
AKK	**die breite Spur**	**die frisch getretene Spur**
DAT	**der breiten Spur**	**der frisch getretenen Spur**
GEN	**der breiten Spur**	**der frisch getretenen Spur**

Das Partizip II als Adjektiv steht nur selten allein. Meistens ist es verbunden mit Wörtern, die es näher bestimmen. Alle Wörter, die das Partizip näher bestimmen, stehen links vom Partizip:

die frisch getretene Spur
die sauber geputzten Schuhe
die heute Nacht gefangenen Fische

Mehr dazu: GRUNDGRAMMATIK DEUTSCH auf den Seiten 46 und 47

13
Studie

Können Sie diese Wörter erklären?

a Die sauber geputzten Schuhe sind die Schuhe, die sauber geputzt wurden.
b Das frisch gewaschene Hemd ist ______________________________
c Ein weit gereister Mann ist ______________________________.
d Der Langgesuchte ist ______________________________.
e Ein wiederentdeckter Tempel ist ______________________________.
f Der Geflohene ist ______________________________.
g Die bestellte Schiffskarte ist ______________________________.
h Die fast vergessene Sonne ist ______________________________.
i Die zurückgekehrte Möwe ist ______________________________.

Christiane Ritter verbrachte, zusammen mit ihrem Mann, ein Jahr (1936) in einer kleinen Hütte an der Nordspitze von Spitzbergen. Ihr außergewöhnliches Buch *Eine Frau erlebt die Polarnacht* wurde in viele Sprachen übersetzt und ist noch heute ein Bestseller. Die Autorin lebt, in hohem Alter, in Wien. Rechts die Hütte, wo Chrissie Ritter überwinterte.

14
Lesetext

Der erste Bär ist heute bei uns gewesen. Er kam übers Meereis. Karl hat die frisch getretene Bärenspur auf dem Weg entdeckt. Der Spur nach war es ein kleiner Bär, wenn auch die Tatzen riesenhaft wirken und unsere Fußspuren dagegen klein wie Puppenfüße sind.

25. Februar. Wir sind in feierlicher Stimmung heute, denn wir werden zum ersten Mal die fast vergessene Sonne wiedersehen. Das vereiste Land liegt noch im blaugrauen Schatten, immer neue, glänzende Wolken steigen über den Horizont. Sie werfen lange, dunkle Schatten auf die Nebelbank im Norden. Ein Streifen Meereis funkelt schon in der Sonne.

Unten in der Woodbai ist eine Lücke zwischen den hohen Bergen. Dort haben wir die Sonne zum letzten Mal gesehen, dort wird sie das erste Mal wieder erscheinen. Wir stehen auf dem Meereis. Wir verfolgen den leuchtenden Schein, der hinter der Bergkette zieht. Da! Es leuchtet grell auf zwischen den Bergen, dann wandert der Widerschein weiter nach Westen. Einen Augenblick haben wir die Sonne gesehen.

Eine Möwe kommt fjordeinwärts geflogen. Die erste zurückgekehrte Möwe. In großer Höhe fliegt sie dahin. Aber als sie uns Menschen sieht, kommt sie herab, umkreist uns einmal und fliegt dann mit langsamen Flügelschlägen über den Fjord, als wäre sie der erste Bewohner einer eben erst erschaffenen Welt.

CHRISTIANE RITTER

15
Analyse

a Unterstreichen Sie im Text Nummer 14 alle Partizipien.

b Versuchen Sie die Partizipien zu erklären. Das ist nicht immer leicht.
Beispiel:
Eine frisch getretene Bärenspur ist eine Spur, die ein Bär frisch getreten hat.

16
Studie

Bauen Sie Sätze, benützen Sie bitte das Partizip II.

a Die erste Möwe ist zurückgekehrt.

Die zurückgekehrte Möwe fliegt über den Fjord.

b Fast hätten wir die Sonne vergessen.

Heute haben wir die fast vegessene Sonne wiedergesehen.

c Karl hat heute zwei Schneehühner geschossen.

Zum Abendessen gibt es die heute geschossenen Schneehühner.

d Wir haben eine neue Hütte gebaut.

_______________________________.

e Karl hat den verlorenen Sack Kohlen wieder gefunden.

____.

f Chrissie hat frisches Brot gebacken.

____.

g Ich habe meine Stiefel wieder repariert.

____.

h Ich habe überall die Landkarte gesucht.

____.

i Karl hat mir sein Wörterbuch geliehen.

____.

k Chrissie hat unsere Hütte sauber geputzt.

____.

l Wir haben einen neuen Ofen gebaut.

____.

m Warum hast du das Buch weggeworfen?

____.

17

Bitte sprechen Sie

Ich habe die Schuhe frisch geputzt.
→ Wo sind die frisch geputzten Schuhe?

Ich habe die Platte wiedergefunden.
→ Wo ist die wiedergefundene Platte?

Ich habe die Jacke frisch gewaschen.
Ich habe die Taschenlampe repariert.
Ich habe eben einen Fisch gefangen.
Ich habe das Hemd neu gekauft.
Ich habe den Kuchen frisch gebacken.
Ich habe die Socken frisch gewaschen.
Ich habe das Feuerzeug repariert.
Ich habe die Bücher neu gekauft.

18
Studie

Bratäpfel sind gebratene Äpfel.

Kochschinken ist ______________________.

Mischgemüse ist ______________________.

Röstkartoffeln sind ______________________.

Kochfisch ist ______________________.

Schlagsahne ist ______________________.

Hackfleisch ist ______________________.

Brathähnchen sind ______________________.

Trockenmilch ist ______________________.

Bratwurst ist ______________________.

19
Suchen und finden

Kommt unser Taxi?
→ Nur die Ruhe, das ist bestellt.
Der Tee!
→ Nur die Ruhe, der ist gekocht.
Die Fenster und Türen!
Und unser Hotelzimmer?
Oh, der Pass!
Die Koffer!
O Gott, die alten Rechnungen!
Du, unser ganzer Proviant!
Und die Dollars?
Himmel, die Flugkarte!

20
Schreibschule

Wählen Sie eins der folgenden Themen:

Ich beobachte ein Tier/Eine Bergtour/Mein erster Flug/Eine Schiffsreise/Ich habe mich verirrt/Wo ich wohne/Meine schönste Reise/Meine vergeblichste Reise

1

2

3

4

5

6

7

8

21 ⊙⊙
Bild-
geschichte M

PEKING

1 Wahrscheinlich kennen Sie diese Stadt nicht. Oder?

2 Dieses Bild ist in der gleichen Stadt aufgenommen wie das vorige. Hier wird es deutlicher – das sind ostasiatische Gesichter.

3 Eine alte hölzerne Pagode. Haben Sie es erraten? Wir sind in Peking.

4 Gärten und Parks sind ein wichtiger Teil der chinesischen Architektur.

5 Auch das ist Peking. Wussten Sie, dass es noch ungezählte Buddhisten in China gibt?

6 Jeder kennt den Platz des himmlischen Friedens.

7 Das ganz junge China. Wir besuchen eine Grundschule.

8 Ein neunjähriges Kind kennt schon über 800 Schriftzeichen.

22
Elemente

KENNEN / WISSEN

Bedeutung:

kennen – aus der Erfahrung
wissen – im Kopf

Gebrauch:

kennen ——→ PERSON, SACHE

kennen + Akkusativ

Kennen Sie Peking?
Ich kenne Veronika genau.
Ich kenne diese Kopfschmerzen.

(kennen + Nebensatz ist unmöglich)

wissen ⟶ FAKTUM

+ Nebensatz **Wussten Sie, dass es hier noch Buddhisten gibt?**
Wissen Sie, wann der Bus endlich kommt?

wissen

+ Hauptsatz **Wien, das wissen Sie ja, ist die Hauptstadt Österreichs.**

wissen + Akkusativ[1]

Ich weiß eine Lösung.
Ich weiß einen Weg.
Ich weiß es.

[1] Hier handelt es sich meist um die Lösung eines Problems: Ich weiß ein Rezept, einen Arzt, einen Ausweg, eine Antwort, einen Trick...

23
Studie

Bitte ergänzen Sie kennen *oder* wissen:

________ Sie den Kalakulisee? ________ Sie, wo er liegt? In Sinkiang, am Dach der Welt. Die kirgisischen Hirten, die hier leben, ________ noch keinen Tourismus. Wollen Sie ________, wie hoch wir hier sind? 4000 m über dem Meer. Die Berge im Hintergrund sind 7000 m hoch.

Diese Kamele sind herrlich und das ________ sie auch. Sie sehen selbst aus wie kleine Gebirge. Und liefern übrigens, ohne es zu ________, Energie – ihr Mist ist ein wichtiger Brennstoff.

Eine Mauer, aus Lehm gebaut: in der Mauer wiederholen sich die Formen der Landschaft. Diese Leute ________ die Wunder der Technik noch nicht, sie ________, dass der Mensch mit der Erde zusammenleben muss, wenn er am Leben bleiben will.

Die Leute leben in kleinen Dorfgemeinschaften, jeder ________ jeden. Die jungen Mädchen ________ man von weitem, ihre Kleider leuchten in allen Rottönen. Wahr-

scheinlich ________________ Sie gar nicht, wie kühl es hier ist? Im Frühherbst sinken die Temperaturen jede Nacht unter Null, am Tag wird es 12 bis 15° warm.

Was für ein schwarzes Tier steht hier eigentlich im Wasser? Das ________________ Sie nicht? Ein Yak. Es fühlt sich in dieser Höhe am wohlsten, in der dicken Luft des Tieflands kann es nicht leben.

12 Lösungen

24
Suchen und finden

Ich will mich erholen.

→ Ich fahre in die Schweiz um mich zu erholen.

Ich will Französisch lernen.
Ich will braun werden.
Ich will eine schöne Schwedin kennen lernen.
Ich will einen Stierkampf sehen.
Ich will Ski fahren.
Ich will auf dem Kamel reiten.
Ich will einen Löwen jagen.
Ich will einen Vulkan sehen.
Ich will den Bauchtanz lernen.

25
Elemente

UM ... ZU

Ich fahre in die Schweiz um mich zu erholen.

Wenn die handelnden Personen im Hauptsatz und im Nebensatz dieselben sind, benutzen wir meistens *um ... zu*. Das ist eine sehr einfache Konstruktion, denn der Infinitiv bleibt immer gleich.

Der Nebensatz mit *um ... zu* gibt den Zweck an. Die Frage nach dem Zweck beginnt meist mit *wozu*.

26
Suchen und finden

mündlich oder schriftlich

Ich fliege in die Antarktis um Pinguine zu sehen.
Ich fahre nach Palermo
Ich gehe nach London
Ich fliege nach Rio
Ich gehe ins Museum
Ich fliege nach Hollywood
Ich gehe in die Buchhandlung
Ich gehe nach Kairo
Ich gehe ins Fotogeschäft
Ich gehe ins Reisebüro
Wir fliegen nach Island
Ich reise nach Indien
Wir fahren zum Flughafen

27

Schüttelkasten Wozu reisen?

a Machen Sie drei Listen: Welche Motive sind – nach Ihrer Meinung – wohl eher negativ? welche eher positiv? welche können beides sein?

b Begründen Sie Ihre Meinung.

c Bilden Sie Sätze, zum Beispiel:
Manche Menschen reisen um eine Fremdsprache anzuwenden.

d Erzählen Sie konkrete Beispiele, von denen Sie gehört oder gelesen haben oder die Sie selbst erlebt haben. Beispiel: Paul ist nach Tahiti gereist, um ... und ... aber ...

Wirtschaftsbeziehungen pflegen
Abstand bekommen
Fremdsprache anwenden
sich selbst finden
Freunde besuchen
Gefahr erleben
ein neues Leben anfangen
anbeten
stehlen
Abenteuer erleben
vor der Polizei fliehen
ein Paradies suchen
missionieren
Heimat suchen
einen Arzt finden
Wurzeln suchen
die Freiheit finden
verkaufen
aus der bürgerlichen Welt ausbrechen
seine Probleme vergessen
einen Lebenspartner suchen
Menschen kennen lernen

28

Suchen und finden

Wozu treiben Sie Sport?
Wozu tragen Sie eine Brille?
Wozu muss der Mensch arbeiten?
Wozu schminken sich die Damen?
Wozu tragen alle Engländer einen Schirm?
Wozu sehen Sie fern?
Wozu haben die Mäuse ein Mauseloch?
Wozu lesen Sie Zeitung?
Wozu rauchen Sie?
Wozu lernen Sie Deutsch?

29

Unterhaltung

Wozu fotografieren?
Wozu sich mit Politik beschäftigen?
Wozu Karate lernen?
Wozu heiraten?
Wozu lesen?
Wozu in der Gewerkschaft mitarbeiten?

30

Werkstatt

in kleinen Gruppen

Eine Gruppe ist das Reisebüro, die andern sind Leute, die reisen wollen.

a Schauen Sie sich die Angebote genau an und diskutieren Sie darüber. Nehmen Sie drei oder vier Angebote in die engere Wahl.

b Bevor Sie sich für eine Reise entscheiden, können Sie noch einmal mit dem Reisebüro sprechen. Bevor Sie mit dem Reisebüro sprechen, überlegen Sie: Was erwarten wir von der Reise? Was suchen wir? Was wollen wir nicht?

c Diskutieren Sie mit dem Reisebüro und entscheiden Sie sich für eine Reise.

d Führen Sie nun in Ihrer Gruppe Gespräche über die Details der Reise: Zeit, Gepäck, Geld, Versicherung, Schwierigkeiten, Impfungen, Klima, Dokumente, Reservierungen, individuelle Wünsche usw.

Graz

hat die größte zusammenhängende Altstadt des deutschsprachigen Raumes. An den Ufern der Mur gelegen bietet diese alte Universitätsstadt nicht nur ein mildes Klima – hier wächst der „Schilcher"! – sondern auch ein reichhaltiges Kulturprogramm, z.B. den „Steirischen Herbst".

Graz

Skifasching für Spaßvögel auf Brettln

Zum Faschings-Endspurt sind wieder alle Gaudi-Burschen und -Girls zum tollen Treiben auf Ski eingeladen. Diesmal geht's in den Bayerischen Wald mit Ziel Haidmühle/Dreisesselberg, wo für vier Tage – vom Faschings-Samstag bis -Dienstag – die Hex' los ist. Ernste Typen bleiben am besten zuhause, denn bei unseren Faschings-Skiferien geht's rund!

Alter 10–16 Jahre
Kursklassen: 2–5

Auf zum Ski-Fasching

Zürich

Die Weltstadt am Zürich-See, wo man das Solide liebt. Die Atmosphäre der Altstadt genießen, bummeln am Limmatquai, Shopping in der Bahnhofstraße – eine der exklusivsten Geschäftsstraßen der Welt. Zü-

Zürich

Mit dem Fiaker durch die alten Zeiten

Machen Sie eine romantische Entdeckungsfahrt durch eine romantische Stadt: mit dem Fiaker durch Wien. Vorbei an der Staatsoper, dem Stammsitz der Wiener Philharmoniker, am Burgtheater, am imposanten neuen Rathaus und am Parlament, am besten in Richtung Kaffeehaus.

5. Tag: Der heutige Ausflug führt Sie zu einer kleinen Siedlung von 7 Familien, die von der Jagd auf Seehunde und Eisbären leben. Sie überqueren mehrere zugefrorene Seen und fahren über Bergpässe und vorbei an einem gefrorenen Wasserfall. Mittagessen im

Wer eine Grönlandreise unternimmt, sollte sich freimachen von dem Gedanken an touristisch perfekte Organisation. „Imaga" heißt ein häufig zu hörendes Wort in der Eskimosprache — es heißt zu deutsch ganz einfach „vielleicht" — und vielleicht geht manches einmal schief auf einer Grönlandreise, besser gesagt, es läuft anders als vorgesehen. Plötzliche Wettereinbrüche, Schneetreiben, Nebel, Sturm, un-

Eine ethnologisch hochinteressante Studienreise durch vier afrikanische Staaten: Mali, Benin, Togo und Kamerun. Sie gibt Ihnen einen guten Eindruck vom kulturellen und landschaftlichen Reichtum dieser selten besuchten Länder.

der?). Noch schwimmt die „Königin der Meere" obenauf (der Lagune), noch immer erstrahlt Venedig im alten Glanz schlissene

Tempel, Indios, Pyramiden

Mexiko – Landbrücke zwischen Nord- und Südamerika, Land zwischen Atlantik und Pazifik. Unsere Studienreise zeigt Ihnen die moderne Hauptstadt Mexiko City mit den großartigen Ausgrabungen in der Stadt, das Pyramidenfeld von Teotihuacan und die alte Tolteken-Hauptstadt Tula. Der Besuch des Museo de Antropologia y Etnografia bildet die ideale Einführung für eine Reise in Mexikos interessante Vergangenheit. Sie erleben das koloniale Oaxaca, den mystischen Monte Alban, die Chamula-Indios im H... von Chiapas und die bede... stätten Paleng...

31 ⊙⊙
Hören und verstehen

a Warum verabschieden sich die Gesprächspartner mit „Gute Besserung"?
b Wer war im Kaukasus?
c Ist der Kaukasus schön?
d Zu welcher Jahreszeit spielt unsere Szene?
e Ist Herr Löffel ledig oder verheiratet?
f Warum ist Herr Löffel krank?
g Warum ist Frau Gabel krank?
h Wer hat die Garage gebaut?
i „Blöde Garage" – „hübsche Garage" – wer hat recht?
k Wie intelligent sind die beiden Gesprächspartner?

Weitere Materialien zur Auswahl

32
Spiel

Die Teilnehmer rufen, ohne viel zu überlegen, Wörter, die an der Tafel notiert werden. Dann wird dreimal abgestimmt; die Wörter bekommen so viele Striche wie Stimmen von der Gruppe. Nun beginnen die Teilnehmer eine Geschichte zu erzählen und beginnen mit dem Wort, das die meisten Striche hat. Um jedes Wort herum soll ein Satz gebaut werden. Die Gruppe entscheidet, nach welcher Richtung die Geschichte weitergeht: nach links, nach unten, nach rechts …

33
Spiel

Einer denkt sich ein Reiseziel aus (Stadt oder Land). Die andern müssen sein Reiseziel aus ihm herausfragen, sie dürfen aber keine geographischen Fragen (nach Kontinent, Land, Sprache usw.) stellen.

34
Ihre Rolle, bitte

Einer der Gesprächspartner ist prinzipiell gegen alles, was die anderen vorschlagen. Er kann seine negative Stellungnahme auch immer begründen. Hier sind die Situationen:

a Eine Familie hat im Lotto eine Million gewonnen. Was macht die Familie damit?
b Eine Familie plant den gemeinsamen Urlaub.
c Freunde kaufen Platten ein.

35
Das richtige Wort

Bitte ergänzen Sie heit, keit, ung:

Mein__________ ,	Möglich__________ ,	Gelegen__________ ,
Untersuch__________ ,	Wahrscheinlich__________ ,	Gesund__________ ,
Plan__________ ,	Notwendig__________ ,	Wahr__________ ,
Menschlich__________ ,	Lös__________ ,	Erfahr__________ ,
Frei__________ ,	Gleich__________ ,	Brüderlich__________ .

Woher kommen die Nomen? Gibt es eine Regel?

36
Das richtige Wort

Bilden Sie Verben und bauen Sie damit Sätze:

	stehen		
	stellen		kommen
	leihen	wieder	fahren
be	kaufen	zusammen	gehen
er	zahlen	rein	spielen
ver	zählen	mit	bringen
	ändern	heim	holen
	fahren		arbeiten
	suchen		

37
Machen Sie Vorschläge

Wie kann man die folgenden Probleme lösen?
Bitte bilden Sie kleine Gruppen. Überlegen Sie alle möglichen Wege, diese Probleme zu lösen. Notieren Sie Ihre Vorschläge und tragen Sie die Vorschläge im Plenum vor. (Alle Gruppen bearbeiten jeweils dasselbe Problem.)

a Mein Freund hat mich aus Versehen in mein Zimmer eingeschlossen. Ich muss in einer Stunde bei der Prüfung sein. Was mache ich?

b Ich habe in der U-Bahn eine meiner beiden Sandalen verloren. Ich bin auf dem Weg zu einer wichtigen Besprechung, ich habe kein Geld dabei um neue Schuhe zu kaufen. Was mache ich?

c Mein Großvater, der für mich sehr wichtig ist, hat mir zum Geburtstag einen Hund geschenkt. Ich kann aus vielen Gründen das Tier unmöglich versorgen. Was mache ich?

38
Kontrolle

A: *Bauen Sie Nomengruppen, zum Beispiel:*

das weinende Mädchen, ein geöffnetes Fenster

brennen · Brücke · Feuer · Kinder · schließen · helfen · neu bauen · Bank · Milch · Nachbarn · spielen · kochen

B: *Bauen Sie Nebensätze, die den Zweck angeben, zum Beispiel:*

Er geht schwimmen um fit zu bleiben.

a Sie liest die Wirtschaftszeitung, __________.

b Wir kaufen einen Luftballon, __________.

c Seit 8 Jahren spart er, __________.

d Sie studiert Pädagogik, __________.

e Wir fliegen nach Neapel, __________.

f Er hat sich einen Whisky bestellt, __________.

12 Lösungen

Roman

TEIL 9

Insgeheim hat der Polizeipräsident die beiden Männer, die vor dem Eingang seiner Villa Wache stehen um ungebetene Gäste fernzuhalten, ins Haus gerufen. Er beauftragt sie, möglichst unauffällig die Villa zu durchsuchen. Beide Männer bestätigen, dass in der letzten halben Stunde niemand durchs Tor hinausgegangen ist. Der Polizeipräsident begibt sich wieder zu seinen Gästen und versucht sein Bestes, für gute Stimmung zu sorgen. Beim Durchschnittsalter der anwesenden Herren lässt es sich natürlich nicht vermeiden, dass nach anderthalb Stunden die ersten zum Aufbruch drängen. Rasch leeren sich die Räume, die zwei üblichen Party-Dauergäste ausgenommen. Sonst recht gerne gesehen um den Abend zu verkürzen, möchte der Polizeipräsident sie heute rasch loswerden, allein seine Bemühungen sind vergeblich. So verlässt er sie bei gefüllten Gläsern und macht sich auf die Suche nach den beiden Polizeibeamten. Er findet sie mit hilflosen Gesichtern in der Halle.

„Na, was gefunden? Nichts Verdächtiges?"

„Nein, Herr Präsident, wir haben alles durchsucht außer den Privaträumen."

„Am besten, wir gehen gemeinsam durch die übrigen Räume. Waren Sie auch schon im Keller?"

„Den Keller haben wir bereits durchsucht."

„Schön, dann gehen wir jetzt in den ersten Stock."

Die drei Männer gehen genau jeden Raum durch, sie schauen hinter die Gardinen und unter die Betten. Dem Polizeipräsidenten ist das alles höchst peinlich, er versucht die ganze Aktion mit einigen schwachen Witzen herunterzuspielen. Mühsam lachen die Beamten um ihrem Dienstherren einen Gefallen zu erweisen. Sie nähern sich langsam dem sogenannten kleinen Gästezimmer, das der Polizeipräsident für seinen siebenjährigen Enkel bereithält. Um den kleinen Mann nicht zu wecken öffnet er ganz leise die Tür einen Spalt und staunt.

„So so, du Schlingel, du solltest schon längst schlafen! Was hast du denn da?"

„Ich habe mir nur deinen Atlas ausgeliehen. Weißt du, das ist wahnsinnig spannend!"

„Ja, ich war auch immer sehr gut in Geographie. Aber da musst du noch ein bisschen warten. Zuerst muss man lesen und rechnen lernen. Welches Land schaust du dir denn grade an, hahaha?"

„Gar kein Land. Ich schau mir die Sternkarte an."

„Was machst du denn mit der Sternkarte?"

„Den Sirius hab ich gesucht, wo der liegt."

„Ist das nicht ein bisschen weit weg?"

„O nein. Der nette Mann, mit dem ich gesprochen habe, hat gesagt, er kommt ganz aus der Nähe. Er hat gesagt, wir sagen dazu Sirius B. Er fliegt heute noch mit dem Schiff nach Haus. Und schau, was er mir geschenkt hat, ist das nicht ein schönes Silberstück? Wenn ich groß bin, werde ich ihn besuchen. – Aber Opa, was hast du denn? Ist dir nicht gut?"

UNREGELMÄSSIGE VERBEN

Die Listen enthalten alle Verben, die für das *Zertifikat Deutsch als Fremdsprache* verlangt werden, und einige weitere Verben.

Liste zum Lernen (systematisch)

1	biegen	bog	hat/ist gebogen
	bieten	bot	hat geboten
	fliegen	flog	hat/ist geflogen
	fliehen	floh	ist geflohen
	fließen	floss	ist geflossen
	frieren	fror	hat/ist gefroren
	gießen	goss	hat gegossen
	riechen	roch	hat gerochen
	schieben	schob	hat geschoben
	schießen	schoss	hat geschossen
	schließen	schloss	hat geschlossen
	verlieren	verlor	hat verloren
	wiegen	wog	hat gewogen
	ziehen	zog	hat/ist gezogen
2	binden	band	hat gebunden
	finden	fand	hat gefunden
	gelingen	gelang	ist gelungen
	klingen	klang	hat geklungen
	singen	sang	hat gesungen
	sinken	sank	ist gesunken
	springen	sprang	ist gesprungen
	trinken	trank	hat getrunken
	verschwinden	verschwand	ist verschwunden
	zwingen	zwang	hat gezwungen
3 a	beweisen	bewies	hat bewiesen
	bleiben	blieb	ist geblieben
	leihen	lieh	hat geliehen
	scheiden	schied	hat/ist geschieden
	scheinen	schien	hat geschienen
	schreiben	schrieb	hat geschrieben
	schweigen	schwieg	hat geschwiegen
	steigen	stieg	ist gestiegen
	treiben	trieb	hat/ist getrieben

b	beißen	biss	hat gebissen
	leiden	litt	hat gelitten
	pfeifen	pfiff	hat gepfiffen
	reiten	ritt	hat/ist geritten
	schneiden	schnitt	hat geschnitten
	streiten	stritt	hat gestritten
4 a	bewerben (bewirbt)	bewarb	hat beworben
	brechen (bricht)	brach	hat/ist gebrochen
	empfehlen (empfiehlt)	empfahl	hat empfohlen
	erschrecken (erschrickt)	erschrak	ist erschrocken
	gelten (gilt)	galt	hat gegolten
	helfen (hilft)	half	hat geholfen
	nehmen (nimmt)	nahm	hat genommen
	sprechen (spricht)	sprach	hat gesprochen
	stehlen (stiehlt)	stahl	hat gestohlen
	sterben (stirbt)	starb	ist gestorben
	treffen (trifft)	traf	hat getroffen
	werfen (wirft)	warf	hat geworfen
b	beginnen (beginnt)	begann	hat begonnen
	schwimmen (schwimmt)	schwamm	hat/ist geschwommen
	gewinnen (gewinnt)	gewann	hat gewonnen
c	kommen (kommt)	kam	ist gekommen
d	heben (hebt)	hob	hat gehoben
	schmelzen (schmilzt)	schmolz	hat/ist geschmolzen
5 a	essen (isst)	aß	hat gegessen
	fressen (frisst)	fraß	hat gefressen
	geben (gibt)	gab	hat gegeben
	geschehen (geschieht)	geschah	ist geschehen
	lesen (liest)	las	hat gelesen
	messen (misst)	maß	hat gemessen
	sehen (sieht)	sah	hat gesehen
	treten (tritt)	trat	hat/ist getreten
	vergessen (vergisst)	vergaß	hat vergessen

b	bitten (bittet)	bat	hat gebeten
	liegen (liegt)	lag	hat gelegen
	sitzen (sitzt)	saß	hat gesessen
6	backen (bäckt)	buk	hat gebacken
	fahren (fährt)	fuhr	hat/ist gefahren
	laden (lädt)	lud	hat geladen
	schlagen (schlägt)	schlug	hat geschlagen
	tragen (trägt)	trug	hat getragen
	wachsen (wächst)	wuchs	ist gewachsen
	waschen (wäscht)	wusch	hat gewaschen
7 a	braten (brät)	briet	hat gebraten
	fallen (fällt)	fiel	ist gefallen
	fangen (fängt)	fing	hat gefangen
	hängen (hängt)	hing	hat gehangen
	halten (hält)	hielt	hat gehalten
	lassen (lässt)	ließ	hat gelassen
	raten (rät)	riet	hat geraten
	schlafen (schläft)	schlief	hat geschlafen
b	gehen (geht)	ging	ist gegangen
	heißen (heißt)	hieß	hat geheißen
	laufen (läuft)	lief	ist gelaufen
	stoßen (stößt)	stieß	hat/ist gestoßen
8	brennen (brennt)	brannte	hat gebrannt
	bringen (bringt)	brachte	hat gebracht
	denken (denkt)	dachte	hat gedacht
	kennen (kennt)	kannte	hat gekannt
	nennen (nennt)	nannte	hat genannt
	senden (sendet)	sandte	hat gesandt
	stehen (steht)	stand	hat gestanden
	wenden (wendet)	wandte	hat gewandt
9 a	dürfen (darf)	durfte	hat gedurft
	müssen (muss)	musste	hat gemusst
b	können (kann)	konnte	hat gekonnt
	mögen (mag)	mochte	hat gemocht

10	haben (hat)	hatte	hat gehabt
	rufen (ruft)	rief	hat gerufen
	sein (ist)	war	ist gewesen
	tun (tut)	tat	hat getan
	werden (wird)	wurde	ist geworden
	wissen (weiß)	wusste	hat gewusst

Liste zum Nachschlagen (alphabetisch)

backen (bäckt)	buk	hat gebacken
beginnen (beginnt)	begann	hat begonnen
beißen (beißt)	biss	hat gebissen
beweisen (beweist)	bewies	hat bewiesen
bewerben (bewirbt)	bewarb	hat beworben
biegen (biegt)	bog	hat/ist gebogen
bieten (bietet)	bot	hat geboten
binden (bindet)	band	hat gebunden
bitten (bittet)	bat	hat gebeten
bleiben (bleibt)	blieb	ist geblieben
braten (brät)	briet	hat gebraten
brechen (bricht)	brach	hat/ist gebrochen
brennen (brennt)	brannte	hat gebrannt
bringen (bringt)	brachte	hat gebracht
denken (denkt)	dachte	hat gedacht
dürfen (darf)	durfte	hat gedurft
empfehlen (empfiehlt)	empfahl	hat empfohlen
erschrecken (erschrickt)	erschrak	ist erschrocken
essen (isst)	aß	hat gegessen
fahren (fährt)	fuhr	hat/ist gefahren
fallen (fällt)	fiel	ist gefallen
fangen (fängt)	fing	hat gefangen
finden (findet)	fand	hat gefunden
fliegen (fliegt)	flog	hat/ist geflogen
fliehen (flieht)	floh	ist geflohen
fließen (fließt)	floss	ist geflossen
fressen (frisst)	fraß	hat gefressen
frieren (friert)	fror	hat/ist gefroren

gehen (geht)	ging	ist gegangen
geben (gibt)	gab	hat gegeben
gelingen (gelingt)	gelang	ist gelungen
gelten (gilt)	galt	hat gegolten
geschehen (geschieht)	geschah	ist geschehen
gewinnen (gewinnt)	gewann	hat gewonnen
gießen (gießt)	goss	hat gegossen
haben (hat)	hatte	hat gehabt
halten (hält)	hielt	hat gehalten
hängen (hängt)	hing	hat gehangen
heben (hebt)	hob	hat gehoben
heißen (heißt)	hieß	hat geheißen
helfen (hilft)	half	hat geholfen
kennen (kennt)	kannte	hat gekannt
klingen (klingt)	klang	hat geklungen
kommen (kommt)	kam	ist gekommen
können (kann)	konnte	hat gekonnt
laden (lädt)	lud	hat geladen
lassen (lässt)	ließ	hat gelassen
laufen (läuft)	lief	ist gelaufen
leiden (leidet)	litt	hat gelitten
leihen (leiht)	lieh	hat geliehen
lesen (liest)	las	hat gelesen
liegen (liegt)	lag	hat gelegen
messen (misst)	maß	hat gemessen
mögen (mag)	mochte	hat gemocht
müssen (muss)	musste	hat gemusst
nehmen (nimmt)	nahm	hat genommen
nennen (nennt)	nannte	hat genannt
pfeifen (pfeift)	pfiff	hat gepfiffen
raten (rät)	riet	hat geraten
reiten (reitet)	ritt	hat/ist geritten
riechen (riecht)	roch	hat gerochen
rufen (ruft)	rief	hat gerufen

scheiden (scheidet)	schied	hat/ist geschieden
scheinen (scheint)	schien	hat geschienen
schieben (schiebt)	schob	hat geschoben
schießen (schießt)	schoss	hat geschossen
schlafen (schläft)	schlief	hat geschlafen
schlagen (schlägt)	schlug	hat geschlagen
schließen (schließt)	schloss	hat geschlossen
schmelzen (schmilzt)	schmolz	hat/ist geschmolzen
schneiden (schneidet)	schnitt	hat geschnitten
schreiben (schreibt)	schrieb	hat geschrieben
schweigen (schweigt)	schwieg	hat geschwiegen
schwimmen (schwimmt)	schwamm	hat/ist geschwommen
sehen (sieht)	sah	hat gesehen
sein (ist)	war	ist gewesen
senden (sendet)	sandte	hat gesandt
singen (singt)	sang	hat gesungen
sinken (sinkt)	sank	ist gesunken
sitzen (sitzt)	saß	hat gesessen
sprechen (spricht)	sprach	hat gesprochen
springen (springt)	sprang	ist gesprungen
stehen (steht)	stand	hat gestanden
stehlen (stiehlt)	stahl	hat gestohlen
steigen (steigt)	stieg	ist gestiegen
sterben (stirbt)	starb	ist gestorben
stoßen (stößt)	stieß	hat/ist gestoßen
streiten (streitet)	stritt	hat gestritten
tragen (trägt)	trug	hat getragen
treffen (trifft)	traf	hat getroffen
treiben (treibt)	trieb	hat/ist getrieben
treten (tritt)	trat	hat/ist getreten
trinken (trinkt)	trank	hat getrunken
tun (tut)	tat	hat getan
vergessen (vergisst)	vergaß	hat vergessen
verlieren (verliert)	verlor	hat verloren
verschwinden (verschwindet)	verschwand	ist verschwunden
wachsen (wächst)	wuchs	ist gewachsen
waschen (wäscht)	wusch	hat gewaschen
wenden (wendet)	wandte	hat gewandt

werden (wird)	**wurde**	**ist geworden**
wiegen (wiegt)	**wog**	**hat gewogen**
wissen (weiß)	**wusste**	**hat gewusst**
ziehen (zieht)	**zog**	**hat/ist gezogen**
zwingen (zwingt)	**zwang**	**hat gezwungen**

Grammatik-Register

Sprachkurs Deutsch 3 Neufassung
Die Zahlen bezeichnen die Kapitel

Das Grammatik-Register zu Sprachkurs Deutsch 1 und 2 finden Sie in Sprachkurs Deutsch 2

Textnachweis

S. 20 Ingo Waldau (Hrsg.): Die Welt der Gebirge. München: Bucher 1983, S. 118.
S. 22 (Nr. 24) Schüler-Duden: Das Wissen von A bis Z. Mannheim, Wien, Zürich 1986. S. 292.
S. 22 (Nr. 25) dtv-Brockhaus-Lexikon 1990. Band 10, S. 161.
S. 22 (Nr. 27) Walter Schumann: Edelsteine und Schmucksteine. München: BLV 1986, S. 10.
S. 23 H.P. Thiel, B. Casper: Grundschüler-Lexikon. München: Piper 1980, S. 11.
S. 24 Schüler-Duden, a.a.O., S. 333.
S. 34 (I) Alfred Adler: Der Sinn des Lebens. Frankfurt: Fischer 1978, S. 47.
S. 34 (II) Erich Fromm: Psychoanalyse und Ethik. Frankfurt, Berlin: Ullstein 1979. S. 210/211.
S. 37/38 Kurt Marti: „Neapel sehen". In: Wohnen-zeitaus, Zürich: Flamberg 1965.
S. 47 (I) Friedrich Rückert: Alt und neue Welt. In: Ausgewählte Werke. Frankfurt: Insel 1988. Band 1, S. 282
S. 47 (II) Khalil Gibran: The Prophet. London: William Heinemann 1928. S. 17/18. (Übersetzung UH.)
S. 60 Bruno Bettelheim: A Good Enough Parent. New York: Vintage Books. Random House 1988. Copyright Bettelheim. (Übersetzung UH.)
S. 75 Peter Hacks: Schöne Wirtschaft. Hamburg: Edition Nautilus 1997, S. 13, 14.
S. 88 Erich Kästner: Entwicklung der Menschheit. In: Gesammelte Schriften für Erwachsene. Zürich: Atrium-Verlag 1969. © Copyright by Erich Kästner Erben, München.
S. 100 Adolf Geipel et al.: Wirtschafts- und Rechtslehre für die 9. Jahrgangsstufe an Realschulen. Homburg: Max Gehlen 1983.
S. 101 Hanno Drechsler et al.: Gesellschaft und Staat. Lexikon der Politik. Baden-Baden: Signal-Verlag 1976. S. 41.
S. 102 Nach Hör zu 42/1987.
S. 119 Bertolt Brecht: Werkausgabe. Frankfurt: Suhrkamp 1967. I: Band 10, S. 850. II: Band 5, S. 1968. III: Band 10, S. 968.
S. 124 Johanna Braun, Günter Braun: Der Irrtum des großen Zauberers. Frankfurt: Suhrkamp 1982. S. 48.
S. 125 (II) Stanislav Lem: Altruizin. Frankfurt: Suhrkamp 1985. S. 121.
S. 125 (III) Paul Scheerbart: Der Kaiser von Utopia. Frankfurt: Suhrkamp 1988. S. 11/12.
S. 125 (IV) Horst Mehler: Kosmische Mission. in: Science Fiction Story Reader 20. München: Heyne 1983. S. 333/334.
S. 126 (V) U. Fellner, P. Leopold (Hrsg.): Knight Rider. Wien: Überreuter 1987. S. 47.
S. 126 (VI) Isaac Asimov: Daß du seiner eingedenk bist. In: Der Zweihundertjährige. München: Heyne 1976. S. 85.
S. 127 (VII) Kurd Lasswitz: Auf zwei Planeten. München: Heyne 1972. S. 103/104.
S. 138 nach: Isaac Asimov: Relativität in der Nußschale. UNESCO-Kurier 5/1979. S. 10.
S. 160 Günter Kunert: Kramen in Fächern. Berlin, Weimar: Aufbau-Verlag 1968. S. 127.
S. 161 Erich Fried: Das Nahe suchen. Berlin: Wagenbach 1982. S. 39.
S. 171 Franz Josef Bogner: Die Maus mit dem Sparbuch. Fabeln. Bern: Zytglogge 1972.
S. 187 Michael Jungblut (Hrsg.): Wirtschafts-Jahrbuch 1985. München: Goldmann 1985. S. 219-222.
S. 188 Daten aus Michael Jungblut ebd.
S. 192 Wolfgang Borchert: Die traurigen Geranien. Reinbek: Rowohlt 1989. S. 45/46. (Gekürzt.)
S. 196 Zitierte Stellungnahmen aus: Merian, 13.9.1991, S. 7–12.
S. 197 Alfred Grosser aus: Die Hauptstädte der Deutschen. Hrsg. von Uwe Schultz. München: Beck 1993. S. 237/238.
S. 215 Almut Gerhardt et al.: Biologie des Menschen. München: Bayr. Schulbuch-Verlag 1983. S. 109.
S. 216 Rainer Klinke: Physiologie des Hörens. in: R.F. Schmidt (Hrsg.): Grundriß der Sinnesphysiologie. Berlin, Heidelberg, New York: Springer 1980, S. 229/230.
S. 217 Ernst W. Bauer: Humanbiologie. Berlin: Cornelsen-Verlag 1987. S. 164.
S. 237 Friedrich W. Doucet: Traum und Traumdeutung. München: Heyne 1973. S. 7 und 22/23. (Gekürzt.)
S. 254 Arnfrid Astel: Neues (& altes) vom Rechtsstaat & von mir. Frankfurt: Zweitausendeins 1978.
S. 255 Karl Alfred Wolken: Außer Landes. Gedichte 1974 bis 1978. Düsseldorf: Böhme und Erb 1979.
S. 291 Christian Schubert in: Wirtschaftswoche. Sonderheft Beruf oder Studium. Nov. 1988.
S. 302 Christiane Ritter: Eine Frau erlebt die Polarnacht. Berlin: Ullstein 1988. S. 132-134. (Leicht gekürzt.)

Bildnachweis

Frau A. Adler, New York: 35 (1); Anthony-Verlag/Feiler, Starnberg: 211; Bayer. Verwaltung der staatl. Sch. Gärten und Seen, München; 14; G. Berger, 163 (3); F. Beyer: 117 (4), 201 (5); J.M. Bottequin: 46 (3); Bertolt B Erben (Foto: M. Steinfeldt): 120; Freie Hansestadt Bremen (Foto: A. Roslek): 275 (5, 8), 289; Cartoon-Caricature-Coı München: Stauber 55 (1), 254 (4), Plassmann 254 (2); Holz 254 (3); L. Ciminagi: 118 (2); G. Dietrich: 8 (8), 46 (1, 4), 297 (2); dpa, Frankfurt: 139 (3), 195 (1), Hoffmann 199 (3), Kumm 195 (3), Europa-Verlag, Zürich: 1 (2); J. Everschor: 117 (3); W. Gebhardt-Geyler: 256; T. Goldmann, Zürich: 35 (2); H. Gorny: 88 (1); Grey, Düsseldor 207; A. Günther: 74, 77 (2); C.C. Günther: 309 (1–4); T. Häussermann: 50 (3), 232 (1–7); U. Häussermann, Prien 8 (1–6), 12 (1, 2), 13 (4–6), 28, 29, 30 (1, 2), 31 (3, 5, 6), 32, 33, 46 (5), 50 (1, 4, 5), 62 (2), 64 (1, 2), 65 (3–6), 76 (1–3), 77 (1), 117 (1, 2), 119, 160, 163 (2, 6, 7), 172, 179 (1–3), 193, 221 (1, 2), 222 (1, 2), 223 (1, 2), 232 (8), 250 (1–8), 253 (1), 255, 274, 275 (1–3), 306 (1–8); H. Hoesch; 115; Jürgens, Berlin: 194 (2), 200, 201 (6); H. Junghans: 158; Mainbild, Frankfurt: Schindler: 187 (1, 2); J. Male: 136 (2); Mauritius, Mittenwald: 8 (7); Medenbach: 22; P. Modersohn-Becker-Archiv, Worpswede: 270, 275 (4), 277, 282 (1, 2), 283; Museum Ludwig, Köln: 275 (6); A.A. Naumann: 92; B. Niggl: 88 (2); I. Ohlbaum, München: 162 (1, 2); Österr. Nationalbibliothek, Wien: 181, 236; J. Riediger: 75; C. Ritter: 303; K. Ritter: 302; B. Saijtinac, München: 261; W. Schloske: 117 (5), 118 (1); Schuster GmbH., Oberursel: 199 (2, 5); Stadtarchiv Basel: 225; H. Steinmetz: 117 (7); Ufa-Film: 124, 126 (1, 2), 127 (3); Ullstein, Berlin: 195 (2), Bohm 198, Lehnarts 201 (7, 8), Maucher 187 (3), Schlemmer 195 (4), 199 (2); Universal Film: 125 (1), 125 (2); G. Westphal: 111 (1, 2), 112; ZEFA/Sauer, Düsseldorf: 20, 21.

987654

nachweis

össer,
echt
tor,
12,
39